2000'Lİ YILLARDA TÜRKİYE EKONOMİSİ:
BİR BAŞARI HİKÂYESİ Mİ?

Prof. Dr. Mustafa ACAR

LİTERATÜRK academia

2000'li Yıllarda Türkiye Ekonomisi: Bir Başarı Hikâyesi mi?

© LITERATÜRK academia 351

İnceleme-Araştırma 329

Bu kitap ve kitabın özgün özellikleri tamamen Nüve Kültür Merkezi'ne aittir. Hiçbir şekilde taklit edilemez. Yayınevinin izni olmadan kısmen ya da tamamen kopyalanamaz, çoğaltılamaz. Nüve Kültür Merkezi hukukî sorumluluk ve takibat hakkını saklı tutar.

Ocak 2022

Yayınevi Editörleri: **Salih TİRYAKİ – Emre Vadi BALCI**
Genel Yayın Yönetmeni: **İsmail ÇALIŞKAN**

ISBN 978-625-7606-31-8

T.C.
Kültür ve Turizm Bakanlığı
Yayıncı Sertifika No: **16195**

Kapak Tasarım: DİZGİMİZANPAJ.com
Baskı Öncesi Hazırlık: **Mehmet ATEŞ**
meh_ates@hotmail.com

Baskı & Cilt: **Şelale Ofset**
Fevzi Çakmak Mh. Hacı Bayram Cad. No. 22   Karatay/KONYA
Tel: +90.532.159 40 91 selalemat2012@hotmail.com
KTB S. No: **46806** -Basım Tarihi: **OCAK 2022**

KÜTÜPHANE BİLGİ KARTI
- Cataloging in Publication Data (CIP) -

ACAR, Mustafa
2000'li Yıllarda Türkiye Ekonomisi: Bir Başarı Hikâyesi mi?

ANAHTAR KAVRAMLAR
1. Ekonomi, 2. Türkiye Ekonomisi, 3. Yeni Ekonomik Model
- key concepts -
1. Economics, 2. Turkish Economy, 3. New Economic Model

" academia ", **Nüve Kültür Merkezi kuruluşudur.**
www.literaturkacademia.com

/ Nkmliteraturk

M. Muzaffer Cad. Rampalı Çarşı Alt Kat No: 35-36-41
Meram / KONYA Tel: 0.332.352 23 03 Fax: 0.332.342 42 96

Ул. М. Музаффер, рынокРампалы, нижнийэтаж № 35-36-41
Мерам, КОНЬЯ, тел.: +90 332 352 23 03,
факс: +90 332 342 42 96

Dağıtım: **EMEK KİTAP**
Akçaburgaz Mah. 3137. Sk. Ali Rıza Güvener İş Merkezi No: 28
Esenyurt / İSTANBUL
www. emekkitap.com -Telefaks +90 212 671 68 10
Dıstribьютор: **EMEK KITAP**
РайонАкчабургаз, ул. АлиРыза 3137, бизнесцентр «Гювенер» № 28,
Эсеньюрт / СТАМБУЛ
www.emekkitap.com – Телефакс: +90 212 671 68 10

ORTA ASYA TEMSİLCİLİĞİ:
Mikrareyon Kok Jar/23   Bishkek / KYRGYSZTAN
Tel: +996 700 13 50 00 -Telefaks: + 996 552 13 50 00
ОФИС В ЦЕНТРАЛЬНОЙ АЗИИ:
МикрорайонКокЖар/23   Бишкек / КЫРГЫЗСТАН
Тел.: +996 700 13 50 00 – Телефакс: +996 552 13 50 00

2000'Lİ YILLARDA TÜRKİYE EKONOMİSİ: BİR BAŞARI HİKÂYESİ Mİ?

Prof. Dr. Mustafa ACAR

Prof. Dr. Mustafa ACAR

1965 yılında Karaman'da doğdu. İlkokulu Karaman (1975), ortaokul ve liseyi Konya-Ereğli'de bitirdi (1981). ODTÜ İktisat bölümünden mezun oldu (1986). TÜİK (1986-1987) ve T. İş Bankası Genel Müdürlüğü'nde çalıştı (1987-1993). YÖK YLS bursuyla yurtdışına gitti. Purdue Ünivesitesi'nden (ABD) Yüksek Lisans (1996) ve Doktora derecesi aldı (2000). Kırıkkale Üniversitesi (2000-2011) ve Aksaray Ünivesitesi'nde çalıştı (2011-2015). Bu üniversitelerde bölüm başkanlığı, dekanlık ve rektörlük gibi idari görevler üstlendi. 2015 yılından bu yana Konya N. Erbakan Üniversitesi İktisat bölümünde görev yapan Prof. Acar evli, 4 çocuk babası ve 2 torun dedesidir.

Çok iyi derecede İngilizce bilen, T. Bilimler Akademisi üyesi olan ve bir süre Malezya'da misafir öğretim üyesi olarak kalan Prof. Acar'ın başlıca ilgi alanları arasında genel denge analizi, istatistiksel veri tabanları, bölgesel iktisadi bütünleşmeler, AB-Türkiye bütünleşmesi, tarım ve tarımsal politikalar, ekonomik özgürlükler ve serbest piyasa ekonomisi bulunmaktadır. TÜBA, TÜBİTAK, Ulakbim, SESRIC, TEPAV, DTM, TYB ve ADAM gibi kurumların çalışmalarına çeşitli düzeylerde katkıda bulunmuştur.

Almanya, Danimarka, Finlandiya, Letonya, İtalya, Yunanistan, Bosna-Hersek, Belçika, İngiltere, Malezya, Pakistan, Hong Kong, Tayland, Moğolistan, Irak, Mısır, Tunus, Sudan, Tanzanya,.. gibi çok sayıda ülkede bilimsel toplantılara katılıp tebliğler sunmuş olan Prof. Acar'ın yurtiçi ve yurtdışı hakemli dergilerde yayımlanmış 100 dolayında bilimsel makalesinin yanı sıra, bir kısmı ortak yazarlı 20'si telif, 15'i tercüme olmak üzere toplam 35 yayımlanmış kitabı, derleme eserlere katkı niteliğinde 60 kitap bölümü bulunmaktadır.

Son yıllarda Türkiye'nin yaşadığı savrulmalar ve travmalardan nasibini fazlasıyla almış, kendisine iyiliğinin dokunduğu ikiyüzlü, sözde dost, kifayetsiz muhterislerin iftiraları ve kumpasıyla bir süre hapiste yatmış, yargılanarak beraat etmiştir. Doğruya doğru demenin, güce boyun eğmemenin bedelini ödemiş, şairin güzel deyişiyle "acıların ve ayrılıkların her türlüsünü tatmış"tır. Yaşadıklarından sonra hiçbir iyiliğin nasıl cezasız kalmadığını ve Türkiye'nin neden bir türlü iki yakasının bir araya gelmediğini gayet iyi anlamıştır. Yaşadıklarını hayatın anlamına uygun olarak imtihan sürecinin parçası saymış, Nesîmî'nin enfes deyişiyle "İblis'in talim ettiği yola minnet eyleyenlerin" topuna birden "ilâ Cehenneme zümerâ" (Cehennemin dibine kadar yolunuz var!) ve "innAllahe ma'assabirîn" (Allah sabredenlerle beraberdir) çekip, yoluna devam etmiştir. İdari görevlerini bıraktıktan, dolayısıyla geleni karşılama-gideni uğurlama, gelen evrakı okuyup giden evrakı imzalama, açılış töreni-kapanış töreni ve de buna benzer bir sürü ömür törpüsü iş peşinde koşma zorunluluğundan kurtulduktan sonra, nihayet şimdilerde, vaktiyle uğruna parlak bir bankacılık kariyerini yarıda bıraktığı akademisyenliğin tadını çıkarmakta, sadece ailesi, kitapları, çevirileri ve öğrencileriyle haşır-neşir olmaktadır...

Eserlerinden bazıları şunlardır:

Telif:

- İktisadın Evrensel Yasaları ve Kadim Sorunları

- Güncel İktisadi Tartışmalar

- Küreselleşme

- Hizmetten Hezimete FETÖ

- Sosyal Bilimler Sözlüğü (Ö. Demir ile birlikte)

- Ekonomik Entegrasyon, Avrupa Birliği ve Türkiye (M. Dikkaya ile birlikte)

- Tarım ve Tarım Politikalarının Geleceği (S. Aytüre ile birlikte)

- Türkiye'de Tarım ve 1980'lerde Tarımsal Dönüşüme Yön Verenler (S. Aytüre ile birlikte)

- Piyasa, Devlet ve Müdahale

- Türk Tarımının Geleceği

- The Role of Agriculture in the Turkey-EU Integration

- Regional Economic Integration and Turkey: EU and Beyond (L. Aydın'la birlikte)

- Energy, Economy and Climate Policy (L. Aydın'la birlikte)

Tercüme:

- Milletlerin Zenginliği (Adam Smith)
- Tercih Özgürlüğü (Milton & Rose Friedman)
- Tercih: Bir Serbest Ticaret ve Korumacılık Öyküsü (Russell D. Roberts)
- Görünmez Kalp (Russell D. Roberts)
- Türkiye ve Arap Baharı (Graham Fuller)
- Her Şeyin Bedeli (Russell D. Roberts)
- Bitmeyen Arayış (Karl R. Popper)
- İktisadi Düşünce Tarihi (Mark Skousen)
- Küresel Kapitalizmi Savunmak (Johan Norberg)
- Eşitlikçilik: Doğaya Karşı İsyan (Murray N. Rothbard)

İÇİNDEKİLER

ÖNSÖZ

Görmeyen gözlere rağmen verdiği eserler ve dilinden dökülen alevden mızrak gibi kelimeleriyle dimağımıza çok şey kazımış rahmetli Cemil Meriç'in bir kitabına da başlık yaptığı ifadesiyle "bu ülke," adeta bir sosyal bilim laboratuvarıdır. Ne ararsan vardır burada: hem başarı, hem başarısızlık hikâyesi; savaş ve barış; kavga ve gürültü; gerilim ve çatışma; istikrar ve istikrarsızlık; yaşadığımız nahoş durumlar ve krizlerin izahına yönelik envai çeşit komplo teorileri; iktidarda kalma ve safları sıklaştırma amaçlı, anında U dönüşleri ve daha neler neler... Daha ironik olanı, bütün bunların farklı dönemlerde, farklı iktidarlar altında değil, aynı kişiler ve kadroların işbaşında olduğu, aynı iktidarların yönetimi altında da olabilmesi. Bu anlamda Anadolu coğrafyası ve Türkiye'nin dünyanın en zengin sosyal bilim laboratuvarlarından biri olduğu rahatlıkla söylenebilir.

2002 ile başlayıp 2013'te sona eren ekonomik şahlanma Türkiye için bir başarı hikâyesi midir? Kesinlikle evet. Pekâlâ, ya ondan sonraki döneme ne demeli? Bu ikinci dönemin bir başarı hikâyesi olmadığı kesin. Bir tökezleme, sendeleme yahut duraklama devrine girildiği aşikâr. Bırakın uzun vadeyi, sırf bu kitabın yayıncıya teslim edilmesi ile yayına hazırlanması arasındaki bir iki aylık kısa süre içinde Türkiye'de yaşanan çalkantılar, siyasi talimatla faizlerin düşürülmesiyle başlayıp döviz kurlarındaki hızlı yükseliş ve yeni ekonomi modeli tartışmalarıyla devam eden süreç ayrı bir kitabın konusu olacak zenginliktedir.

Daha iktisadi rasyonaliteye uygun, tutarlı, istikrar ve öngörülebilirliği sağlamaya, belirsizliği ve ülke riskini azaltmaya, beklentileri iyimserleştirmeye, piyasalara güven vermeye ve yatırım ortamını iyileştirmeye dönük politikalar geliştirilip yürürlüğe konulmadığı ve mevcut gidişat tersine çevrilmediği takdirde 2013 sonrası dönem bir başarısızlık hikâyesi olma yolundadır.

Ne olmuş, nasıl olmuş da, ülkede iktidar değişmediği, aynı siyasi parti ve büyük ölçüde aynı kadro ülkeyi yönetmeye devam ettiği halde Türkiye ilk on yılda yaptığı çıkışı ikinci on yılda sürdürememiştir? Aksine 2013 sonrası dönemde bütün makro göstergelerin kötüleştiği bir aşağı gidiş eğilimi egemen olmuştur? Bütün bu olan biteni kolayca dış güçlere fatura eden, hamaset yüklü bir "bizi kıskanıyorlar, kahrolası dış mihraklar, üzerimizde büyük oyunlar oynuyorlar.." söylemiyle izah etmek mümkün müdür?

Elinizdeki kitap kısmen bu sorulara cevap arama kaygısıyla hazırlanmıştır. Bir kısmı Türkiye Yazarlar Birliği'nin geleneksel olarak her yıl yayımladığı Türkiye Kültür ve Sanat Yıllığı için muhtelif tarihlerde yapılmış değerlendirmeler, bir kısmı da bu eser için kaleme alınmış, makro göstergelerin son yirmi yıllık dönemde izlediği seyir ışığında yapılan analiz ve genel değerlendirmelerden oluşmaktadır.

Her eserde olduğu gibi, bu eserin ortaya çıkmasına da katkısı olan, teşekkürü hak eden dostlar var.

Öncelikle yazılardan bazılarının bu eser kapsamında bir araya getirilmesine tereddütsüz izin veren TYB ve özellikle TYB kurucu başkanı, aziz ve kadim dostumuz, ağabeyimiz D. Mehmet Doğan'a teşekkür ederim. Son 20 yıllık dönemin verilerinin derlenmesi konusundaki değerli yardımlarından dolayı hamarat asistanım sevgili Emel Akbal'a müteşekkirim. Bunun yanı sıra, okulda rahat bir çalışma ortamı sağlayan değerli yöneticilerimize, meslektaşlarıma ve nihayet, Konya'ya geldiğim zaman "ölmeden önce yapmak istediğim şeylerden biri de Mustafa Acar'ın kitaplarını basmak hocam" diyerek büyük teveccüh gösteren, "Berduşi Tekkesi"nin (!) entellektüel labirentlerinde zaman zaman memleket kurtarma muhabbeti yaptığımız değerli dost, Literatürk-Academia genel yayın yönetmeni İsmail Çalışkan ve yayında emeği geçenlere teşekkürü borç bilirim.

Şair ne güzel söylemiş:

> Şeb-i yeldâyı müneccimle muvakkıt ne bilir?
> Müptelâyı gâma sor kim geceler kaç saat..
> (Falcıyla vakit ölçer en uzun gece hangisi ne bilir?
> Gam müptelasına/dert çekenlere sor sen geceler kaç saattir.)

Prof. Dr. Mustafa Acar

21 Aralık 2021, Selçuklu/Konya

1. GİRİŞ

İktisadın bir sosyal bilim dalı olarak doğduğu 18. Yüzyıl sonlarından 20. Yüzyıl başlarına kadar genel kabul gören adı *Siyasal İktisat* yahut *Politik İktisat* (Political Economy/Ekonomi Politik) idi. Esasen bu olgu, ekonomi ile siyasetin nasıl birbirinden ayrılamaz, etle tırnak gibi olgular olduğuna işaret eder. Nitekim etimolojik anlamıyla ekonomi "ev idaresi," siyaset ise "toplum idaresi" anlamına gelmektedir. Ekonomiye karşılık gelmek üzere önerilen Osmanlıca "iktisad" kavramı da "tutumlu olmak, israftan ve aşırılıktan kaçınmak, orta yol üzere olmak" gibi anlamlara gelmektedir. Aile, iktisat literatüründeki daha yaygın ifadesiyle "hanehalkı" (household) da toplumun temel yapıtaşı olduğuna göre, ev idaresiyle toplum idaresi birbiriyle akraba, birbirinden ayrılmaz, birbirinin tamamlayıcısı olgulardır. Bu bağlamda denebilir ki, evlerin iyi idare edildiği toplumlarda iyi toplum idaresi olur; toplum idaresinin kaliteli olduğu ülkelerde de bunun semereleri evlere yansır; evlerin yahut hanehalkının refahı daha yüksek olur.

Hatırlanacağı üzere Türkiye 2000'li yıllara büyük bir tıkanma ve ekonomik krizle girmişti. *28 Şubat Süreci* adı verilen askeri vesayet, baskı, keyfilik ve hukuksuzlukların damga vurduğu karabasan sürecinin 1990'ların sonunda adım adım Türkiye'yi getirdiği nokta, 2001 yılının başında içine düştüğümüz ekonomik krizdi. Cumhuriyet tarihinin en büyük ekonomik krizi olan Şubat 2001 kriziyle deniz bitmiş, gemi karaya vurmuş, çokbaşlı koalisyon hükümetleri, askeri vesayet, baskı ve hukuksuzluklarla gidilebilecek yolun sonuna gelinmişti. Dönemin Başbakanı rahmetli Bülent Ecevit'in çağrısıyla apar topar Türkiye'ye getirilen o zamanki Dünya Bankası Başkan Yardımcısı Kemal Derviş'in çabaları da durumu kurtarmaya yetmemiş, birbiriyle uyumsuz zihniyete sahip partilerin kurduğu koalisyon hükümeti altında hem karar almakta, hem de alınan kararların hayata geçirilmesinde ciddi sıkıntılarla karşılaşılmıştı. Bu koşullarda başka çıkış yolu görmeyen Derviş'in erken seçim çağrısıyla 2000'li yılların başında Türkiye'de bir dönem kapanacak, Ak Partinin halen devam eden iktidar yılları başlayacaktı.

2002 sonunda yapılan erken seçimlerde Meclisin yaklaşık üçte iki çoğunluğuna karşılık gelen milletvekili sayısıyla iktidara gelen Ak Parti'nin kurucu kadrosu esas itibariyle rahmetli Prof. Dr. Necmettin Erbakan'ın liderliğinde Milli Görüş, Milli Nizam, Milli Selamet veya Refah Partisi gibi oluşumlarda rol almış, dindar-muhafazakâr bir çizgiyi temsil eden bir kadro idi. 28 Şubat Sürecinin baskıları ve yıllar boyu yaşanan deneyim ışığında Refah Partisi "Yenilikçiler" ve "Gelenekçiler" arasında ikiye bölünmüş, önce parti içinde Erbakan'a karşı bir liderlik yarışına girilmiş; bu girişim bir sonuç vermeyince de 2001 yılı ortalarında Adalet ve Kalkınma Partisi (Ak Parti) kurulmuştu. 2001 krizi ve sonrasında yaşananlar henüz Meclis'te olmayan, denenmemiş, gelecek vaat eden yenilikçi kadrolar için altın bir fırsat sunmuş, Ak Parti işte bu konjonktürde iktidara gelmişti.

İktidarının ilk iki döneminde (2002-2007, 2007-2011) Ak Parti liderliği oldukça özgürlükçü, reformcu ve değişimci bir profil çizmişti. En başta AB üyelik süreci ve bu sürecin gerektirdiği ev ödevleri ciddiye alınmış, bu çerçevede tam üyelik müzakerelerinin başlayabilmesi için gereken hukuki, siyasi ve ekonomik reformlar birbiri ardına yapılmıştı. Ayrıca bu ülkenin 1980'li yılların başından beri kanayan yarası olan terör sorununa büyük ölçüde kaynaklık eden Kürt sorunu; izleri Yavuz Sultan Selim dönemine kadar sürülebilir içten içe kanayan bir yara olan Alevi sorunu ve yine Osmanlı'nın son döneminden devralınmış bir sorun olan Ermeni sorunu gibi, Türkiye'nin sırtındaki "asırlık kamburlar"dan kurtarılması için devreye sokulan bir dizi açılım süreci söz konusuydu: Kürt açılımı, Alevi açılımı ve Ermeni açılımı, Özal dönemi ekonomik ve siyasi açılımlarıyla birlikte Cumhuriyet tarihinde görülen en cesur açılımlardı.

Nitekim bu atılımlar ve açılımların kısa sürede meyveleri de toplanmaya başlanmıştı. Türkiye adeta şaha kalkmış, makroekonomik göstergeleri belirgin ölçüde iyileşmişti. On yıl içinde milli gelir ve kişi başına düşen gelir 3-4 katına çıkmış, ihracat ve doğrudan yabancı sermaye yatırımları katlanarak artmış, mali disiplin sağlanmış, TL değer kazanmış, enflasyon tek haneli rakamlara düşmüş, yıldızı parlayan Türkiye Arap dünyası başta olmak üzere Müslüman dünyanın umudu olmaya başlamıştı.

Ancak, ne yazık ki aynı cesur, atılımcı, reformcu, özgürlükçü ve değişimci politikalar ikinci on yıllık dönemde sürdürülemedi. Giderek her şey adeta tersine döndü; milliyetçi, içe kapanmacı, güvenlikçi ve statükocu bir çizgiye kayıldı. Sonuç ortada: 2013 yılından bu yana kötüleşen makro göstergeler, tökezleyen, yerinde sayan, patinaj yapan ekonomi, rekor seviyelerde değer kaybeden Türk Lirası, 2000'li yılların ortalarına geri giden kişi başına gelir, azalan GSYH, ve sonuçta 2023 hedeflerinin gerçekleştirilebilir birer hedef olmaktan çıkıp bir hayale dönüşmesi...

Pekâlâ, acaba bu gidişin, her şeyin giderek tersine dönmesinin, U dönüşünün sebebi yahut sebepleri neler olabilir?

İktidar çevrelerine sorarsanız, bu sorunun cevabı basittir: dış mihraklar! Bizi kıskanıyorlar, bizim yükselişimizi hazmedemiyorlar, ellerinden gelse bizi bir kaşık suda boğmak istiyorlar, karanlık mahfillerde bizim kuyumuzu kazmaya yönelik sinsi planlar yapıyorlar, içimizdeki hainler üzerinden de bunları ic-raata döküyorlar. Kısaca, iktidar seçkinlerinin zaviyesinden, komplolardan komplo beğen...

Daha objektif, siyasi tarafgirlikten uzak, daha soğukkanlı bir bakış açısından bakıldığında, acaba bu gerekçeler inandırıcı mıdır? Kanaatimizce, dış mihraklar söyleminin inandırıcılığı bir hayli tartışma götürür. Kısaca Türkiye'nin yaşadığı felaketleri, krizleri ve nahoş durumları sadece dış mihraklara atıfla izah etmek işin kolayına kaçmaktır, daha beteri sorumluluktan kaç-maktır, hiç de ikna edici değildir. Daha doğru olan yaklaşım, atalarımızın veciz deyişiyle, "olmayalım keser gibi hep bana hep bana; olalım testere gibi hem sana hem bana"[1] beytinde ifadesini bulan, özeleştiri yapan, sadece kendine yontmayan, kabahati başkaları kadar ve hatta onlardan da önce kendinde arayan bir yaklaşımdır.

Bu açıdan bakınca yeniden gözden geçirilmesi ve büyük öl-çüde değiştirilmesi gereken yanlış yaklaşım, söylem ve politika-lar şu şekilde sıralanabilir: militarist ve çatışmacı dış politika, Suriye'de rejim değiştirmeye odaklı, sonucu iyi hesaplanmadan yapılan hamleler, uluslararası güçler dengesini ve Türkiye'nin gücünün sınırlarını iyi hesap etmeden girişilen atraksiyonlar; AB üyelik süreci ve ev ödevlerinin ısrarla ihmal edilmesi; çö-züm sürecinin ima ettiği siyasi sorunları siyasi reformlar ve ba-rışçı yollardan çözme iradesinin terk edilmesi; dışa açılmacı ve serbest ticaretçi politikalar yerine içe kapanmacı ve korumacı politikalara yönelinmesi; hukukun araçsallaştırılması; devlet imkânlarıyla yandaş zengin edilmesini ima eden sıkıntılı uygu-lamalar; ehliyet ve liyakatin bir kenara bırakılarak, en başta sa-

---

[1] Bu veciz sözün Yunus Emre'ye ait olduğunu sanıyordum, değilmiş, bazı Yunus uzmanları öyle dediler; o zaman sahibi çıkıncaya kadar bendenizin olabilir.

dakat ve başka sübjektif kriterlerin ikamesi, adam kayırmacılık ve her türlü keyfilikler.

Eskiden sivil siyasetçilerin "efendim biz iyi şeyler yapmak istiyoruz ama bırakmıyorlar ki, mevzuat izin vermiyor ki, apoletliler müsaade etmiyor ki.." türünden mazeretleri vardı. Oysa 2016 sonrası dönemde artık bu tür mazeretler ortadan kalkmıştır. Devletin teşkilatlanma şekli baştan aşağı değiştirilmiş, Meclisi de kontrol eden, devlet başkanının partili olabildiği bir Başkanlık sistemine geçilmiştir. Bu koşullar altında mevcut iktidarın başarısızlığa hiçbir makul gerekçesi kalmamıştır. Askeri vesayet ortadan kalkmış, inisiyatif sivillerin eline geçmiştir; eski dönemlerde çoğu kez olduğu gibi artık iktidarın icraatlarına sürekli taş koyan bir yargı, akademi yahut sivil bürokrasi yoktur; dahası güçlü bir siyasi muhalefet de çoktandır ortalarda gözükmemektedir. Yetki sorunu da, mevzuat engeli de, bürokrasi engeli de, ilmiye sınıfı engeli de mevcut değildir. Bu durumda başarısızlık için bir şeylerin arkasına sığınıp durmanın hiçbir ikna edici tarafı olamaz.

Bu çerçevede elinizdeki eser Türkiye ve dünya ekonomisinin 2000'li yıllardaki seyri bağlamında Türkiye'nin yükseliş ve duraklama-gerileme sürecinin hikâyesine ışık tutmaktadır. Kitapta önce istatistiksel veriler ve makro ekonomik göstergeler ışığında Türkiye ekonomisinin son yirmi yıllık serencâmı genel bir değerlendirmeye tabi tutulmaktadır. Daha sonra bir kısmı Türkiye'nin başarı hikâyesini anlatan, bir kısmı duraklama ve gerileme olarak tasvir edilebilecek dönemin gelişmelerine odaklanan yazılara yer verilmektedir. Sonuç bölümünde ise bu hikâyeden çıkarılacak dersler üzerinde durulmakta, Türkiye'nin yeniden bir yükselme sürecine girmesi ve daha zengin, daha özgür ve daha müreffeh bir ülke haline gelebilmesi için yapılması gerekenlere dair öneriler sıralanmaktadır.

2. İKİBİNLİ YILLARDA TÜRKİYE EKONOMİSİ: BİR BAŞARI HİKÂYESİ Mİ?

Çalışmanın bu bölümünde Türkiye ekonomisinin 2000'li yıllardaki serüveni makro ekonomik veriler ışığında ele alınmaktadır. Reel ekonomik büyüme, enflasyon, işsizlik, faiz oranları, kişi başına gelir, dış ticaret dengesi, cari açık, döviz rezervleri ve yabancı sermaye girişleri gibi önemli makro ekonomik göstergelerin zaman içinde izlediği seyir bize Türkiye ekonomisinin son yirmi yılık performansı hakkında iyi bir fikir verecektir.

Öncelikle ekonomi, ekonomik meseleler ve ekonomik göstergelerin seyri neden önemlidir sorusuyla başlayalım.

Ekonomi esas itibariyle –bütün canlılar için olduğu gibi, insanlar için de- bir karın doyurma meselesidir, varlığını devam ettirme ve hayata tutunma meselesidir, dünya nimetlerinden daha iyi istifade etme meselesidir. Ekonominin yüksek performansı zenginlik ve refah göstergesidir. Kârın doyurmanın da ötesinde, bir Müslüman için Zekat ve Hac gibi İslam'ın beş temel şartı arasında yer alan bazı ibadetlerin yerine getirilebilmesi bile belirli ölçüde zenginlik gerektirir. O halde zenginlik, iktisaden hail vakti yerinde olmak önemlidir, refah seviyesinin artışı mühimdir; helal yoldan karnımızı doyurabilmek, muhanete muhtaç olmadan evi geçindirebilmek önemlidir. Bütün bunlar, iktisadi olguları önemsemeyi, kâr-zarar nedir bilmeyi, hesapkitap yapmayı, fayda-maliyete dikkat etmeyi; tasarruf, yatırım, üretim, tüketim ve bölüşüm gibi temel iktisadi faaliyetlerin dayandığı temeller hakkında az buçuk bilgi sahibi olmayı gerektirir. Kısaca ekonomiyle, iktisadi meselelerle ilgilenmek menfaatimiz icabıdır.

Atalarımız "elin ağzı torba değil ki, büzesin" demişler; hemen her konuda olduğu gibi, ekonomik konularda da bilir–bilmez ahkâm kesenimiz çoktur. Dolayısıyla ihtilaflı öteki konularda olduğu gibi, son 20 yıllık dönemde Türkiye ekonomisinin gösterdiği performansın bir "başarı hikâyesi" olup olmadığını ortaya koyabilmek için de rakamların hakemliğine ihtiyacımız vardır. Bilimsel analizi boş konuşmadan ayırt eden şey mantıksal kurgusu sağlam argümanlar ve rakamların hakemliğidir.

Bu çerçevede elinizdeki eserin ilk bölümünde 2000-2020 arasını kapsayan son 20 yıllık dönemde Türkiye'de başlıca makro ekonomik göstergelerin izlediği seyir ortaya konmakta, Türkiye'nin söz konusu dönemdeki ekonomik performansı analiz edilmektedir. Bu bölümün sonunda kitabın yayına hazırladığı günlerde ortaya atılan "yeni ekonomi modeli" de kısaca tartışılmaktadır.

İlk olarak, bu satırların yazıldığı 2021 Aralık ayı ortaları itibariyle Türkiye'nin başlıca makro ekonomik göstergeler tablosuna kabaca bir göz atalım.

Reel ekonomik büyüme oranı: 2020 yıllık: %1,8; 2021 ilk çeyrek: %7, ikinci çeyrek: %21,7, üçüncü çeyrek: %7,4.

Enflasyon oranı: (Kasım 2020-Kasım 2021, yıllık) TÜFE %21,3; ÜFE %54,6.

Faiz oranı (TCMB politika faizi, 2021): Ağustos: %19, Eylül: %18, Ekim: %16, Kasım: %15, Aralık %14.

İşsizlik oranı: (Kasım 2021) %12,9; genç nüfusta işsizlik oranı: %25,4.

Cari açık (2020 yıllık): 35,2 milyar dolar, (2021 üçüncü çeyrek, 12 aylık kümülatif): 11,7 milyar dolar.

Doğrudan yabancı sermaye girişleri: (2020): 7,8, (2021, 6 ay): 4,4 milyar dolar.

Döviz rezervleri (3 Aralık 2021, brüt): 124 milyar dolar.

Dolar kuru: (Ocak 2021): 7,39; (23 Aralık 2021): 11,63; (TL'nin yıl içinde değer kaybetme oranı: %57,4.

İç borç stoku (Kasım 2021): 921 milyar TL.

Dış borç stoku (2021 II. Çeyrek, brüt): 446,4 milyar dolar; Brüt dış borç stoku/GSYH: %58,3.

Görüldüğü üzere ekonomide 2021 yılının 11 aylık dönemi itibariyle kabaca tablo şudur: İlk üç çeyrekte büyüme oranı bir hayli yüksek olup, sürdürülebilir olması temenni edilir. Büyüme dışındaki makro göstergelerde durum pek iç açıcı değildir: enflasyon ve işsizlik oranları rekor düzeyde yüksektir; politika faiz oranı Eylül ayından itibaren art arda düşürülerek %14'e çekilmiş, ancak Hazine %22'ler seviyesinden borçlanmaktadır. 2020 yılına göre azalmış olmakla birlikte cari açık varlığını sürdürmektedir; doğrudan yabancı sermaye girişleri çok düşük düzeydedir; son aylardaki faiz operasyonlarının da etkisiyle TL yabancı paralar karşısında ciddi oranda değer kaybetmiş olup, iç ve dış borç stoku bir hayli kabarıktır.

Aşağıda toplam 12 makro ekonomik gösterge ışığında 2000'li yıllarda Türkiye ekonomisinin seyri analiz edilmiştir.

2.1. Ekonomik Büyüme

Ekonomik büyüme bir ekonominin mal ve hizmet üretimindeki artışı ifade eder. Bir ülke önceki yıllara göre cari yılda daha fazla mal ve hizmet üretebiliyorsa, iktisaden büyüyor demektir. Büyümenin fiyat artışlarından arındırılmış şekli *reel büyüme* olarak adlandırılmakta olup asıl önemli olan büyüme budur. Enflasyonun sıfıra yakın olduğu ülkelerde nominal büyüme ile reel büyüme arasında fazla bir fark olmaz. Ancak Türkiye gibi enflasyonun çift haneli rakamlarda seyrettiği ülkelerde nominal (parasal, itibari, kâğıt üzerindeki) büyüme ile reel (miktara dayalı, gerçek) büyüme arasında ciddi bir fark oluşur; böyle durumlarda nominal değil, reel büyümeye bakmak gerekir.

Reel iktisadi büyüme pastanın büyümesi demektir; zenginleşmenin ve refahın anahtarıdır. Büyüyen bir ekonomi, o ülkede yaşayan insanların ihtiyacını karşılayabileceği, tadını çıkarabileceği daha fazla mal ve hizmet üretiyor demektir. Bir ekonominin performansını ölçmek için kullanılan en önemli göstergelerin başında, hiç kuşkusuz reel ekonomik büyüme gelir.

Bu çerçevede Türkiye'nin 2000-2020 dönemindeki reel ekonomik büyüme hızına bakıldığında, oldukça dalgalı bir seyir izlediği görülmektedir (Şekil 1 ve Şekil 2). Zikzakların çokluğu ve dalga boylarının derinliği esasen Türkiye'nin en önemli sorunlarından birine, ekonomik istikrarsızlığa işaret etmektedir. 2001 kriziyle dibi görmüş ve -bırakın büyümeyi- %6 dolayında küçülmüş olan ekonomi, 2002-2007 döneminde gayet iyi bir performansla %5-9 arasında değişen oranlarda büyümüştür. Aynı performans ne yazık ki izleyen dönemde sürdürülememiştir. 2008-09 küresel ekonomik krizinin etkisiyle 2009'da %4,8 oranında küçülen ekonomi 2010'dan itibaren hızla toparlanmış, 2011 yılında %11,2 gibi rekor seviyede büyüdükten sonra, ertesi yıl ancak %4,8 büyüyebilmiştir. 2013 yılındaki %8,5'lik büyüme o tarihten beri gördüğümüz en yüksek büyüme olmuş, 2013 yılından sonra –bütün öteki makro ekonomik göstergeler gibibüyüme hızı da kötüleşmiştir. Son iki yıldaki büyüme oranı %2'nin altındadır. 2021'in ilk iki çeyreğindeki yüksek büyüme son iki çeyrekte de devam ettirilebildiği takdirde, reel büyüme hızı yeniden yükselişe geçebilir.

Son yıllarda büyümenin ciddi ölçüde yavaşlamasının koronavirüs salgını gibi dışsal sebepleri yanında, iç siyasi gerilimler, 15 Temmuz darbe girişiminin yarattığı sarsıntı, yönetim anlayışının giderek güvenlikçi, yasakçı ve içe kapanmacı bir hal alması, dış dünya ile ilişkilerin ciddi biçimde bozulması, belirsizlik ve buna bağlı olarak da öngörülebilirliğin azalması, ülke riskinin yükselmesi ve yatırım ortamının kötüleşmesi sayılabilir.

Şekil 1 reel büyüme hızının son yirmi yıllık, Şekil 2 ise son on yıllık seyrini göstermektedir. Şekil 1 2000-2020 döneminde ekonomik büyümenin oldukça dalgalı bir seyir izlediğini, Şekil 2 ise son on yıllık dönemde büyümenin kayda değer ölçüde yavaşladığını net bir biçimde ortaya koymaktadır.

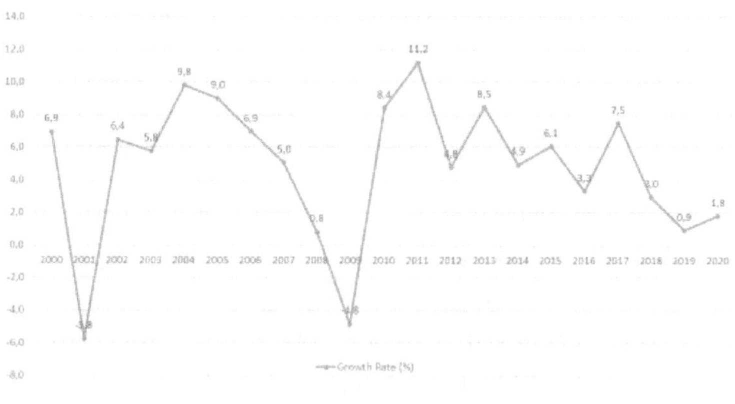

Şekil 1: Reel Ekonomik Büyüme (2000-2020). Kaynak: TÜİK.

Büyümenin son 10 yıllık seyri

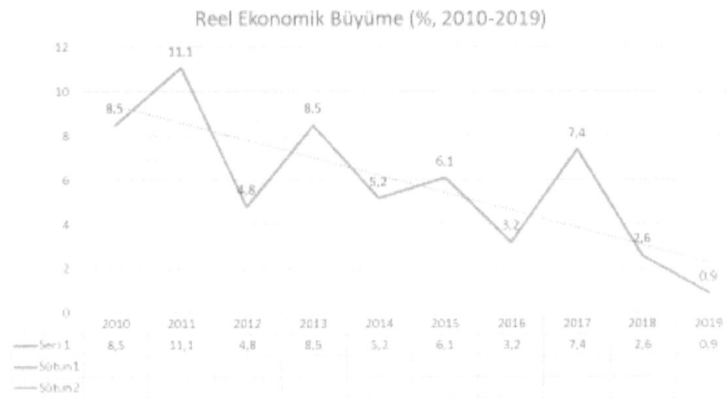

Şekil 2: Reel Ekonomik Büyüme (2010-2019). Kaynak: TÜİK.

2.2. Kişi Başına Gelir

Kişi başına düşen gelir ülkeler arasında refah düzeyi karşılaştırmalarında kullanılan temel ölçüttür. Gayrisafi Milli Hasıla (GSMH) veya Gayrisafi Yurtiçi Hasıla (GSYH) bir ekonominin çapını ya da büyüklüğünü gösterirken, kişi başına GSYH o ülkede yaşayan her bir fert başına düşen ortalama gelir düzeyini göstermektedir. Nüfusu kalabalık olan ülkelerin GSYH'sının da daha büyük olması (her zaman öyle olmayabilse de) zaten beklenen bir durum olduğu için, bir ülkenin refah düzeyinin iyi bir göstergesi değildir. Bu bakımdan daha sağlıklı bir gösterge, toplam gelirin nüfusa oranlanmasıyla elde edilen ve fert başına ortalama refah düzeyini yansıtan, kişi başına düşen gelirdir.

Türkiye'de kişi başına düşen gelirin 2000'li yıllardaki seyri Şekil 3, 4 ve 5'de verilmektedir. Şekillerden de açıkça görüldüğü üzere, 2001 kriziyle düştüğü dip nokta olan 3.143 $'dan sonra -2009 kırılması hariç- 2013 yılına kadar düzenli olarak yükselmiş ve adı geçen yılda 12.614 $'a ulaşmış olan kişi başına gelir, 2013 yılından sonra bu defa düzenli olarak gerilemiş, 2020 yılında 8.599 $'a düşmüştür. Şekil 5, IMF tahminlerine göre 2006-2013 arası yedi yılda düzenli yükselen kişi başına gelirin izleyen yedi yılda adeta simetrik biçimde düştüğünü çarpıcı biçimde göstermektedir.

Son 7 yıldaki bu aşağı gidişin nedenlerine esasen bir önceki bölümde değinilmişti: 2020 koronavirüs pandemisi gibi bütün dünyayı etkilemiş olan bir dışsal faktörün haricinde, daha çok içerden kaynaklı kötü yönetişim, siyasi gerilim, hukuk devleti konusunda yaşanan sıkıntılar, keyfilikler, belirsizliğin artması, öngörülebilirliğin azalması, ülke riskinin artması ve yatırım ortamının kötüleşmesi.

Dünya Bankası'nın tahminlerine göre, 2020 yılı itibariyle Türkiye 720 milyar $ ile GSYH bakımından dünyada 213 ülke arasında 20. sırada iken, kişi başına gelir bakımından 8 538 $ ile 88. sırada bulunmaktadır.[1] Dünya ortalamasının 10 926 $ olduğu dikkate alınırsa, Türkiye'nin kişi başına gelirde dünya ortalamasının da altında kaldığı görülmektedir. 2023 hedefleri bağlamında kişi başına 25 000 $ gelirle dünyanın en büyük 10 ekonomisinden biri olmayı hedefleyen bir ülke için bu rakam, ne yazık ki ümit verici bir rakam değildir.

---

[1] https://en.wikipedia.org/wiki/List_of_countries_by_GDP_(nominal)_per_capita https://en.wikipedia.org/wiki/List_of_countries_by_GDP_(nominal)

Kişi Başına Düşen GSYH

Yıllar	2000	2001	2002	2003	2004	2005	2006	2007	2008	2009
Kişi başına GSYH (Cari US$)	4.337,5	3.143,0	3.687,9	4.760,1	6.101,5	7.456,4	8.102,1	9.791,7	10.941,0	9.103,7

	2010	2011	2012	2013	2014	2015	2016	2017	2018	2019
	10.742,4	11.420,8	11.795,3	12.614,5	12.157,3	11.006,2	10.895,3	10.591,5	9.455,6	9.126,6

	2020
	8.599,0

Source: https://data.worldbank.org/indicator/NY.GDP.PCAP.CD?end=2019&locations=TR&start=1999

Şekil 3: Kişi Başına Gelir ($, GSYH). Kaynak: Dünya Bankası.

Kişi Başına GSYH ($)

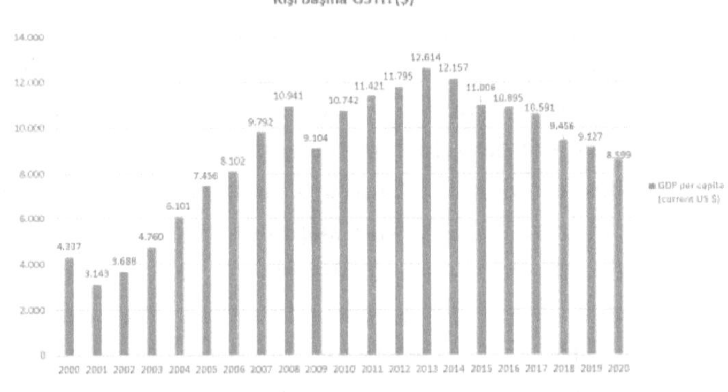

Not: Grafikte ondalık kısım ihmal edilmiştir.

Şekil 4: Kişi Başına Gelir ($, GSYH). Kaynak: Dünya Bankası.

Kişi başına gelir (IMF tahmini, 2006-2020)

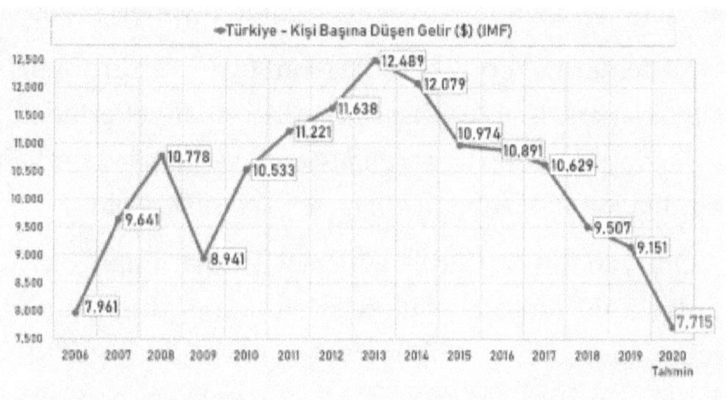

Şekil 5: Kişi Başına Gelir ($, GSYH). Kaynak: IMF.

2.3. Enflasyon

Enflasyon kısaca hayat pahalılığı demektir. Kitabi tanımıyla enflasyon fiyatlar genel seviyesinin *etkili ve sürekli* artışıdır. Sadece bazı malların fiyatlarının bir defaya mahsus artması enflasyon sayılmaz; enflasyonun varlığından söz edebilmek için piyasadaki malların büyük çoğunluğunun fiyatlarının hissedilir ölçüde artması gerekir. Biri TÜFE (tüketici fiyatları endeksi), biri ÜFE (üretici fiyatları endeksi), biri de GSYH Deflatörü olmak üzere başlıca üç enflasyon ölçüm aracı vardır. Hanehalkının, yani fiilen nüfusun tümünün hayatını daha yakından ilgilendirmesi nedeniyle, bunlardan daha yaygın kullanılanı TÜFE'dir.

Enflasyonun çok sayıda maliyeti, zararı, yahut yan etkisi söz konusudur: enflasyon yüzünden hayat pahalanır, paramızın alım gücü azalır, dar ve sabit gelirli insanlar fakirleşir. Beklenmedik sürpriz bir enflasyon işçi-işveren ile borçlu-alacaklı arasında haksız gelir ve servet transferine yol açar. Beklenen enflasyonun ise yukarda sayılanlara ilaveten –insanların kendilerini enflasyona karşı koruma amaçlı koşuşturmaları anlamında- "ayakkabı eskitme" ve –işletmelerin sık sık katalog bastırmaları anlamında- "menü maliyetleri" gibi maliyetleri söz konusudur.

Nedenlerine göre 3 enflasyon türü vardır: Aşırı talepten kaynaklanan *talep enflasyonu*, girdi maliyetlerindeki artıştan kaynaklanan *maliyet (arz) enflasyonu*, ve piyasada rekabet eksikliğinden kaynaklanan *fiyat/piyasa gücü enflasyonu*.

Öte yandan iktisadın evrensel yasalarından biri de, Nobel ödüllü ünlü iktisatçı Milton Friedman'ın dile getirdiği, enflasyonun "her zaman ve her yerde parasal bir olgu" olduğu gerçeğidir. Çeşitli ülkelerde farklı dönemlerde gözlemlenen yüksek enflasyona hemen her zaman para arzındaki yüksek artışlar eşlik etmektedir. Friedman'ın enflasyon teorisinin "paramparça" olduğunu iddia eden bazı nevzuhur kalemşörlere rağmen, Türkiye'nin bugünkü yüksek enflasyonu söz konusu evrensel yasanın hâlâ dimdik ayakta olduğunun kanıtıdır. Şekil 7 Türkiye'nin 2020 yılında parasal genişleme (piyasadaki para miktarını artırma) hızı bakımdan dünyada açık ara en ön sırada olduğunu, Şekil 8 de gerek dar tanımlı para (M1) ve gerekse geniş tanımlı para (M3) açısından rekor seviyelerde parasal genişlemeye gittiğini açıkça ortaya koymaktadır.

Şekil 6 2000'li yıllarda Türkiye'de enflasyonun seyrini göstermektedir. 1970'li yılların başından 2000'li yılların ortalarına kadar 30 yılı aşkın bir süre %50 ile %100 arasında gidip gelen kronik enflasyon sürecinden sonra, 2000'li yılların ortalarında Ak Parti iktidarı altında yakalanan siyasi ve ekonomik istikrar ile mali disiplin sayesinde enflasyonun tek haneli rakamlara düşürülmesi mümkün olmuştur. Şekil 6'da da görüldüğü üzere, Türkiye'de enflasyon 2004 yılından -2010 hariç- 2017 yılına kadar tek haneli rakamlarda tutulabilmiştir. Ne yazık ki daha sonraki dönemde yeniden çift haneli rakamlara fırlamış olan enflasyon, resmi verilere göre, 2021 yılının Kasım sonu itibariyle yıllık bazda TÜFE'ye göre %21, ÜFE'ye göre %55'tir. Pandemi ile mücadele bağlamında uygulanan genişletici para ve maliye politikalarının etkisiyle bütün ülkelerde enflasyon yükselme eğiliminde olmakla birlikte, dünyada enflasyonun genellikle %4-6 arasında olduğu bir dönemde, -bu yöndeki ciddi kuşkuları bir kenara bırakıp, rakamların gerçeği yansıttığı kabul edilse bile- Türkiye'nin enflasyon rakamları son derece yüksektir.

Yukarda da değinildiği gibi, enflasyonun bu kadar yüksek düzeyde seyretmesinin en önemli sebeplerinden biri, rekor seviyelerde hızlı parasal genişlemedir. İktisadın evrensel yasası işbaşındadır ve aşırı parasal genişleme fiyatları şişirmektedir. 2020 yılının ilk dokuz aylık dönemi itibariyle parasal genişleme oranı dünyada ortalama %10,6, gerek gelişmiş ve gerekse gelişmekte olan ülkelerde (Arjantin ve Peru dışında) parasal genişleme %0-25 arasında değişirken, Türkiye'de bu oran %70'in üzerindedir. Dolayısıyla bugünkü yüksek enflasyon tesadüf de, dış mihrakların oyunu da değildir; karşılıksız para basmanın, aşırı parasal genişlemenin ve kurlardaki sıçramaya bağlı olarak petrol ve girdi maliyetlerindeki artışın kaçınılmaz sonucudur.

Bunca zararlı etkilerine rağmen, karşılıksız para basıp enflasyon yaratmanın kime ne faydası olabilir şeklinde bir soru akla gelebilir. Cevap çok açıktır: enflasyon bireyler için, tüketici, yatırımcı ve girişimciler için zararlıdır; ama karşılıksız para basarak enflasyon yaratmanın devlete üç önemli faydası vardır: 1) Enflasyon vergisi, 2) Senyoraj geliri, 3) Borçlarını reel olarak azaltmak. Ancak kısa vadede günü kurtarmak için parasal genişleme yoluyla enflasyona başvuran hükümetler aslında ülkelerine kötülük etmektedirler; zira Şekil 9'da da açıkça görüldüğü üzere, enflasyon orta ve uzun vadede bir ülkenin büyüme performansını olumsuz etkilemektedir.

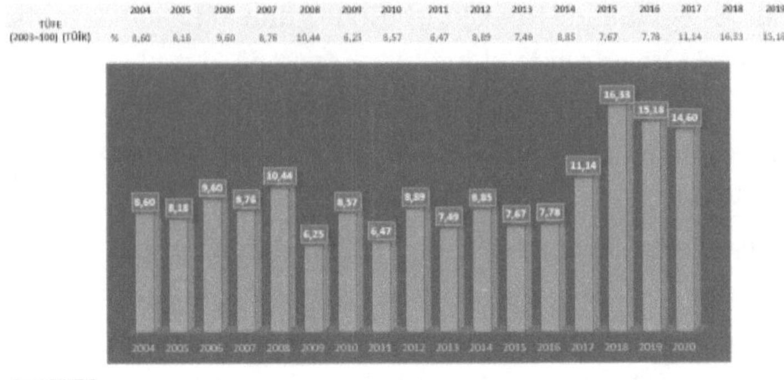

	2004	2005	2006	2007	2008	2009	2010	2011	2012	2013	2014	2015	2016	2017	2018	2019	2020
%	8,60	8,18	9,60	8,76	10,44	6,25	8,57	6,47	8,89	7,49	8,85	7,67	7,78	11,14	16,33	15,18	14,60

Şekil 6: Türkiye'de Enflasyon (TÜFE, 2004-2020). Kaynak: TÜİK.

2020'de Türkiye'de Parasal Genişleme: Açık ara lider! (Ocak-Eylül)

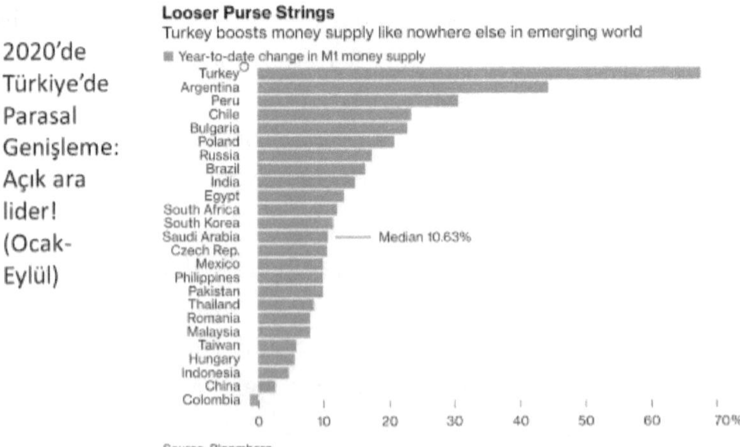

Şekil 7: Türkiye'de ve Dünyada Parasal Genişleme (M1, Ocak-Eylül 2020). Kaynak: Bloomberg.

Parasal genişleme (TCMB, 2018-2020, % değişim)

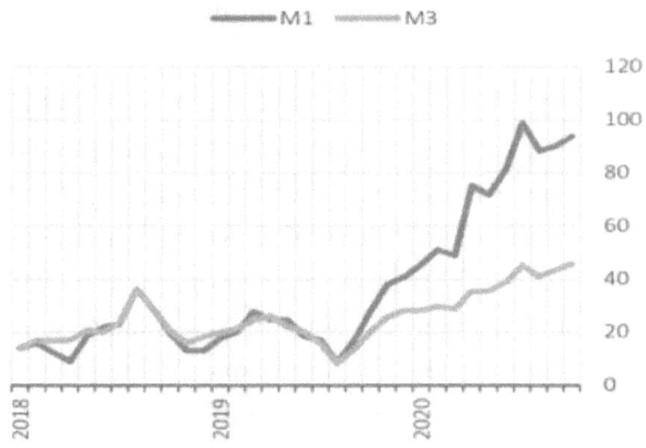

Şekil 8: Türkiye'de Parasal Genişleme (M1, M3, 2018-2020). Kaynak: TCMB.

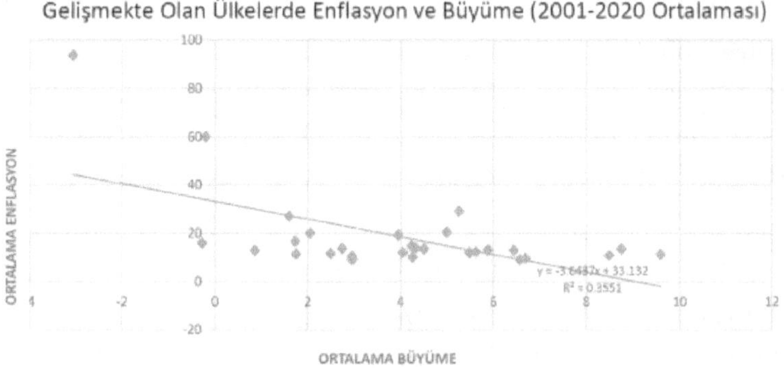

Şekil 9: Gelişmekte Olan Ülkelerde Enflasyon-Büyüme İlişkisi (2001-2020).

2.4. İşsizlik

İşsizlik, iktisadi anlamda, çalışma çağında olup iş arayan, veri ücret düzeyinde çalışmaya razı ve iş bulsa çalışmaya hazır durumda olan insanların işinin olmaması halidir. Yani –

Uluslararası Çalışma Örgütü/ILO tanımına göre- bir insanın işsiz sayılabilmesi için üç şartı aynı anda sağlıyor olması gerekir: işi yok, iş arıyor, bulsa çalışmaya hazır.

Toplam nüfustan 15 yaşın altındakiler (çocuklar) ve 65 yaş üstündekilerin (yaşlılar) çıkarılmasıyla "çalışma çağındaki nüfus" yahut "aktif nüfus;" aktif nüfustan "işgücüne dâhil olmayanlar"ın (ev kadınları, mahkûmlar, çalışamayacak durumdaki hasta ve engelliler vs.) çıkarılmasıyla "işgücü;" işgücünden "istihdam edilenler"in (halen bir işte çalışanlar) çıkarılmasıyla "işsizler" elde edilir. İşsiz sayısının işgücüne bölünmesiyle "işsizlik oranı;" işgücünün aktif nüfusa bölünmesiyle de "işgücüne katılım oranı" (İKO) bulunur. İşsizlik oranı ne kadar düşükse o kadar iyi; İKO ise ne kadar yüksekse o kadar iyidir. Gelişmiş ülkelerle kıyaslandığında, ne yazık ki Türkiye'de İKO daha düşük, işsizlik oranı ise daha yüksek düzeydedir.

İşsizlik hem ekonomik, hem toplumsal olumsuz sonuçları olan ciddi bir sorundur. Ekonomik olarak, işsizlik arttıkça milli gelir ve büyüme potansiyelin altında kalır, vergi gelirleri düşer, devletin işsizlik ödeneği masrafları artar. Toplumsal olarak ise, işsizlik arttıkça stres, aile içi şiddet, hırsızlık vb. suça yönelim artar; işsiz gençlerin terör örgütleri ve mafyanın ağına düşmesi kolaylaşır.

2000'li yıllarda işsizlik, işgücüne katılma ve istihdam oranı gibi işgücü istatistiklerinin seyri Tablo 1, Şekil 10, 11 ve 12'de verilmiştir. 2020 sonu itibariyle işsizlik oranı %12,9, tarım dışı işsizlik oranı %14,9, genç işsizlik oranı %25'tir. Bu oranlar endişe verici düzeyde yüksek oranlardır. Türkiye ekonomisi yeterince büyümediği için işgücü havuzuna yeni katılan nüfusu massedecek istihdam yaratamamakta, işsizlik aşağı çekilememektedir. İşsizliğin azaltılabilmesi için ekonominin hızlı büyümesi; bunun için yatırım yapılması; bunun için yatırım ortamının iyileştirilmesi; bunun için de öngörülebilirliğin artırılıp, risklerin azaltılması gerekmektedir. Dünya ile sürekli kavga etmenin, yerli ve yabancı yatırımcıyı ürküten keskin ve tehditkar söylemlerin yatırım ortamını kötüleştireceği ise izahtan varestedir.

İşsizlik, işgücüne katılma, istihdam (%)

	İşgücüne katılma oranı	İstihdam oranı	İşsizlik oranı	Tarım dışı işsizlik oranı	Genç nüfusta işsizlik oranı
	%	%	%	%	%
2005	44,6	40,3	9,7	12,1	17,8
2006	45,0	41,0	8,9	11,1	16,7
2007	44,1	40,0	9,2	11,1	17,4
2008	45,3	39,9	12,0	14,6	21,9
2009	46,5	41,0	11,9	14,7	20,6
2010	47,1	42,4	10,0	12,4	18,4
2011	47,2	43,1	8,5	10,4	15,4
2012	48,5	44,2	8,8	10,8	16,9
2013	48,5	44,1	9,1	10,9	16,4
2014	51,0	45,7	10,3	12,4	19,1
2015	51,7	46,4	10,2	12,2	18,2
2016	52,4	46,1	12,0	14,3	22,8
2017	53,1	47,8	9,9	11,8	18,4
2018	53,0	46,2	12,9	15,0	23,5
2019	52,3	45,4	13,1	15,3	24,1
2020	49,4	43,1	12,9	14,9	25,0

Source: TURKSTAT, Seasonally adjusted main labor-force indicators

Tablo 1: Türkiye'de İşsizlik, İşgücüne Katılma Oranı ve İstihdam Oranı (2005-2020). Kaynak: TÜİK.

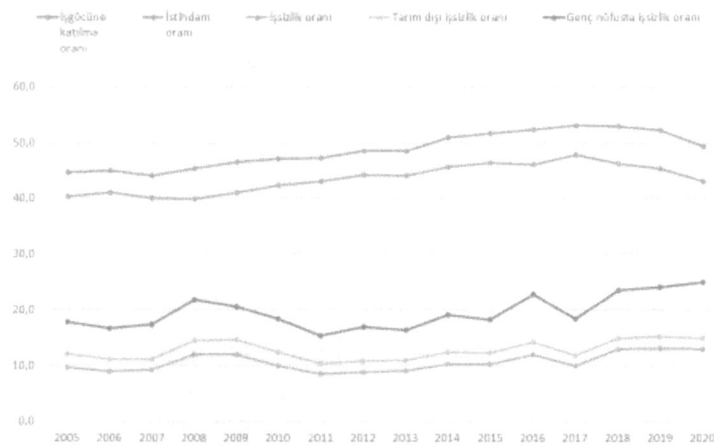

Şekil 10: Türkiye'de İşsizlik, İşgücüne Katılma Oranı ve İstihdam Oranı (2005-2020). Kaynak: TÜİK.

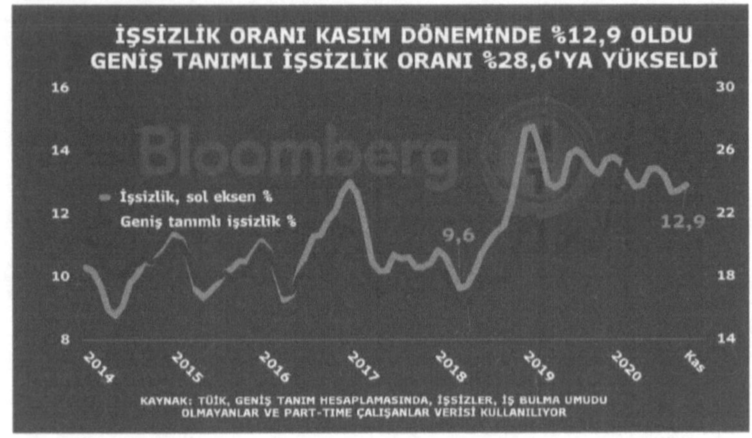

Şekil 11: İşsizlik ve Geniş Tanımlı İşsizlik Oranları (2014-Kasım 2021, %).
Kaynak: Bloomberg.

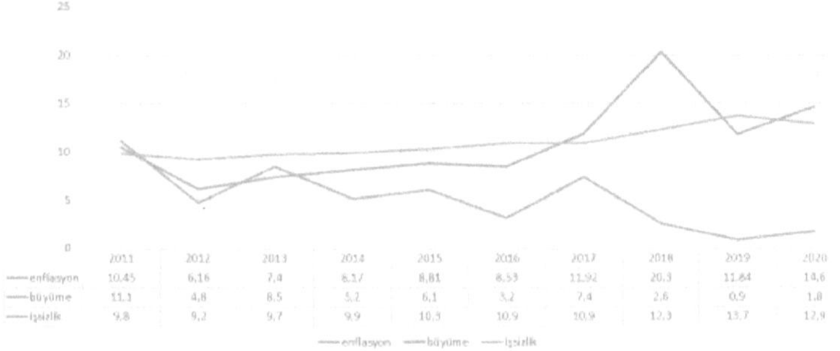

	2011	2012	2013	2014	2015	2016	2017	2018	2019	2020
enflasyon	10,45	6,16	7,4	8,17	8,81	8,53	11,92	20,3	11,84	14,6
büyüme	11,1	4,8	8,5	5,2	6,1	3,2	7,4	2,6	0,9	1,8
işsizlik	9,8	9,2	9,7	9,9	10,3	10,9	10,9	12,3	13,7	12,9

Şekil 12: Türkiye'de Enflasyon, İşsizlik ve Büyüme Oranı (2011-2020).
Kaynak: TÜİK.

2.5. Faizler

Riba (usury) ile faiz (interest) kavramlarının birbirine karıştırılıp aynı şey sayılması ve enflasyon meselesinin çoğu kez göz ardı edilmesi faiz meselesini içinden çıkılması zor, karmaşık, çetrefil bir mesele haline getirmektedir. Burada faizle ilgili teorik tartışmalara hiç girmeden, şu kadarını söyleyelim ki, faiz modern iktisatta dört temel üretim faktöründen biri olan sermayenin çıktıdan aldığı pay olarak tanımlanmaktadır. Nasıl ki kimse kimseye tarlasını, evini ve emeğini bedava ödünç vermiyorsa, makinesini, fabrikasını ve parasını da bedava vermez. Üstelik karşılıksız para basımı ve enflasyon üzerinden hükümetlerin halkı enflasyon vergisiyle soyduğu, paranın alım gücünün sürekli düştüğü bir dünyada fiziksel ve finansal sermayenin ödünç alıcılara bedava sunulmasını beklemek, eşyanın tabiatına aykırı, uygulanabilirliği olmayan, beyhude bir şeydir.

Öte yandan faizlerin yükselip düşmesi iktisadın evrensel yasalarına tabidir ve politikacılar öyle istedi diye anında inip çıkmaz. Faizlerin düşmesini sağlayan en önemli faktörler şunlardır: siyasi istikrar, ekonomik istikrar, tasarrufların yüksekliği, finansal kaynak bolluğu, düşük gerilim ve yüksek öngörülebilirlik. Faizlerin yükselmesine sebep olan başlıca faktörler ise siyasi ve ekonomik istikrarsızlık, tasarruf azlığı ve finansal kaynak kıtlığı, siyasi gerilim, iç savaş, terör, öngörülebilirliğin olmaması ve risklerin yüksekliği olarak sıralanabilir. Bir ülkede iç siyasi gerilim yüksek, dış dünya ve komşu ülkelerle ilişkiler gergin, tasarruf oranı düşük, öngörülebilirlik az ve risk yüksek olduğu zaman talimatla faizlerin düşürülemeyeceğine en güzel örnek, maalesef Türkiye'nin durumudur. Yirmi yıldır siyasi otorite para otoritelerine sürekli talimat vermesine ve dünyada rekor sayılabilecek bir sirkülasyonla 20 yılda 7 Merkez, son iki yılda 4 Bankası Başkanı değiştirilmesine rağmen, halen Türkiye dünyada faiz oranlarının en yüksek olduğu ülkelerden biridir. Eylül 2021'de %19 olan politika faiz oranı art arda yapılan dört faiz indirimi operasyonuna rağmen nominal faizler Aralık 2021 sonları itibariyle Türkiye'de %14 iken, Brezilya'da %9, ABD'de %0,25, Euro Bölgesinde %0, Hindistan'da %4'tür (Bloomberg).

Şekil 13 ve Şekil 14 2000'li yıllarda Türkiye'de faiz oranlarının seyrini göstermektedir. 2003 yılından 2010 yılına kadar belirgin bir şekilde aşağı yönlü seyretmiş olan faizlerin 2010 yılından sonraki dönemde giderek yükseldiği görülmektedir. Eylül 2021'den itibaren siyasi baskıyla MB politika faiz oranı üst üste 4 defa düşürülerek Ağustos'taki %19'dan Aralık'ta %14'e düşürülmüştür. Ticari bankaların kredi faiz oranlarının ise bu rakamın da üstünde olacağı aşikârdır. Hazine'nin 2, 5, ve 10 yıl vadeli borçlanma faizleri %22-25 bandında seyretmektedir. (Dünya ile karşılaştırmalı faiz oranları için 7. Bölüme bakılabilir.)

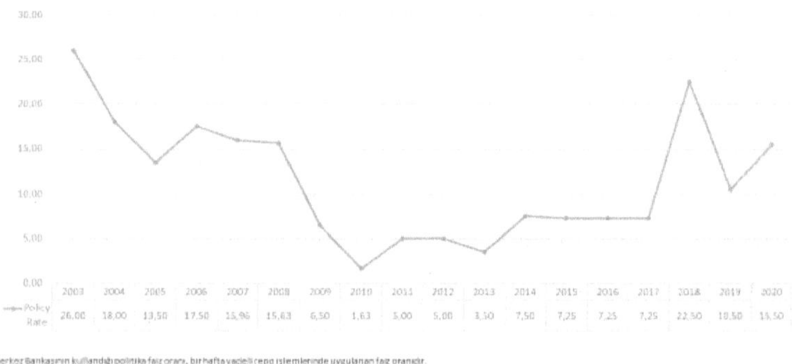

Şekil 13: Türkiye'de Faiz Oranı (2003-2020). Kaynak: IMF.

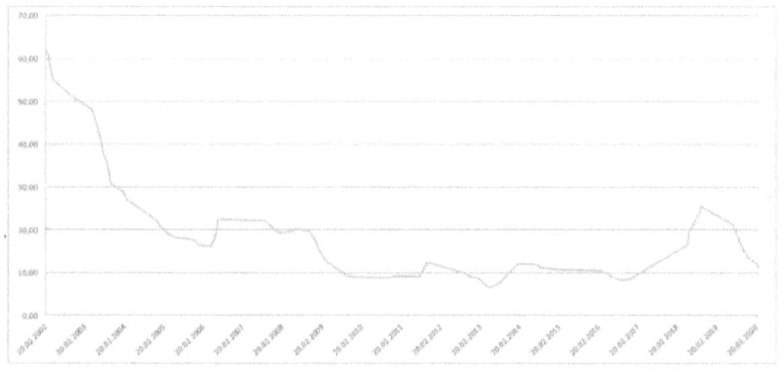

Şekil 14: Türkiye'de Gecelik Faiz Oranı (2002-2020). Kaynak: TCMB.

2.6. Cari açık

Cari işlemler dengesi, ya da kısaca cari denge, bir ülkenin belirli bir dönemde dış ülkelerle yaptığı mal ve hizmet ticareti ile yatırım gelirleri ve karşılıksız transferlerin net bakiyesidir. Bu bakiye pozitif ise *cari fazla*, negatif ise *cari açık* söz konusudur. Ödemeler dengesi yahut ödemeler bilançosunun en önemli kalemi olan cari işlemler dengesi dört kalemden oluşur: 1) Dış ticaret dengesi (mal ihracatı-ithalatı), 2) Hizmet ticareti dengesi, 3) Yatırım gelirleri dengesi (yerli yatırımcıların dışardan Türkiye'ye gelir transferi-yabancı yatırımcıların Türkiye'den dışarıya transferi), 4) Karşılıksız transferler (doğal afet vb. sebeplerle dışarıya yapılan hibeler ile dışardan alınan hibelerin net bakiyesi).

Son yirmi yıllık dönemde Türkiye'nin dış ticaret dengesi ile cari işlemler dengesinin izlediği seyir Şekil 15, 16 ve Tablo 2'de verilmiştir. İlgili tablo ve şekillerden de açıkça görüldüğü üzere, ekonominin %5 dolayında küçüldüğü 2001 ile sadece %0,9 büyüdüğü 2019 yılları dışında cari denge hep açık vermiş; ekonominin hızlı büyüdüğü 2005-2013 döneminde yıllık 20 ile 63 milyar $ arasında değişen büyük miktarlı açıklar vermiştir. Ekonominin %11,2 gibi rekor düzeyde büyüdüğü 2011 yılında yaklaşık 106 milyar $ dış ticaret açığı ve 75 milyar $ cari açık dikkat çekicidir.

Tablo ve grafiklerin de işaret ettiği gibi, Türkiye, -kriz yıllarından oluşan birkaç istisna dışında- Cumhuriyet tarihi boyunca sürekli cari açık veren bir ülkedir. Bunun başlıca 4 sebebi vardır: dış ticaret açığı (mal ithalatının ihracatından fazla olması), enerji açığı (petrol ve doğalgaz ithalatı), girdilerde dışa bağımlılık (ithalatın büyük bölümünün hammadde, aramalı ve yatırım mallarından oluşması), ve de iç tasarrufların yetersizliği (yerli tasarrufların yatırımlarımızı finanse etmeye yetmemesi, dış tasarruflara muhtaç olmamız). Cari açığın sürdürülebilir olmaktan çıkması dış borçların artması ve yerli paranın değer kaybetmesi gibi olumsuz sonuçlar doğurmaktadır.

O halde cari açığı ortadan kaldırmak, ya da en azından azaltarak sürdürülebilir seviyelerde tutmak için yapılması gereken şey, esas itibariyle sebepleri ortadan kaldırmaktır: iç tasarrufları artırmak, ihracatı artırmak, enerjide dışa bağımlılığı azaltmak üzere nükleer enerji ve yenilenebilir enerji kaynaklarına yatırım yapmak, nihayet -rekabetçi kalite ve fiyatlardan yerlisinin sağlanabildiği sektörlerde- girdilerde dışa bağımlılığı azaltmak.

Cari İşlemler Dengesi (Cari Açık, 2000-2020)

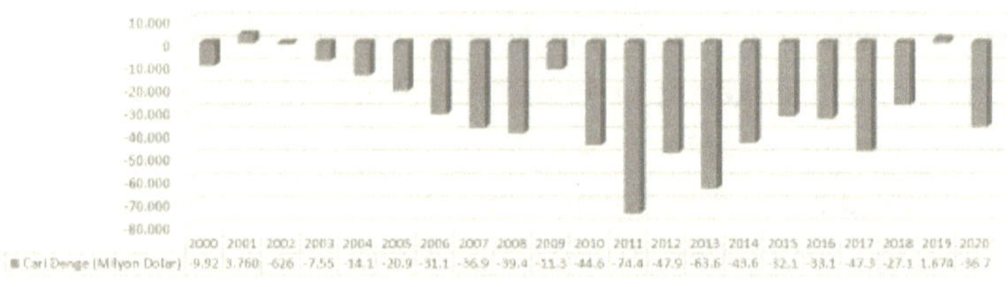

	2000	2001	2002	2003	2004	2005	2006	2007	2008	2009	2010	2011	2012	2013	2014	2015	2016	2017	2018	2019	2020
Cari Denge (Milyon Dolar)	-9.92	3.760	-626	-7.55	-14.1	-20.9	-31.1	-36.9	-39.4	-11.3	-44.6	-74.4	-47.9	-63.6	-43.6	-32.1	-33.1	-47.3	-27.1	1.670	-36.7

Kaynak: T.C. CB STRATEJİ VE BÜTÇE BAŞKANLIĞI

Şekil 15: Türkiye'de Cari Açık (2000-2020). Kaynak: Cumhurbaşkanlığı Strateji ve Bütçe Başkanlığı.

Tablo 2: Dış Ticaret Dengesi (milyar $, 2000-2020)

Dış Ticaret Dengesi (2000-2020)

	Exports		Imports		Balance	
	Billion USD	Change (%)	Billion USD	Change (%)	Billion USD	Change (%)
2000	27,8	4,5	54,5	34,0	-26,7	89,8
2001	31,3	12,8	41,4	-24,0	-10,1	-62,3
2002	36,1	15,1	51,6	24,5	-15,5	53,9
2003	47,3	31,0	69,3	34,5	-22,1	42,5
2004	63,2	33,7	97,5	40,7	-34,4	55,6
2005	73,5	16,3	116,8	19,7	-43,3	26,0
2006	85,5	16,4	139,6	19,5	-54,0	24,8
2007	107,3	25,4	170,1	21,8	-62,8	16,2
2008	132,0	23,1	202,0	18,8	-70,0	11,4
2009	102,1	-22,6	141,0	-30,2	-38,8	-44,5
2010	113,9	11,5	185,5	31,7	-71,7	84,8
2011	134,9	18,5	240,8	29,8	-105,9	47,8
2012	152,5	13,0	236,5	-1,8	-84,9	-20,6
2013	151,8	-0,4	251,7	6,4	-99,9	18,8
2014	157,6	3,8	242,2	-3,8	-84,7	-15,3
2015	143,8	-8,7	207,2	-14,4	-63,4	-25,0
2016	142,5	-0,9	198,6	-4,2	-56,1	-11,5
2017	157,0	10,1	233,8	17,7	-76,8	36,9
2018	167,9	7,0	223,0	-4,6	-55,1	-28,2
2019	171,5	2,1	202,7	-9,1	-31,2	-43,5
2020	160,5	-6,4	209,0	3,3	-48,9	56,5

Source: TURKSTAT

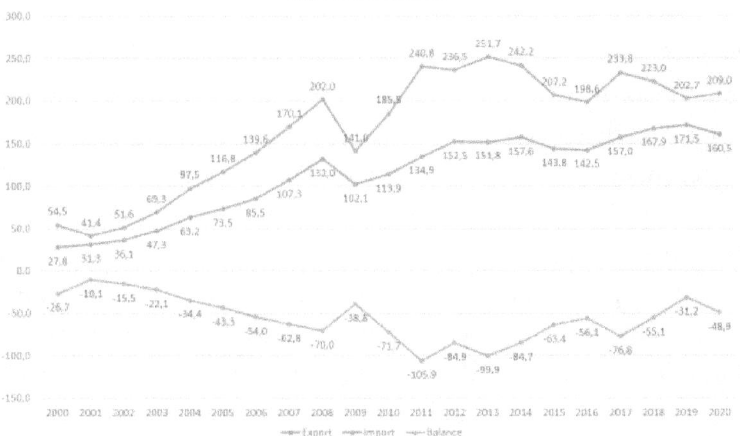

Şekil 16: Dış Ticaret Dengesinin Seyri (2000-2020). Kaynak: TÜİK.

2.7. Yabancı Sermaye

Yabancı sermaye, adı üzerinde ülkede yerleşik olmayanlara yani yabancılara ait sermaye demektir. Yabancı sermaye bir ülkeye iki yoldan gelebilir: *doğrudan dış yatırımlar* ve *portföy yatı-*

rımları. Doğrudan yabancı sermaye yatırımları ya da doğrudan dış yatırımlar fabrika veya üretim tesisi kurmak, ticaret yapmak veya mevcut tesisleri satın almak suretiyle yapılan yatırımlar olup, istihdam yaratması, teknoloji getirmesi ve kalıcı olması nedeniyle daha tercihe değer olan yatırım türüdür. *Sıcak para akımları* olarak da anılan portföy yatırımları ise ülkeler arasındaki faiz farklarından yararlanarak kâr etmek için (hisse senetleri, Hazine iç borçlanma senetleri vb. gibi) kıymetli kağıtlara yapılan yatırımlardır. Adı üzerinde "sıcak para" deyim yerindeyse el yakar, ürkektir; ülke riski artmaya, ortalık karışmaya başlayınca hemen tası tarağı toplayıp kaçmak ister. Ancak sıcak para kaçışı esasen bir sebep değil, sonuçtur: hiç kimse her şeyin yolunda gittiği bir ülkeden durup dururken kaçmaz, kaçıyorsa sebebini ülke riski, gerilim ve belirsizlikte aramak gerekir.

Doğrudan yabancı sermayenin iyi bir şey olup olmadığı ülkedeki iktidar seçkinlerinin ideolojik yönelimine bağlı olarak anlam kazanır. Yabancıların her hareketinden kuşku duyan, katı ulus-devletçi, kendine yeterlikçi, milliyetçi ve zenofobik (yabancı düşmanı) bakış açısından yabancı sermaye kötüdür, gelmesi engellenmelidir. Yakın geçmişe kadar Türkiye'ye yabancı sermaye getirmek isteyenlerin önüne konan, basit bir işi onlarca imzaya bağlayan bürokratik engellerin temel sebebi budur. Buna karşılık dışa açılmacı, serbest ticaretçi, küreselci, dünya ile bütünleşmeci bakış açısından yabancı sermaye iyidir, ülkedeki sermaye birikimi yetersizliği ve kaynak kıtlığı sorunlarının en kestirme çözümü, doğrudan dış yatırım (DDY) ya da doğrudan yabancı sermaye yatırımları (DYSY) çekmektir.

Bir ülkeye yatırım yapmayı planlayan dış yatırımcı esas itibariyle ülkede 5 şart arar: 1) Siyasi istikrar, 2) Ekonomik istikrar, 3) Kâr fırsatları (düşük vergiler), 4) Bürokratik formalitelerin azlığı, 5) Hukuki güvence (sağlam hukuk sistemi).

Şekil 17'nin açıkça gösterdiği üzere, 2000'li yılların başında yıllık ortalama 1 milyar $ civarında olan doğrudan yabancı sermaye yatırımları, AB ile tam üyelik müzakerelerinin başladığı 2005 yılından itibaren katlanarak artmış; 2007 yılında 22 milyar $ ile rekor düzeye ulaştıktan sonra, özellikle de 2015'den sonra gerilemeye başlamıştır. Bu olumsuz gelişmede Türkiye'deki iç gerilimler, hukuk devleti (hukuki güvence) konusunda yaşanan ciddi sıkıntılar, keyfilikler, belirsizlikler ve artan risklerin büyük rolü bulunmaktadır.

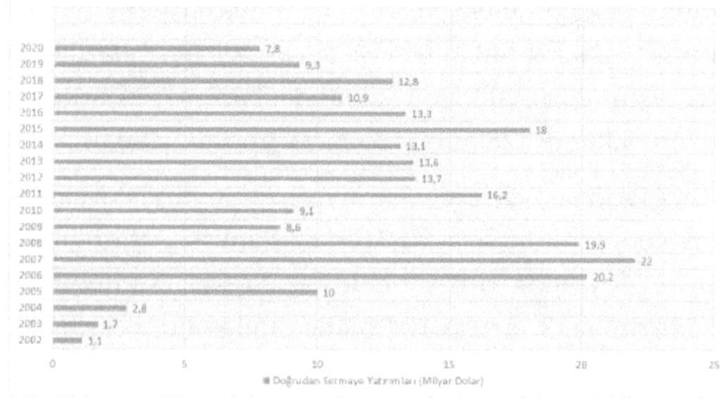

Şekil 17: Türkiye'ye Doğrudan Yabancı Sermaye Girişleri (2002-2020).
Kaynak: Sanayi ve Teknoloji Bakanlığı.

2.8. Döviz Rezervleri

Döviz rezervleri Merkez Bankası'nın kasasında bulunan altın ve uluslararası ödemelerde kullanılabilen sağlam para stoklarıdır. Türk parası dış ticarette ödeme aracı olarak kullanılan sağlam para olsa, ithalatımızı kendi paramızla finanse edebilsek, ya da ihracatımız karşılığında kendi paramızı talep eder durumda olsak, döviz rezervlerinin pek bir önemi olmazdı. Ancak parası sağlam para olmayan, değeri istikrarsız, bu nedenle de dış ödeme aracı olarak kullanılmayan öteki ülkeler gibi Türkiye için de döviz rezervleri çok önemlidir. İthalatın finansmanında, dış borçların ödenmesinde ve ekonomik kriz zamanlarında döviz rezervlerinin bol olmasının rahatlatıcı bir etkisi vardır.

Döviz rezervlerinin artması ihracat gibi döviz kazandırıcı faaliyetlerin canlanmasına, doğrudan yabancı sermaye yatırımlarının artmasına, piyasadaki döviz arzının döviz talebinden fazla olmasına bağlıdır.

Türkiye'nin döviz rezervlerinin 2000'li yıllarda izlediği seyir Şekil 18'de verilmiştir. Buna göre 2001 yılındaki 30 milyar $'lık dip seviyesinden sonra artmaya başlayan döviz rezervleri 2013 yılında –pek çok öteki makro ekonomik gösterge gibi- zirveyi görmüş (yaklaşık 148 milyar $); ancak izleyen yıllarda azalmaya başlamıştır. 2020 yılı sonu itibariyle Türkiye'nin brüt döviz rezervleri yaklaşık 128 milyar $ olarak görünmektedir.

Bu arada son aylarda Türkiye kamuoyundaki hararetli tartışma konularından biri de Merkez Bankası net döviz rezervlerinde 2020 yılında görülen ciddi azalmadır. Kamuoyunda "kayıp 128 milyar $ tartışması" olarak anılan bu mesele bağlamında muhalefet, vaktiyle 68 milyar $ olan net döviz rezervinin bir ara -60 milyar $'a düşmüş olduğuna işaret ederek, 128 milyar doların kayıp olduğunu öne sürmektedir. İktidar çevreleri ise suçlamaları kabul etmemekte, paranın MB ile bazı şirketler arasında yapılan anlaşmalarda kullanıldığını iddia etmektedir. Maalesef, yazılı mevzuat MB bağımsızlığından söz ettiği halde fiilen MB'nın bağımsız hareket etmesine izin verilmemesi, sık sık başkan ve yönetim değişikliği MB'nin ve Türk parasının itibarı üzerinde son derece ciddi olumsuz etkiler yaratmaktadır. Türkiye MB'nin para politikasını bağımsız bir şekilde uygulamasına izin vermek durumundadır; aksi takdirde enflasyonun düşürülmesi konusunda da, Türk parasının itibarı konusunda da başarı ihtimali çok zayıftır.

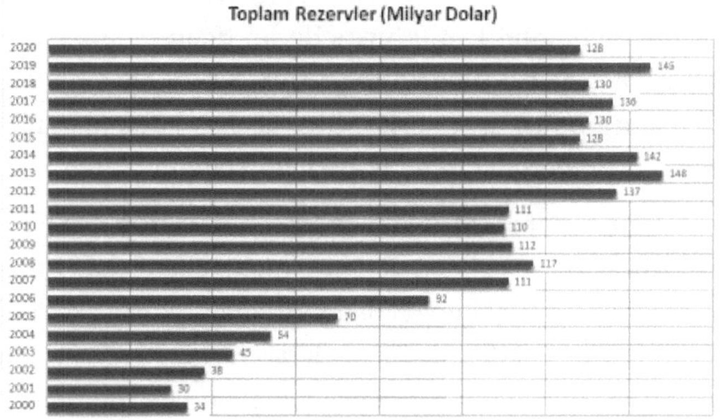

Şekil 18: Türkiye'nin Brüt Döviz Rezervleri (Milyon $, 2000-2020). Kaynak: TCMB.

2.9. İç ve dış borç stoku

İç borç stoku denince daha çok hükümet yahut devletin ülkede yerleşik kişilere olan borcu anlaşılır. Dış borçlar ise "kamu dış borcu" ve "özel sektör dış borcu" olarak iki başlık altında incelenir.

Borçlanma ihtiyacı nereden gelir? Açıktır ki, borçlanma gereği iki yakasını bir araya getirememekten; gelirleri ile giderlerini dengeleyememekten; halk dilindeki meşhur deyimiyle, "ayağını yorganına göre uzatamamak," harcamalarda ölçüyü kaçırmaktan kaynaklanır. İster özel sektör olsun, ister kamu sektöründe, gelir-gider dengesini kuramamanın kaçınılmaz sonucu borçlanmaktır. Bizim burada üzerinde duracağımız husus daha ziyade kamu iç ve dış borç stoklarıdır.

Devletin başlıca harcama kanalları cari harcamalar (memur maaşları, devletin rutin işlerinin yürütülmesi gereken masraflar), yatırım harcamaları (yol, su, elektrik, baraj, okul, hastane vb.) ve transfer harcamalarıdır (emekli maaşları, yoksullara yardımlar vb.). Öte yandan üreteceği (altyapı, güvenlik, adalet, savunma vb. gibi) kamu hizmetlerini finanse etmek için kamunun başlıca gelir kaynağı vergilerdir. Kamu harcamaları gelirlerini aşınca bütçe açık verir; bütçe açığını kapatmanın başlıca 3 yolu vardır: vergiler, para basma, borçlanma.

Vergiler demokrasiyle yönetilen ülkelerde özellikle seçim dönemlerinde siyasi bedeli ağır olan bir finansman aracıdır. Politikacıların en başta gelen hedefi iktidara gelmek, iktidarda iseler iktidarda kalmaktır. Bu nedenle hiçbir iktidar seçim döneminde vergi artıramaz; dolayısıyla çoğu kez hükümetin elinde bütçe açıklarını finanse etmenin iki yolu kalır: para basma, ve borçlanma. Karşılıksız para basmanın kaçınılmaz sonucu enflasyondur. Enflasyon konusunda da kamuoyunda bir hassasiyet olduğunda elde tek araç kalır: iç ve dış borçlanma.

İç borçlanma Hazine'nin bono veya tahvil şeklindeki iç borçlanma senetleri üzerinden yapılır. Bunlar vadesi geldiğinde üzerinde yazılı miktarın ödeneceği, sabit getirili kıymetli kâğıtlardır. İç borçlanma faizleri devletin borçlanma ihtiyacının şiddeti ve alternatif borçlanma kaynaklarının olup olmamasına göre yükselip düşer. 2020 sonu itibariyle Hazine'nin 1,1 trilyon TL iç borcu bulunmaktadır (Şekil 21).

Dış borçlanma ise dış ülkelerde yerleşik kişi ve kurumlardan yapılan borçlanmadır. Uluslararası alanda başlıca kurumsal borç vericiler IMF, Dünya Bankası, yabancı hükümetler ya da bankalardır. Dış borç faizlerinin yüksekliği ise büyük ölçüde ülke riskine (borçlanacak ülkenin borcunu geri ödeyememe ihtimaline) bağlıdır. Londra bankalararası borçlanma faizleri (LIBOR) uluslararası borçlanmalarda referans faizidir. Bunun üzerine (LIBOR+) kaç puan ekleneceği borçlanıcı ülkenin dış ilişkileri, hükümeti, ekonomisi ve parasının itibarı ve bir bütün olarak *ülke riski* tarafından belirlenir. IMF gibi kurumlara borcu olmamak bir itibar göstergesi olmakla beraber, eğer ülke hâlâ dışardan borçlanma ihtiyacı içindeyse IMF'den borçlanmama inadı ülkeye pahalıya malolur; zira IMF ve Dünya Bankası gibi kurumlar genellikle bankalar ve başka kurumlara kıyasla daha düşük faizlerle borç verir. Nitekim Türkiye'nin 2013 sonrasında adeta takıntı haline getirdiği IMF'den borç almamanın, ama onun yerine dış piyasalardan daha yüksek faizlerle borç almak zorunda kalmanın Türkiye'ye ekstra maliyetinin 30 milyar dolar civarında olduğu tahmin edilmektedir.

Tablo 3 ve Şekil 18 Türkiye'nin 2000-2020 dönemindeki net dış borç stokunun seyrini göstermektedir. Buna göre 2000 yılında yaklaşık 70 milyar $ olan net dış borç stoku, aradan geçen 20 yılda %284'lük artışla, 2020 yılında 269 milyar $'a ulaşmıştır. 2020 sonu itibariyle brüt dış borç stoku 450 milyar $ olup, GSYH'ya oranı %62,8'dir. 2021 yılının 2. Çeyreği sonunda 179'u kamu sektörü, 27'si TCMB ve 240'ı özel sektöre ait olmak üzere toplam brüt 446 milyar $ dış borç stoku bulunmaktadır.

"Borç yiğidin kamçısıdır" demişler; ülkeler ciddi yatırımlar yapmak isteyip de yeterli özkaynak bulamadığı zaman borçlanmaları kaçınılmaz olabilir. Ancak unutmamak gerekir ki altından kalkamayacağınız, sürdürülebilir olmayan düzeyde borçlanırsanız, yahut alınan borcu kendini amorti edebilecek verimli alanlara yatırmaz da har vurup harman savurursanız, o borçlar bir gün gelir ayağınıza dolanır, başınıza bela olur, itibarınızı sarsar. Bu bağlamda Anadolu esnaf dükkânlarında sık sık gördüğümüz bir duvar levhasındaki vecize kulağımıza küpe olmalıdır: "İtimadı lütuf sanıp borca sarılma, bir gün istenecektir sakın darılma!"

Tablo 3: Türkiye Toplam ve Kamu Dış Borç Stoku (Milyon $, 2000-2020)

DÖNEM	TÜRKİYE NET DIŞ BORÇ STOKU (MİLYON $)	TÜRKİYE NET DIŞ BORÇ STOKU / GSYH (%)	KAMU NET DIŞ BORÇ STOKU (MİLYON $)	TÜRKİYE BRÜT DIŞ BORÇ STOKU (MİLYON $)	BRÜT DIŞ BORÇ/GSYH (%)
2000 Ç4	77.302	28,3	50.081	118.602	43,4
2001 Ç4	77.773	38,4	47.129	113.592	56,1
2002 Ç4	87.638	36,8	64.533	129.643	54,4
2003 Ç4	95.016	30,0	70.844	144.216	45,6
2004 Ç4	101.492	24,9	75.668	161.199	39,6
2005 Ç4	98.981	19,6	70.411	170.813	33,8
2006 Ç4	108.388	19,6	71.587	208.041	37,7
2007 Ç4	133.981	19,6	73.525	249.978	36,6
2008 Ç4	151.371	19,3	78.334	280.450	35,8
2009 Ç4	146.042	22,4	83.514	268.472	41,2
2010 Ç4	172.306	22,2	89.109	291.331	37,5
2011 Ç4	182.124	21,7	95.830	304.882	36,4
2012 Ç4	189.621	21,6	106.306	341.628	38,9
2013 Ç4	231.929	24,2	118.936	394.585	41,2
2014 Ç4	246.375	26,2	121.268	407.085	43,3
2015 Ç4	251.893	29,1	116.638	399.251	46,0
2016 Ç4	252.637	29,1	123.325	408.390	47,0
2017 Ç4	289.541	33,7	136.172	454.413	52,9
2018 Ç4	273.407	34,3	139.857	443.443	55,6
2019 Ç4	244.516	32,1	157.100	435.147	57,2
2020 Ç4	268.929	37,5	173.280	450.056	62,8

Ç4: Dördüncü Çeyrek. Kaynak: T.C. Hazine ve Maliye Bakanlığı.

Dış Borç Stoku (2000-2020)

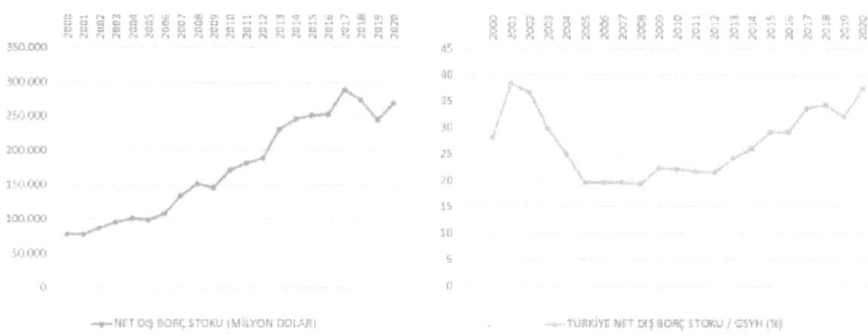

**Şekil 19: Türkiye Toplam Net Dış Borç Stoku (Milyon $, 2000-2020).
Kaynak: Hazine ve Maliye Bakanlığı.**

Kamu Sektörü – Brüt Dış Borç Stoku

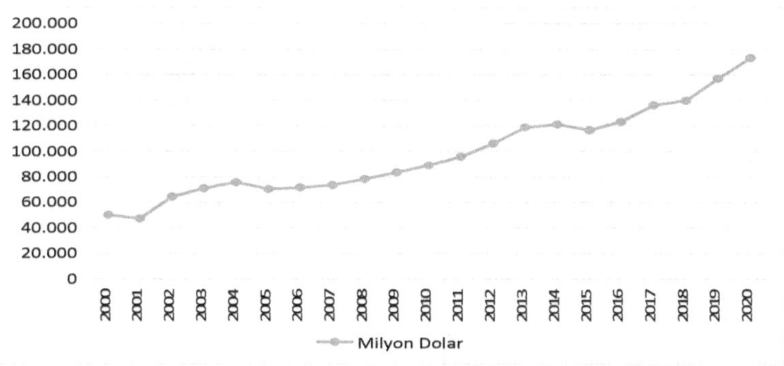

**Şekil 20: Kamu Brüt Dış Borç Stoku (Milyon $, 2000-2020).
Kaynak: Hazine ve Maliye Bakanlığı.**

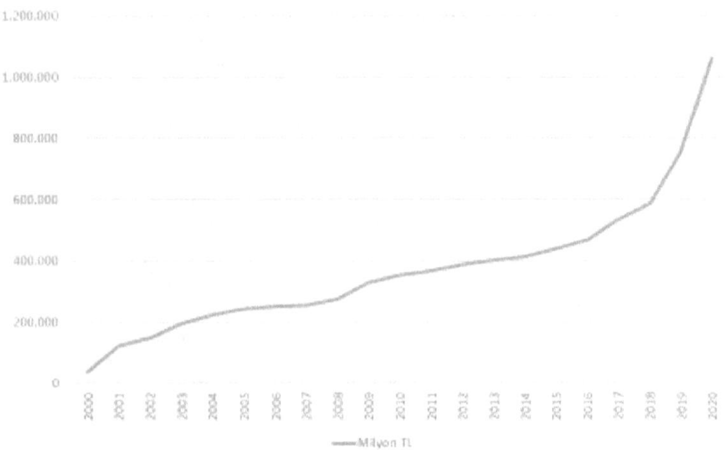

Şekil 21: Kamu İç Borç Stoku (Milyon TL, 2000-2020).
Kaynak: Hazine ve Maliye Bakanlığı.

2.10. Bütçe açığı

Meslekten olmayanların zaman zaman GSYH ile devlet bütçesini birbirine karıştırdığı, aynı şey zannettiği görülür. Oysa ikisi tamamen farklı kavramlardır. GSYH bir ülkede yaşayan herkesin belirli bir dönemde ürettiği nihai mal ve hizmetlerin piyasa değeri iken; hükümet ya da devlet bütçesi, kamu gelirleri ile harcamalarının belirli bir dönemdeki dökümüdür. Kamu gelirleri ile kamu harcamaları birbirine denk ise *denk bütçe*; gelirler fazlaysa *bütçe fazlası*, harcamalar daha fazlaysa *bütçe açığı* söz konusudur.

Kamunun başlıca gelir kaynağı vergilerdir. Vergi dışı gelirler devede kulak mesabesinde olduğu için üzerinde durmaya değmez. Kamu harcamaları ise üç kanaldan yapılır: cari, yatırım, transfer harcamaları. Cari harcamalar devletin günlük rutin işlerinin yürütülebilmesi için gereken harcamaları; yatırım harcamaları yol, su, elektrik, köprü, baraj ve santral gibi altyapı yatırımları için yapılan masrafları, transfer harcamaları ise emekli maaşları, fakir-fukara yardımları ve öğrenci burslarının yanı sıra, iç ve dış borç faiz ödemelerini içerir. Kaynak kıtlığı çeken ve istikrarsızlık sorunları yaşayan ülkelerde iç ve dış borç faiz ödemeleri bazen anormal derecede yüksek boyutlara ulaşabilir. Nitekim Türkiye'nin sık sık krize girdiği 1990'lı yılların bazı dönemlerinde iç ve dış borç faiz ödemelerinin toplam bütçe gelirlerinin %70-90'ına ulaştığı olmuştur.

2006-2020 döneminde kamu bütçe açığının izlediği seyir Şekil 22'de verilmiştir. Buna göre 2006 yılında yaklaşık 6 milyar TL olan bütçe açığı, son 15 yılda 29 kat artarak 2020 yılında 176 milyar TL olarak gerçekleşmiştir.

İç ve dış borçlardan bahsederken de değinildiği üzere, bütçe açığını kapatmanın üç yolu vardır: 1) Vergileri artırma, 2) Para basma, 3) Borçlanma. Vergileri artırma siyasi bedeli özellikle seçim dönemlerinde ağır olabilen bir araçtır. Para basmanın kaçınılmaz sonucu ise enflasyondur. Enflasyonun tüketiciye, yatırımcıya ve üreticiye bir faydası olmadığı gibi, enflasyon başlığı altında yukarda değinilen çok sayıda zararı vardır. Ama devlete üç faydası söz konusudur: *senyoraj geliri* (akşam olmayan paranın sabaha kasada olması, resmî kalpazanlık), *enflasyon vergisi* (fiyatların artmasından dolayı eve daha az ekmek götürebilme, nominal gelirdeki şişme nedeniyle üst vergi dilimine girmekten dolayı daha yüksek oranda vergi ödeme), *borçlarını azaltma.*

Borçlanmak kalıcı bir çare olmayıp sadece günü kurtarmaya yönelik bir geçici çözümdür. Her borç gibi resmi borçların da bir vadesi vardır ve günü geldiğinde alacaklısına ödenmesi gerekir. Vadesinde borcunu ödemeyen bir hükûmete, takdir edileceği gibi, bir dahaki sefere kimse borç vermez.

Bu çerçevede bütçe açıklarını kapatmanın en doğru, en mantıklı yolu harcamaları kısmak, ayağını yorganına göre uzatmak, yani *denk bütçe politikası* izlemektir. Bu olmadığı takdirde en doğru yol, vergileri artırmaktır. Bunlar dışında kalan yollar, yani gerek karşılıksız para basarak enflasyon yoluyla, gerekse borçlanma yoluyla açık kapatmak sağlıklı yollar değildir. Enflasyonist politika izlemek düpedüz soygunculuktur. Karşılıksız para basıp enflasyon yaratırken esasen devlet, özel şahıslar yaptığında *kalpazanlık* sayıp hapis cezasıyla cezalandırdığı bir suçu bizzat kendisi işlemektedir. Senyoraj, enflasyon vergisi ve borçlarının reel değerini düşürmek üzerinden halkını soyan devlet, ülkenin orta ve uzun vadede büyüme potansiyelini de olumsuz etkilemek suretiyle, bir bütün olarak ülkesine de zarar vermektedir.

Borçlanmanın bütçe açığını kapatmada neden kalıcı bir çözüm olamayacağına ilişkin şu fıkra son derece öğreticidir: Adamın biri lokantanın önünden geçerken birden gözleri parlamış, zira camda "Siz yiyin, torununuz ödesin!" yazıyormuş. İçeri dalmış, fırsat bu fırsat demiş, yemiş içmiş; patlayana kadar yedikten sonra tam bıyığı silip kalkmaya davranırken garson önüne yüklü bir fatura koymasın mı? "Haydaa, şaka mı ülen bu, hani camda ne yazıyordu?" diyecek olmuş. Garson gayet sakin: "endişelenmeyin efendim, sizin yediğinizi torununuz ödeyecek; ama bu, dedenizin yediğinin faturası" deyivermiş!

Kıssadan hisse: bütçe açığını devlet eninde sonunda vatandaştan vergi olarak alacaktır; bugün alamazsa yarın, sizden alamazsa çocuğunuzdan, ondan alamazsa torununuzdan mutlaka alacaktır. En iyisi devletin, onu yöneten politikacıların keyiflerine göre *açık bütçe* ve *genişletici enflasyonist politikalar* izlemesine izin vermemektir. *Anayasal iktisat* ve *kamu tercih teorisi* bu bakımdan son derece kulak vermeye değer tavsiyelerde bulunmaktadır: hükümetlerin borçlanma, vergi, para basma vb. yetkileri anayasa ve yasalarla sınırlandırılmalıdır; aksi takdirde siyaset erbabı kendi şahsi çıkarlarını devletin çıkarlarıyla özdeşleştirip, bu yetkileri mutlaka suiistimal edecektir.

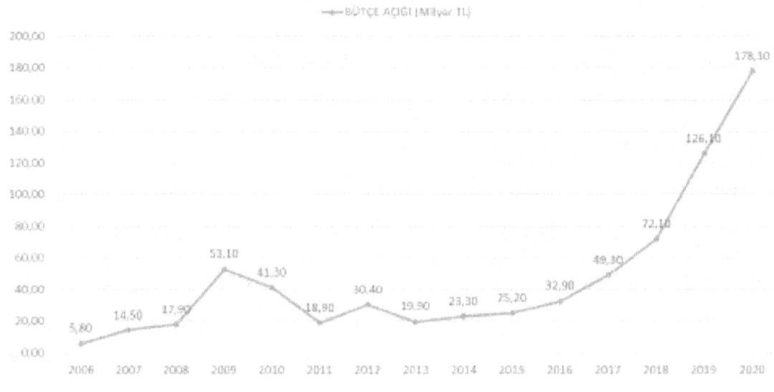

Şekil 22: Türkiye'nin Bütçe Açığı (Milyar TL, 2006-2020).
Kaynak: CB Strateji ve Bütçe Başkanlığı.

2.11. Döviz kurları

Döviz yabancı paraların genel adıdır, döviz kuru bir paranın diğeri cinsinden değeridir. Bir birim yabancı para (örneğin, $) karşılığında kaç birim yerli para ödenmesi gerektiğini gösteren rakama *döviz kuru* adı verilmektedir.

İktisadi açıdan bakıldığında bir ülke parasının değerlenmesi veya değer kaybetmesine yol açan çeşitli faktörler vardır. Bunların başlıcaları ekonomik ve siyasi istikrar, enflasyon, dış ticaret dengesi, cari açık, ekonomik büyüme ve teknoloji üretme kapasitesi olarak sıralanabilir. Bir ülke ekonomik ve siyasi açıdan ne kadar istikrarlıysa, enflasyonu ne kadar düşükse, dış ticareti ve buna bağlı olarak cari işlemler dengesi ne kadar fazla veriyorsa, ekonomi ne kadar hızlı büyüyor ve teknoloji üretebiliyorsa, tüm bunların bir bileşik sonucu olarak parası da o kadar güçlenir; daha zayıf ekonomilerin paraları karşısında değer kazanır. Aksine ülke ekonomik ve siyasi açıdan istikrarsız ise, öngörülebilirlik yoksa, enflasyon yüksekse, cari açık sorunu varsa, ekonomi büyümüyor ve teknoloji üretemiyorsa, parasının da değer kaybetmesi kaçınılmazdır. TL'nin sürekli değer kaybetmesi bu açıdan bir tesadüf değildir.

2000-2020 yılı arası son 20 yıllık dönemde Türk Lirasının değerinin Amerikan Doları karşısında izlediği seyir Şekil 23'de verilmiştir. Buna göre 2000 yılında 0,62 olan $/TL kuru, 20 yıl sonra 2020 yılı sonunda 7,1 TL'ye yükselmiştir. Esasen 2000-2005 arasını ayrı bir kategoride değerlendirmek gerekir, çünkü 2005 yılında TL'den altı sıfır atılmadan önce 1$ Türk parasıyla 1,5 milyon TL ediyor, Amerikan magazin programlarında eğlence konusu oluyordu. Altı sıfır atıldıktan sonra bir süre $ karşısında değer kazanan TL (2008'de kur 1,29 TL'dir), 2013 yılı sonrasında yaşanan iç ve dış kaynaklı dalgalanmalar ve Türk ekonomisinin yaşadığı kırılganlıklara bağlı olarak sürekli değer kaybetmiş, 2020 sonunda 1$=7 TL seviyesini görmüştür. Bu satırların yazıldığı gün, enflasyonun bu kadar yüksek olduğu bugünkü koşullarda hiç de akılcı bir karar olmayan son faiz indiriminin de etkisiyle, (23.10.2021) 1$ 9,7 TL düzeyinde bulunuyordu.

TL'nin yabancı paralar karşısında toparlanabilmesi Türk ekonomisinin toparlanmasına, o da Türkiye'nin istikrarsızlık, gerilim ve belirsizliklerinden kurtulup öngörülebilirliği yüksek, riski düşük bir ülke olmasına bağlıdır. "Eğitim şart" repliğine nazireyle "hukuk devleti şart" demek mümkündür.

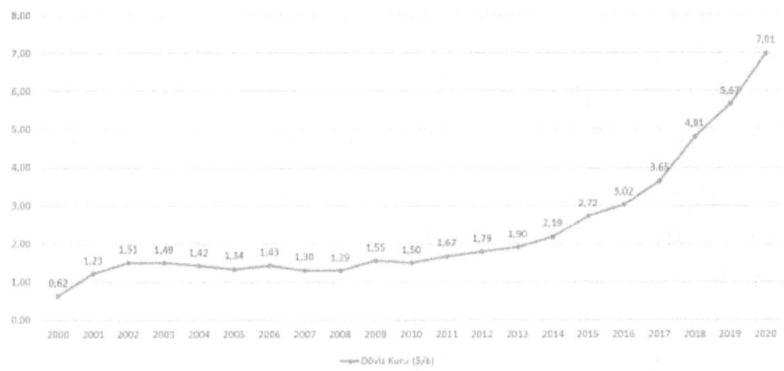

Şekil 23: Türkiye'de Döviz Kurunun Seyri ($/TL, 2000-2020). Kaynak: TCMB.

2.12. Yeni Ekonomik Model Tartışmaları

Türkiye 2021 yılının Aralık ayında bol bol "yeni ekonomik model" tartışmasına şahit olmuştur. Bu satırların yazıldığı Aralık ayının üçüncü haftasında halen bu konudaki tartışmalar devam etmekte olup, daha bir süre devam etmesi muhtemeldir.

Cumhurbaşkanlığı ekonomi danışmanlarınca hazırlanmış olduğu anlaşılan bu model ile "düşük faiz ortamı ile yatırımların desteklenmesi, büyüme ve istihdamın sürdürülebilir hale getirilmesi, rekabetçi kur avantajı ve yatırımların artmasıyla ihracatın artırılıp ithalatın düşürülmesi ve nihayetinde cari açığın cari fazlaya evrilerek dış borca bağımlılığın ortadan kaldırılmasının amaçlandığı" belirtilmektedir.[2] Maliye politikası bağlamında dolaylı vergilerin azaldığı, doğrudan vergilerin arttığı çağdaş bir bütçe anlayışına geçmeyi hedefleyen modelin tanıtımı için yapılan sunumda, geçmişte Ak Parti hükümetleri tarafından da uygulanan "yüksek faiz-düşük kur" modelinin bir yandan yüksek faiz maliyetleri nedeniyle yatırım ortamını zayıflatırken, diğer yandan ihracatta rekabet gücümüzü azaltmaktadır" tespiti yapılmaktadır. Sunumda yer alan tespitlere göre bu politika bileşeni düşük büyüme ve düşük istihdama yol açmakta, düşük kur nedeniyle ithalat ihracattan daha hızlı artmakta; oluşan cari açığın sıcak para ile finanse edilmesiyle de dış ataklara zemin oluşmaktadır. Tipik IMF reçetesi olarak nitelenen "yüksek faiz-düşük kur" uygulamasının bütçenin sıkılaşmasına, yatırımların durmasına ücret artışlarının kesilmesine neden olduğu ileri sürülen sunumda, bunun sonucunda da vergi artışları ve düşen ücretlerle yoksullaşma ortaya çıktığı vurgulanmaktadır. Yeni modelde düşük faiz ve yüksek kur

---

[2]https://onedio.com/haber/erdogan-in-danismani-yeni-ekonomik-modelin-ayrintilarini-acikladi-1025662 (24.12.2021) Modelin ayrıntıları için bkz. kitabın sonunda, Ek 1.

üzerinden "ihracatı artırıp ithalatı azaltarak temel döviz arz-talebi dengelenirken, doğrudan yabancı sermaye girişlerini özendirip sıcak para girişlerini azaltarak kurda ve dış finansmanda istikrar sağlanması hedeflenmektedir. Dış borca ve sıcak paraya dayalı bir dış ticaret rejimi ile yüksek faizin sonucu olan yüksek borç, sıcak para ve ithalata dayalı büyüme modeli uygulanmayacağı belirtilen sunumda uygulanması öngörülen temel politikalar şu şekilde sıralanmaktadır:

- Net döviz girişine, küresel rekabete dayalı bir dış ticaret rejimi,

- Düşük faizle yatırımları önceleyen, cari fazla veren, küresel rekabette ve teknoloji ihracında öncü yeni bir büyüme modeli,

- Toplam faktör verimliliğini esas alan, nitelikli işgücü ile hakkaniyetli bir ücret politikasına önem veren, refah düzeyi giderek artan bir üretim ve teknoloji üssü olmaya öncelik vermek.

Yeni modelin başlıca reform alanları ise şu şekilde sıralanmaktadır:

- Sağlıklı işleyen, mali derinliği ve çeşitliliği esas alan bir finansal yapı,

- Banka sisteminin sermaye ve aktif kalitesini yükseltmek,

- Reel sektörü banka sistemi dışında da finanse edecek çağdaş finansal yapıları hızla oluşturmak,

- Tarımda kendine yeterli, tarladan sofraya arz zincirini ve fiyatlamasını en sağlıklı şekilde sağlayarak gıda enflasyonunu gündemden kaldırmak.[3]

---

[3] https://www.dunya.com/ekonomi/yeni-ekonomik-modelin-detaylari-buyumenin-kaynagi-sicak-para-degil-cari-fazla-haberi-642856 (24.12.2021)

Yukarda ana hatları verilen yeni ekonomik model doğrultusunda, piyasaların beklentisine aykırı olarak, siyasi otoritenin baskısıyla TCMB'nin Eylül 2021'den itibaren kademeli olarak faiz azaltmaya başlaması[4] piyasaları karıştırmış, art arda gelen faiz indirim kararları dolar kurunda önlenemeyen bir yükseliş sürecini tetiklemiş, Eylül ayı başında 8,3 TL olan dolar, 20 Aralık 2021'de 18,3 TL'yi görmüştür. Bu artış, iki buçuk ayda TL'nin %120 oranında değer kaybetmesi demektir. ABD'de faizlerin artmadığı, doların dünya piyasalarında değer kazanmadığı bir konjonktürde Türkiye'de doların bu kadar anormal düzeyde değer kazanmasını dış mihraklar ve Türkiye'nin üzerinde oynanan sinsi oyunlarla açıklamak hiç de inandırıcı değildir.

Daha gerçekçi bir açıklama, enflasyonun rekor düzeyde yüksek olduğu bir ortamda faizleri yapay biçimde düşmeye zorlamanın sonucu beklentileri kötüleştirmek, TL'nin alım gücünün yakın gelecekte daha da düşeceği ve enflasyonun daha da artacağı beklentisiyle TL'den kaçış, para ikamesi, dolarizasyon ve güvenli limanlara sığınma çabası olabilir.

Nihayet kötü gidişat kontrolden çıkmak üzereyken, gram altının 1000 TL'yi, dolar kurunun 18 TL'yi geçtiği bir sırada hükümetin 20 Aralık 2021 tarihinde kur riskini devletin üstleneceğini ilan eden "kur korumalı TL mevduat sistemi" ilan edilmiştir. Bunun üzerine dolardan TL'ye geçişler başlamış, kurlarda keskin düşüşler yaşanmıştır. Bu satırların yazıldığı günlerde kur garantili mevduat sisteminin derde deva olup olmayacağı hararetle tartışılıyordu. Yeri gelmişken hükümetin son günlerde ilan ettiği, ayrıntıları kitabın sonundaki Ek 1'de bulunabile-

---

[4] Daha önce %19 olan politika faizi (1 hafta vadeli repo ihale faiz oranı, yahut MB'nin ihtiyaç duyulan likiditeyi sağlamak için bankalara verdiği kısa vadeli borçların bedeli) MP Para Kurulu kararıyla 2021 Eylül'de %18'e, Ekim'de %16'ya, Kasım'da %15'e, Aralık'ta ise %14'e düşürülmüştür.

cek "Yeni Ekonomik Model"in eleştirel bir değerlendirmesini yapmakta yarar vardır.

Öncelikle yüksek faiz-düşük kur modelinin ideal bir model olmadığı, sıcak para girişlerini teşvik ettiği ve ucuz ithalat üzerinden cari açığı artırarak ekonomiyi kırılgan hale getirdiği tespiti makul bir tespittir. Buna bağlı olarak rekabetçi kur, düşük faiz ortamında ihracatın ve yatırımların teşvik edilmesi, istihdam ve üretimin artırılarak işsizliğin azaltılması, dış borçlanma ihtiyacının azaltılması da gayet yerinde, kabul edilebilir bir amaçtır. Ancak yöntem, araçlar ve zamanlama konusunda önerilen yeni model ve bu yönde atılan adımların isabetliliği ciddi bir eleştirel değerlendirmeyi hak etmektedir.

Bu çerçevede,

1) "Faiz sebep, enflasyon neticedir" görüşü çok tartışmaya açık bir görüştür; faiz-enflasyon ilişkisi tavuk-yumurta ilişkisine benzer, faiz bir yönden sebep, başka bir yönden sonuçtur. Kredi maliyetleri üzerindeki etkisi yönüyle bakıldığında bir sebep olan faiz, yüksek enflasyon karşısında alım gücünü koruma arayışları, yüksek belirsizlik, kaynak kıtlığı, yüksek borçlanma ihtiyacı ile risklerin ve gerilimin yüksekliğini yansıtması yönüyle bir sonuçtur.[5] Dolayısıyla meselenin başka yönlerini görmeden tek bir yönünde ısrar etmek karmaşık bir meseleyi basite indirgemektir, başka sorunlara yol açabilir.

2) "Timing is everything" (zamanlama her şeydir) diye İngilizce konuşulan dünyada sık sık dile getirilen bir öz-

---

[5] Faiz-enflasyon, sebep-netice konusunda daha geniş bir tartışma için bkz. M. Acar, "Enflasyon, Faiz, Sebep-Netice, Vesaire Vesaire…" Fikir Coğrafyası, 21.11.2021. https://fikircografyasi.com/makale/enflasyon-faiz-sebep-netice-vesaire-vesaire

deyiş vardır. Bir şeyin zamanlaması son derece önemlidir. Futbolda zamanlamayı doğru yaparsanız topa yaptığınız hamle golle sonuçlanır, zamanlama yanlışsa netice alamazsınız. Aynı şey iktisadi hamleler ve model arayışları için de geçerlidir.

3) Bütün dünyada enflasyonun artmaya başladığı, her yerde merkez bankalarının ya faiz artırımına gittiği, ya da yakın gelecekte bu yönde adımlar atacağını ilan ettiği bir dönemde, "eller gider Mersin'e, biz gideriz tersine" özdeyişini haklı çıkarırcasına faizleri hem de siyasi talimatla düşürmeye kalkışmanın bedeli ağırdır. Nitekim Rusya, Polonya, Macaristan ve Brezilya merkez bankalarının faizleri artırdığı, ABD merkez bankasının 2022'de varlık alımlarına son verip 3 defa faiz artırımına gideceğini ilan ettiği bir konjonktürde Türkiye'nin faizlerin düşürülmesi konusundaki ısrarı pahalıya mal olmuş, TL dolar karşısında iki buçuk ayda %120 oranında değer kaybetmiştir. Kur korumalı mevduat sisteminin ilan edilmesiyle dolardaki sert düşüş sonucu kur 12 TL civarına gerilemiştir ki, Eylül başındaki kur ile kıyaslandığında TL hâlâ %50 değer kaybetmiş durumdadır.

4) Kur korumalı mevduat sisteminin maliyeti sanılandan yüksek olabilir. Nitekim benzer kaygılarla 1960'lar ve 1970'lerde Türkiye'de denenmiş benzer bir araç olan Dövize Çevrilebilir Mevduat (DÇM) sisteminin ülkeye maliyeti sanılandan yüksek olmuştur.[6] Sistem vadeli TL

---

[6] Rahmetli Özal, DÇM uygulamasının Türkiye'ye ödettiği bedeli anlatırken (Milliyet, 17 Eylül 1989) DÇM'yi 'bilgisizliğin vesikası' olarak nitelendirip şunları kaydetmişti:

İnşallah gençlerimiz bundan ders alır. Bir daha böyle hesapsız kitapsız hatalar yaparak, gelecek nesilleri zor taşınan yük altına sokmaz. 84-89

mevduatının getirisi aynı dönemde dövizin getirisinin altında kaldığı takdirde aradaki farkın devlet tarafından ödenmesini garanti etmektedir. 2022 yılında ABD merkez bankası FED'in de faizleri yükselteceği dikkate alındığında doların sadece Türkiye'de değil bütün dünyada değer kazanması muhtemeldir. Bu durumda dolar kuru yeniden hareketlenir de TL vadeli mevduat faizlerinin üzerine çıkarsa aradaki fark Hazine tarafından karşılanacaktır. Hazinenin gelir kaynakları vergiler olduğuna göre, kur riskinin maliyeti vatandaşın sırtına yüklenecek demektir. Kur riskinden doğan maliyetler vergilerle karşılandığı takdirde vatandaşın alım gücünün düşmesi söz konusudur. Daha kötüsü kur riskinin maliyeti karşılıksız para basılarak karşılandığı takdirde, enflasyon daha da artacak demektir.

5) Enflasyonun vatandaş, tasarruf sahipleri, girişimciler ve yatırımcılara çok sayıda zararı vardır: alım gücünü düşürür; dar ve sabit gelirlileri fakirleştirir; alacaklılardan borçlulara ve işçilerden işverenlere doğru haksız gelir ve servet transferine yol açar; kaynak dağılımında etkinliği bozar; fiyat sinyallerinin etkinliğini bozar; "önünü görememe, sağlıklı hesap-kitap yapamama" anlamında öngörülemezliği artırır; yatırımları caydırır; ekonomik

---

arasında bu ödemeleri yapmasaydık aile başına herkese 1 milyon TL para ödeyebilirdik. 9 bin ilave okul, 900 orta boy fabrika, 500 hastane ve 4 bin km otoyol daha yapardık. 100 bin insan iş sahibi olabilirdi. İşte geçmişin hatalarının bir topluma ne kadara mal olduğunun basit bir bilançosu budur.

https://www.indyturk.com/node/450311/ekonomi%CC%87/d%C3%B6vize-%C3%A7evrilebilir-mevduat-modeli-60-ve-70lerde-de-uygulanm%C4%B1%C5%9Ft%C4%B1-%C3%B6zal-d%C3%A7mnin (25.12.2021) büyümeyi olumsuz etkiler. Karşılıksız para basarak enflasyon yaratmanın sadece devlete, hem de üç faydası vardır: Birincisi senyoraj geliridir (bireylerin para basması kalpazanlıktır, hapisle cezalandırılır; ama karşılıksız para basarak devlet aynı şeyi yapar, kasalarını doldurabilir). İkincisi enflasyon vergisidir; fiyatlar artarken nominal gelirler de artırılır, artan oranlı vergi sistemi yüzünden bir üst vergi dilimine giren vergi mükellefleri daha yüksek oranlarda vergi ödemek zorunda kalırlar. Üçüncüsü ise borçlarının reel değerini azaltmaktır. Devlet sizden borçlandığında aynı parayla diyelim ki 10 masa alabilirdiniz; ama vadesi gelip devletten alacağınızı tahsil ettiğinizde enflasyon nedeniyle masaların fiyatı bir hayli artmış olduğundan artık 10 masa yerine – enflasyon oranına bağlı olarak- ancak 7 veya 8 masa alabilirsiniz; 2-3 masayı böylece kaybetmiş olursunuz.

6) Yüksek kurun otomatik olarak cari açığı düşüreceği hatta cari fazla sağlayacağı varsayımı doğru değildir. Kurun yükselmesiyle ihracatın yükselmesi ve ithalatın düşmesi için ihraç malları ile ithal malların talebinin fiyat esnekliğinin yeterince yüksek olması (iktisattaki teknik ifadesiyle, Marshal-Lerner koşulunu sağlaması) gerekir. Üstelik yine iktisattaki teknik ifadesiyle J-eğrisi etkisi söz konusudur: bugün kuru yükseltseniz bile dış ticaret dengesine bunun yansıması ancak belirli bir gecikmeyle olur, yeni duruma uyum sağlamak zaman alır.

7) Türkiye bağlamında yüksek kurun dış ticaret dengesi ve cari işlemler dengesinde arzu edilen iyileşmeyi sağlayamama ihtimalinin daha önemli bir sebebi, Türkiye'nin ithal girdilere olan bağımlılığı ve iç tasarrufların yetersizliğidir. İthalatın kompozisyonuna bakıldığında Tür-

kiye'nin toplam ithalatının yaklaşık %85'inin hammadde, aramalı ve yatırım mallarından oluştuğu görülmektedir. Rekabetçi kur adıyla kurların yükseltilmesi bir yandan ihracatı yükseltse bile, ithal girdileri de daha pahalı hale getirecek, üretim maliyetleri artacak, maliyet artışlarının mal ve hizmet fiyatlarına yansıtılmasıyla da bu defa maliyet yahut arz enflasyonu artacaktır. Başta güneş ve rüzgar enerjisi olmak üzere, yenilenebilir enerji kaynaklarına yatırım yaparak cari açığın yaklaşık %40'ını oluşturan enerji açığını aşağı çekip girdilerde dışa bağımlılığı azaltmak bu açıdan hayati önem taşımaktadır.

8) Madalyonun diğer tarafına bakıldığında Türkiye'nin sürekli cari açık vermesinin temel sebebi iç tasarruflarının yetersizliğidir. Türkiye'de tasarruflar maalesef yatırımları finanse etmeye yetecek düzeyde değildir. Ürettiğinden fazla tüketme ve yatırımlarını finanse etmeye yetecek kadar tasarruf yapmama eğilimi Türkiye'yi dış tasarruflara müracaat etmeye mecbur bırakmaktadır. Bu bağlamda cari açık sorununu çözebilmek için Türkiye'de ortalama tasarrufların -büyüme hedefleriyle uyumlu- yatırımları finanse etmeye yetecek düzeye çıkarmak zorunludur.

9) Kısaca, yeni ekonomik model arayışlarına saygı duymak gerekir; ancak yeni modelin araçları ve zamanlamasına dikkat edilmesinin hayati önemi vardır. Yeni bir modelin başarı şansı Türkiye'nin yüksek faizden de, cari açıktan da çok daha önemli başka sorunlarını çözmesine bağlıdır. Bu sorunlar arasında yüksek enflasyon, yüksek ülke riski, belirsizlik, öngörülebilirliğin olmaması, kötü yönetişim, MB üst yönetiminin sık sık değiştirilmesi,

keyfilikler, liyakatten sapma, dış dünya ile gergin ilişkiler, iç siyasi gerilimin yüksekliği, hukuk devletiyle ilgili sorunlar ve yatırım ortamının iyi olmamasıdır. Kitabın son bölümünde daha ayrıntılı olarak değinildiği üzere, bu sorunlar çözülmeden girişilecek yeni model denemelerinin istenen sonucu vermemesi ve iyi niyetli olsa bile bu yönde harcanacak çabaların akim kalması muhtemeldir.

Buraya kadar, son yirmi yıllık dönemde makro ekonomik göstergelerin seyri eşliğinde Türkiye ekonomisinin performansı genel olarak değerlendirilmiş, 2021 yılının son günlerinde ortaya atılan yeni ekonomik model eleştirel bir değerlendirmeye tabi tutulmuştur. İzleyen bölümlerde ise söz konusu yirmi yılın bazı dönemlerindeki ekonomik ve siyasi gelişmeler (2008, 2009, 2018, 2019 ve 2020) daha detaylı olarak analiz edilmiştir. Bu bölümler esasen son 20 yılın birer hatırlatıcısı mahiyetindedir.

3. 2008 YILINDA EKONOMİK VE SİYASİ GELİŞMELER[1]

1. Giriş

Bu yazıda, Türkiye Yazarlar Birliği'nin *Türkiye Kültür ve Sanat Yıllığı 2009* kapsamında, geride bıraktığımız 2008 yılında dünyada ve Türkiye'de yaşanmış başlıca ekonomik ve siyasî gelişmelerin genel bir değerlendirmesi yapılmaktadır.

Dünyada yılın olayı: küresel ekonomik kriz

2008 yılında dünyada yaşanan önemli gelişmeler arasında şunlar sıralanabilir: ABD'de başlayarak dalga dalga bütün dünyayı etkisi altına alan küresel finansal kriz; krizin tetiklediği "kapitalizmin sonu geldi mi?" tartışmaları; gelişmiş ekonomilerin hükümetlerinin krizden çıkış çabaları ve ortaya sürdükleri kurtarma paketleri; ABD başkanlık seçimlerini tarihte ilk defa bir siyah adayın kazanması; Ortadoğu'da Irak ve Filistin'de ABD işgali ve İsrail saldırılarının gölgesinde, alışılmış gerginlik ve çatışmaların devam etmesi; yılın son haftalarında İsrail'in Gazze'ye saldırarak toplu kıyım yapması; Bush yönetiminin saldırgan politikalarının sonucu olarak dünyada yükselen anti-Amerikancı dalganın canlılığını koruması; Rusya ile Gürcistan arasında Güney Osetya üzerinden patlak veren kriz ve kısa süreli savaş.

Türkiye'de "Pandoranın Kutusu"nun Açıldığı Bir Yıl Olarak 2008

---

[1] TYB Kültür ve Sanat Yıllığı 2009.

2007 yılına benzer biçimde, 2008 yılı da birçok bakımdan Türkiye açısından kritik bir yıl olmuştur. *Ergenekon davası* başta olmak üzere siyasî alanda 2008'de yaşananlar ileride Türkiye tarihinin kırılma noktalarından biri olarak anılmayı hak edecek önemdedir. Satırbaşları hâlinde sıralamak gerekirse, 2008'in Türkiye açısından kilit önemdeki gelişmeleri arasında şunlar sayılabilir:

- Ergenekon soruşturması ve davası

- Başörtüsü yasağını kaldırma girişiminin jüristokrasi duvarına çarpması

- AK Parti aleyhine kapatma davası,

- Karakol baskınları ve Genelkurmay-Taraf gerginliği,

- Ermenistan ve Kuzey Irak'la ilişkileri yumuşatma çabaları,

- Kürtçe yayın yapan *TRT Şeş* kanalının hazırlıkları,

- Alevî açılımı konusunda sürdürülen çabalar,

- Sivil anayasanın bir başka bahara kalması,

- AB ile ilişkilerin durgun seyretmesi,

- Kriz lobisinin hükümetle kavgası.

Ekonomide küresel finansal krizden doğal olarak etkilenmekle birlikte, çok ciddi bir sarsıntının yaşanmadığı 2008 yılı, ekonomik büyümenin iyice yavaşladığı, cari açık sorununun varlığını sürdürdüğü, enflasyonun tek haneli rakamlar sınırında gezindiği, bütçe disiplininin sürdürüldüğü ve yabancı sermayenin Türkiye'ye olan ilgisinin yavaşlamakla beraber sürdüğü bir yıl olarak özetlenebilir.

Aşağıda önce dünyada, ardından Türkiye'de 2008 yılında yaşanan başlıca ekonomik ve siyasî gelişmeler biraz daha ayrıntılı bir değerlendirmeye tabi tutulmaktadır.

2. Dünyada 2008: Küresel Finansal/Ekonomik Kriz

Küresel Finansal Kriz ve Kapitalizmin Sonu Tartışmaları

Kuşkusuz dünyada 2008 yılına damgasını vuran en önemli olay, küresel finansal krizdir. Ön belirtileri 2007 yılı Ağustos ayında ortaya çıkan kriz, o tarihten itibaren üst üste birikerek büyüyen dengesizliklerin artık gizlenemez hale gelmesiyle, Eylül 2008'de iyice günışığına çıkmıştır. Önce ipotek karşılığı uzun vadeli kredi ("mortgage") verme alanında uzmanlaşmış, devlet destekli ayrıcalıklı şirketler Freddie Mac ve Fannie Mae batmış, ardından büyük çaplı banka ve finans kuruluşları birer birer batmaya, iflas etmeye başlamışlardır. Piyasayı paniğe sevk etmemek için o ana kadar kapısına dayanan bütün zor durumdaki şirketlere yardım eden ABD Hazinesi, *Lehman Brothers* adlı finans kuruluşuna yardımı reddedince, ABD'nin 4. büyük finans kuruluşu olan bu şirket, 613 milyar dolarlık borçla iflasını istemiştir. Bu olay gergin durumdaki piyasaları allak bullak eden, krizi tetikleyen kıvılcım işlevi görmüştür. O tarihten itibaren dünya borsaları sarsılmış, hisse senetleri büyük oranda değer kaybetmiş; endeksler dibi görmüş; banka ve finans kuruluşları başta olmak üzere büyük şirketler ya batmaya, ya da işçi çıkarmaya başlamıştır. Borsalarda uğranan kayıpların değeri trilyonlarla ifade edilir düzeye ulaşmış, yılın son üç ayında ABD'de işten çıkarılan işçi sayısı yüz bini geçmiştir. Hükümetler, Hazineler ve Merkez bankalarının krizin etkilerini hafifletmek üzere yürürlüğe koyduğu veya ilan ettiği kurtarma paketleri yine trilyonlarla ifade edilmektedir.

1929 Dünya Bunalımından sonraki en ciddi kriz olan bu krizin nedenleri, etkileri, ne kadar süreceği ve bundan nasıl çıkılacağı konusunda çok değişik görüşler mevcuttur. Bazılarına göre bu 1929'dakine benzer yeni bir *Büyük Bunalım*dır; bazılarına göre kapitalizmin sonu gelmiştir, kapitalizm bu krizden sonra artık kolay kolay belini doğrultamayacaktır. Bazıları en kötüyü gördüğümüzü, düzelmenin yakında başlayacağını ileri sürerken, bazıları daha dibi görmediğimizi, asıl felaketin bundan sonra başlayacağını, çok daha kötü günlere hazır olmamız gerektiğini ileri sürmüşlerdir. Gerek yer sorunu yüzünden, gerekse bu yazının kapsamı dışında kalmasından dolayı, konuyu burada derinlemesine analiz etmek mümkün değildir. Burada biz krizin nedenlerine kısaca değinip geçmekle yetineceğiz.

Küresel finansal krizin görünürdeki nedenleri şu şekilde sıralanabilir: Çatışmacı ve dışlayıcı bir yaklaşıma sahip *Neocon* (Yeni Muhafazakâr) çetenin güdümündeki ABD yönetiminin, bir yandan 11 Eylül faciasından sonra Amerikan halkını ucuz ev ve başka imkânlarla rahatlatma kaygısı, bir yandan Irak ve Afganistan'da giriştiği işgallerin açtığı masrafların kabarttığı bütçe ve dış açıkları kapatmak için uyguladığı düşük faiz-gevşek para politikaları, paradan para kazanma ve kısa sürede zengin olma odaklı spekülatif hareketlere göz yumulması, kredi piyasasında standartların ve denetimin gevşekliği, ve nihayet, geri ödeme gücü olmayan kişilere cömertçe kredi dağıtılması. Bu görünür nedenlerin altında yatan asıl neden ise, devletin karşılıksız para basma tekelini sorgulamayan, altın veya emtia ile desteklenmeyen kağıt para basılmasına cevaz veren, "bir koyundan dokuz post" çıkarılmasını mümkün kılan türev finansal araçlara dayalı modern finansal sistem ve, parasal genişleme ile ekonominin düzeltileceğine inanan müdahaleci iktisat anlayışıdır. Buna ilaveten insanoğlunun paradan para kazanma ve kısa yoldan zengin olma hevesleri, sürü psikolojisiyle borsaya hücum ve spekülatif hareketler de sonu çöküşle biten parasal şişmelere yol açmakta, bu şişkinlik (balon) eninde sonunda sönmekte, yani genişleme süreci bir krizle son bulmaktadır. Dolayısıyla, krizin asıl çözümü piyasaya daha fazla para sürmekte, hesapsız-kitapsız iş yapan şirketleri ödüllendirip vergi mükelleflerini cezalandıran kurtarma paketlerinde değil, modern finansal sistemi topyekûn değiştirmekte aranmalıdır.

Beyaz Saray'da Siyah Bir Başkan: Barak Hüseyin Obama

2008'de en çok konuşulan ve önümüzdeki yıllarda dünyayı birçok yönden ciddi biçimde etkileme potansiyeli olan bir başka olay, hiç kuşkusuz, 2007 Kasım ayında yapılan ABD başkanlık seçimlerini tarihte ilk kez Afro-Amerikan siyahî bir adayın kazanması ve 20 Ocak 2009'da ABD Başkanlık koltuğuna oturmasıdır. Amerikalı beyaz bir (Hristiyan) anne ve Kenyalı siyah bir (Müslüman) babanın çocuğu olan, Endonezyalı bir üvey babaya sahip, çocukluğu kısmen Endonezya'da geçmiş olan Barak Hüseyin Obama, rakiplerini yarışta alt ederek Başkan seçilmeyi başarmıştır. Obama siyasî rakiplerinin ve bazı radikal ırkçı beyaz Amerikalıların -Müslüman kökleri nedeniyle terörist gruplara yumuşak davranacağını temel alan- ırkçı saldırı ve karalama kampanyalarına rağmen, gerek Demokrat Parti içindeki rakiplerini önseçimlerde, gerekse Cumhuriyetçi Parti'nin adayını başkanlık seçimlerinde saf dışı bırakarak yarışı kazanmıştır.

Obama'nın Başkan seçilmesi Neoconları, Bush yönetiminin politikalarına destek veren ırkçıları ve şahinleri üzerken, Bush'un 8 yıldır izlediği işgalci ve saldırgan politikaları eleştiren ve değişim isteyen Amerikalılar kadar, dış dünyada aynı endişeleri paylaşan milyonlarca insanı da sevindirmiştir. Başkan Obama görevi teslim alırken yaptığı konuşmada Müslüman dünyaya karşı karşılıklı anlayış ve saygı temelinde ilişkiler geliştirmek istediğini söylemiştir. Göreve gelir gelmez ilk verdiği kararlardan biri olan Irak işgalinden bu yana yüzlerce masum insanın eziyet gördüğü bir işkence-haneye dönüşen *Guantanamo* cezaevinin kapatılması kararı bütün dünyada büyük takdir toplamıştır. Umalım ki sayın Obama Bush'un izlediği saldırgan, tek taraflı, işgalci politikaları bırakıp, demokrasi, insan hakları, özgürlükler ve diplomasiyi esas alan politikalar izler.

Ortadoğu'da Yine Alıştığımız Manzara: İşgal, Çatışma, Yıkım, Kan ve Gözyaşı

Irak'ta Neocon ekibin yönlendirdiği ABD'nin 2003 yılında Irak'ı işgal etmesiyle başlayıp tırmanan gerginlik ve çatışma atmosferi 2008 yılında da devam etmiştir. Ortadoğu'da ABD ve İsrail'in hesapları daha çok İsrail'in güvenliği, petrolün ve enerji kaynaklarının ve dağıtım kanallarının kontrolü, güç dengelerini sarsacak bölgesel güçlerin ortaya çıkmasını önlemeyi hedeflemektedir. Buna karşılık Türkiye, İran ve Suriye gibi bölge ülkelerinin hesapları kendi güvenliklerini sağlama alma, menfaatlerini koruma ve iç siyasetlerine yansıyan boyutları da olan dış sorunlara müdahil olmaya odaklıdır. İşgalden beri çatışmalar, gerginlikler ve suikast saldırılarının eksik olmadığı Irak'ta aynı durum, biraz hafifleyerek de olsa, 2008'de de sürmüştür.

İşgalden bu yana yaşananlara bakıldığında, ABD'nin bölgeye yönelik hesaplarının tutmadığını, Büyük Ortadoğu Projesinin ortada kaldığını, işgalci güçlerin Irak'ta beklenmedik bir direnişle karşılaştığını ve ciddi kayıplar verdiğini, sonuçta ABD-'nin Irak'tan askerlerini çekmek mecburiyetinde kalacağı bir istikamette ilerlendiğini söylemek mümkündür. ABD ve İsrail tarafından İran'ı yalnız bırakma ve etkisizleştirme girişimleri de ters tepmiş, Irak'ın işgalinden sonraki dönemde İran bölgede etkinliğini belirgin ölçüde artırmıştır. Sünnî dünya ile Şiî dünyayı birbirine karşı kışkırtma girişimleri de başarısız kalmıştır.

İsrail-Filistin gerginliği 2008'de de sürmüş, İsrail'in Filistinlilere karşı -vaktiyle Hitler'in Almanya'daki Yahudilere yaptığının hemen hemen aynısı olmak üzere- giriştiği katliam ve kıyımlar devam etmiştir. 2007 sonlarında Annapolis'te (ABD) yapılan *Ortadoğu Barış Konferansı*nda alınan 2008'in sonuna kadar bağımsız Filistin Devleti'nin kurulmasını öngören karar uygulamaya geçirilememiştir. Annapolis anlaşmasının üzerinden iki ay bile geçmeden 2007 sonlarında İsrail Gazze'yi ablukaya almış, açlık tehlikesi geçiren Filistinliler İsrail'in kurduğu barikatları bombalarla aşarak Mısır'dan yiyecek temin etmeye çalışmışlardı. Ne hazindir ki, 2008'de 6 ay kadar süren ateşkes biter bitmez yılın son günlerinde İsrail yeniden Gazze'ye girmiş, düzenlenen önce hava, ardından kara saldırılarında 1400 dolayında insan ölmüş, Gazze'nin altyapısı tarumar edilmiştir. Bu facia, bir süredir İsrail ile Suriye arasında bir barışa arabuluculuk yapan Türkiye'nin girişimlerine de balta vurmuş, görüşmeler kesilmiştir. Bir yanda kendi rejimlerinin geleceği kaygısıyla İsrail ve ABD tarafında saf tutan Arap ülkeleri, bir yanda halkın desteğiyle iktidara gelmiş Hamas hükümetini tanımayan Filistin Devlet Başkanı, bir yanda kendi aralarındaki çatışmaya bir türlü son veremeyen Filistinliler, savaşmaktan ve karşı-yıkımdan başka çare düşünemeyen radikal siyasî gruplar ve bunları destekleyen bölge ülkelerinin yanlış zihniyetinin ve uyguladıkları isabetsiz politikaların bedelinin masum Filistin halkınca ödendiğini görmek, gerçekten acı vericidir.

Bu satırların yazarına göre Gazze'de ve Batı Şeria'da bitmek bilmeyen savaş Filistin halkının savaşı değildir; bölgede hegemonya kurmak isteyen ABD, İsrail, İran, Suriye ve kendi rejimlerinin geleceğinden kaygı duyan bazı Arap ülkelerinin savaşıdır; Filistin'i çatışma alanı olarak kullanmaktadırlar. Bu anlamda bölgede dökülen kandan yalnızca İsrail'i sorumlu tutmak, resmin bir yüzünü görüp öteki yüzünü görmemek demektir. Bu satırların yazıldığı günlerde meydana gelen kayda değer bir gelişme, Davos'ta *Dünya Ekonomik Forumu* toplantıları sırasında düzenlenen bir panelde İsrail Cumhurbaşkanı Şimon Perez'in üst perdeden yaptığı konuşmaya Başbakan Erdoğan'ın sert tepki göstererek, gerek Müslüman, gerek gayri Müslim dünyada milyonlarca insanın duygularına tercüman olur biçimde, "One minute (Bir dakika)! Öldürmeye gelince, siz öldürmeyi çok iyi bilirsiniz; plajlarda oynayan çocukları nasıl öldürdüğünüzü yakından biliyorum.." dedikten sonra, kendisini susturmaya çalışan moderatöre dönüp, "Benim için Davos bitmiştir" diyerek salonu terk etmesi olmuştur. Erdoğan bu tavrıyla Türkiye ve dünyadan büyük takdir görmüştür.

Rusya-Gürcistan Kavgası: Kafkasya'da Savaş

Eski Rusya Devlet Başkanı Putin, esas itibariyle Rus anayasasının devlet başkanının üç dönem üst üste seçilmesine izin vermemesi nedeniyle, 2008'de koltuğunu Başbakan Birinci Yardımcısı Dimitri Medvedev'e bırakmıştır. Ancak fiilen Rusya'da perde gerisinde işleri asıl çekip çeviren kişinin Putin olduğunu söylemek mümkündür. SSCB dağıldıktan sonra yaşanan bir kargaşa döneminden sonra Rusya yeniden toparlanma ve güçler dengesine yeniden ağırlığını koyma arayışındadır. Enerji ve emtia fiyatlarının son yıllarda büyük artışlar kaydetmesinin de yardımıyla ekonomisini bir hayli toparlamıştır. Tek yanlı olarak bağımsızlık ilan eden Güney Osetya özerk yönetimine karşı Gürcistan'ın 7 Ağustos'ta operasyon başlatması, çoktandır "kadife devrimler" yüzünden Batıya ve ABD'ye kızgın olan, Batı yanlısı politikalarından dolayı da Gürcistan'a diş bileyen Rusya için aradığı fırsatı sağlamıştır. Gürcistan'ın giriştiği operasyona çok sert tepki gösteren Rusya, derhal Osetya'ya müdahale etmiş, Gürcü güçleri bölgeden çıkarmakla yetinmeyen Rus birlikleri Gürcistan'ın başkenti Tiflis'in 40 km. yakınlarına kadar ilerlemişlerdir. Uluslararası arabuluculuk girişimleri sonucu Rus birlikler 12 Ağustos'ta çekilmiş, ancak Rusya Abhazya ve Güney Osetya'nın bağımsızlığını tanımıştır. Türkiye'nin bu kriz sırasında Kafkasya İşbirliği Paktı adı altında bölge ülkeleri arasında bir barış ve işbirliği paktı oluşturma çabaları takdir toplamıştır.

Dünyada Öteki Bazı Önemli Gelişmeler

Türkiye Birleşmiş Milletler Güvenlik Konseyi Üyesi: Geçen yılki değerlendirmemizde Türkiye'nin bölgede yükselen bir güç olduğunu, komşularıyla ilişkileri iyileştirdiğini, bölgesel sorunlara müdahil olmaya ve daha bağımsız bir dış politika yörüngesine kaydığını belirtmiştik. Adeta bu seyrin bir halkası olarak, 2008'de Türkiye'nin uluslararası saygınlığını tescil eden bir gelişme yaşanmış, Türkiye 2009-2010 dönemi için BM Güvenlik Konseyi üyeliğine seçilmiştir. Oylamada 192 ülkeden 151'inin desteğini alan Türkiye bu gelişmeyle uluslararası alanda daha etkin bir rol oynama imkânına da kavuşmuştur. Ayrıca BM'de yapılan oylama -Türkiye'nin dünyada 151 dostunun olması- bir anlamda yıllardır bize ezberletilen "Türk'ün Türk'ten başka dostu yoktur" sloganının da İttihat ve Terakki zihniyetinin ürünü içi boş bir slogan olduğunu bir kez daha göstermiştir.

Yunanistan'da İsyan: Başkent Atina'da bir gencin polis tarafından öldürülmesi bütün ülkede büyük çaplı gösterilere ve çatışmalara yol açmış, günlerce süren tepkiler ve sokak gösterileri milyarlarca dolarlık maddî zarara, hükümetin de zor anlar yaşamasına sebep olmuştur.

Güney Kıbrıs'ta Yeni Cumhurbaşkanı ve Görüşmeler: Kıbrıs Rum Kesiminde 24 Şubat 2008'de yapılan cumhurbaşkanlığı seçimini Dimitris Hristofyas kazanmıştır. Daha çözüm yanlısı bir profil çizen Hristofyas ile KKTC Cumhurbaşkanı Mehmet Ali Talat arasında 11 Eylül'de çözüm müzakereleri başlatılmışsa da, şu ana kadar somut bir sonuç elde edilememiştir.

Kosova'nın Bağımsızlığı ve Karadziç'in yakalanması: Balkanlarda yaşana en önemli gelişme kuşkusuz, Sırbistan'a bağlı özerk bir bölge olan Kosova'nın 2008 yılı ortalarında bağımsızlığını ilan etmesi olmuştur. Kosova'yı şu ana kadar 53 ülke tanımıştır. Bir diğer önemli gelişme de, Bosna'da 1990'lı yılların başlarında yaşanan vahşet ve katliamların baş sorumlularından biri olan Radovan Karadziç'in yakalanması olmuştur.

3. 2008 Yılında Türkiye'de Siyaset ve Ekonomi

Pandora'nın Kutusu Açılıyor: Ergenekon ve Türkiye'nin Makûs Talihinin Sırları

Başta da belirtildiği gibi, 2008 yılı da -2007 yılına benzer şekilde- birçok açıdan yakın dönem Türkiye tarihinin en çalkantılı, gergin, olağanüstü dönemlerinden biri olmuştur. Türkiye'nin İttihat ve Terakki cuntasının II. Abdülhamit yönetimine karşı 1908'de gerçekleştirdiği darbeden beri yüz yıldır görülmeyi bekleyen hesaplarının görülmeye başlandığı, 2007'de başlayan hesaplaşma sürecinin devam ettiği bir yıl olmuştur. 2007 yılında Cumhurbaşkanlığı seçimi sürecinde başlayan krizler, "e-muhtıra"lar, 367 hokkabazlığı, Danıştay suikastı, Cumhuriyet gazetesine saldırılar, "irtica tehlikesi"ne karşı laikçi-Kemalist zinde güçlerce organize edilen Cumhuriyet mitingleri, Hrant Dink cinayeti, Ankara Anafartalar çarşısına bombalı saldırı, bomba yüklü minibüs, Trabzon'daki Rahip Santoro cinayeti, Malatya Zirve Kitabevi katliamı, vb. bütün o istikrarsızlık yaratma girişimlerinin sırrı önemli ölçüde aydınlanmaya başlamıştır. Aşağıda önce siyasette, daha sonra da ekonomide 2008'de meydana gelen gelişmeler değerlendirilmiştir.

3.1. Siyasette 2008

Siyasî alanda 2008 yılının önemli, Türkiye'nin geleceğine damgasını vuracak gelişmelerini satır başları hâlinde şöyle sıralamak mümkündür:

- Ergenekon davası

- Başörtüsü yasağını kaldırma girişimine yargı engeli

- AK Parti aleyhine açılan kapatma davası

- Karakol baskınları ve Genelkurmay-Taraf Gazetesi gerginliği

- Ermenistan ve Kuzey Irak'la ilişkileri yumuşatma çabaları

- Kürtçe yayın yapan TRT Şeş kanalının hazırlıkları

- Sivil Anayasa'nın bir başka bahara kalması

- AB ile ilişkilerde durgunluk

- Kriz lobisinin hükümetle kavgası

Türkiye'nin Yarım Yüzyılını Karartan Bir Belâ: Ergenekon

12 Haziran 2007'de İstanbul Ümraniye'de bir gecekonduda 27 adet el bombasının bulunmasıyla başlayan soruşturmanın adım adım ilerleyerek, bir dönem devletin en önemli mevkilerinde bulunmuş onlarca asker ve sivil üst düzey görevlinin tutuklanmasıyla yeni bir evreye giren Ergenekon davası, hiç kuşkusuz, sadece 2008 yılına değil, Türkiye'nin geleceğine damga vuracak önemde bir olaydır. Soruşturma kapsamında aralarında bir dönem kuvvet komutanlığı yapmış emekli generaller ve daha alt rütbeli askerler, emniyet görevlileri, siyasî parti yöneticileri, medya patronları ve gazetecilerin de bulunduğu 86 sanık hakkında uzun süren bir hazırlık sürecinden sonra tamamlanan 2455 sayfalık iddianame İstanbul 13. Ağır Ceza Mahkemesi tarafından 25 Temmuz 2008'de kabul edilmiş, 20 Ekim 2008'de de mahkeme süreci başlatılmıştır. İddianameye göre sanıklar "silahlı terör örgütüne üye olmak, TC hükümetine karşı silahlı isyana tahrik, hükümeti görev yapamaz hale getirmeye teşebbüs, cinayete azmettirme, devletin güvenliğine ilişkin belgeleri elde bulundurma,..." gibi dehşet verici eylemlerle suçlanmaktadırlar. Soruşturma ilerledikçe zaman zaman yeni gözaltı operasyonları yapılmış, tutuklu satısı 100'e kadar tırmanmıştır.

Şu ana kadar ortaya çıkan belge, bilgi ve itiraflardan anlaşıldığı kadarıyla *Ergenekon*, Soğuk Savaş döneminde NATO üyesi pek çok ülkede kurulan *Gladio* türü yeraltı örgütlenmesinin Türkiye ayağıdır. Sözde komünist devrim tehlikesine karşı kendiliğinden harekete geçecek yarı askeri bir gizli yapılanma olarak tasarlanan bu tedhiş örgütünün fiilen yaptığı şey, "komünist tehlikeyi önlemek"ten ziyade, giriştiği tedhiş hareketleri ve provokasyonlarla bulunduğu ülkeyi istikrarsızlaştırmaktır. Gladio'nun Türkiye ayağı olduğu anlaşılan Ergenekon'un yaptığı şeyin de esas itibariyle Türkiye'yi istikrarsızlaştırıp askeri darbelere ortam hazırlayarak, bir yandan içerde ülkenin demokratikleşmesine ve sivilleşmesine engel olmak ve bazı toplum kesimlerinin -buna "esmer Türkler" de denebilir- iktidardan uzak tutulmasına çalışmak; bir yandan da Türkiye'nin iç istikrar sorunlarıyla boğuşan, güçsüz, marjinal bir *Üçüncü Dünya* ülkesi olarak kalmasını, bağımsız bir dış politika yörüngesine kayarak kontrolden çıkmasını engellemek suretiyle Nato'nun patronlarına hizmet etmek olduğu anlaşılmaktadır. İtalya, Fransa, Almanya, Belçika ve İspanya gibi birçok Avrupa ülkesinde Soğuk Savaş biter bitmez tasfiye edilen bu meş'um örgüt, ne yazık ki bizim ülkemizde tasfiye edilememiş, Türkiye bu cesareti kendinde bulamamıştır. Derin içsel bağlantılar ve ortaya çıkan ipuçları değerlendirildiğinde Özel Harp Dairesi, Kontrgerilla, Susurluk ve Ergenekon'un hep aynı zincirin halkaları olduğu anlaşılmaktadır. Türkiye'nin son yarım yüzyılını karartan olaylar zinciri, sıradan kişilerin elinden çıkması imkansız ve sayıları 17 bini bulan faili meçhul cinayetler, suikastlar, toplumda infial yaratan provokasyonlar, bitmeyen terör, sonu gelmeyen irtica tehlikesi, ve iç kargaşanın ayyuka çıktığı dönemlerin ardından gelen demokratik sisteme askeri müdahaleler böylece çok daha anlamlı bir çerçeveye oturmaktadır. Muhtemelen sözkonusu terör örgütünün doğrudan veya dolaylı olarak bulaştığı olaylar silsilesi 6-7 Eylül 1955 olaylarından başlamakta, Menderes iktidarının sonunu getiren olaylara, oradan 12 Mart öncesi tedhiş hareketlerine, oradan 12 Eylül darbesi öncesi yaşanan ve "darbenin şartlarını olgunlaştıran" cinayetlere, Alevi-Sünni çatışmasını körüklemeye dönük Maraş ve Çorum olaylarına, oradan Özal'a suikast girişimine ve 28 Şubat öncesi çevrilen tezgâhlara; daha yakın tarihte de Danıştay suikastına, Hrant Dink cinayetine, Rahip Santoro cinayetine, Malatya Zirve Kitabevi katliamına, ve bu ülkeye 40 bin cana ve 4-5 yüz milyar dolara malolan PKK terörüne uzanmaktadır. Bunların her biri son tahlilde ülkeyi istikrarsızlaştırıp kaosa sürüklemeye, demokrasiyi kesintiye uğratmaya, sıkıyönetimlere, olağanüstü hâllere, 28 Şubat türü vesayet rejimlerine götürmeye, dış politika bağlamında da gelişip güçlenecek bir Türkiye'nin önünü kesmeye hizmet eden eylemlerdir. Bu çerçevede Ergenekon davası Türkiye'nin makûs talihini yenmenin, devleti milletle barıştırmanın, İttihat ve Terakki diktası elinde içine sokulduğu cendereden kurtarılmasının ve hızlı bir büyüme-güçlenme-kalkınma yürüyüşüne başlamasının bir ön adımı, zorunlu şartı olarak görünmektedir. "Yüzyılın davası" münasebetiyle ele geçen bu altın fırsat iyi değerlendirilmelidir; soruşturma ve dava hiçbir şekilde hafife alınmamalı, sulandırılmamalı, magazinleştirilmemeli; ipin ucu nereye kadar giderse takip edilerek, Türkiye bu cinayet şebekesinden, bütün şahlanma hamlelerine darbe vurmuş bu ayak bağından kurtarılmalıdır.

Başörtüsü Yasağını Kaldırma Girişimi ve AK Parti Aleyhine Kapatma Davası

2008 yılının ikinci en önemli olayı, MHP ile anlaşarak Anayasanın 10. ve 42. maddelerinde yapılan değişikliklerle başörtüsü yasağını kaldırma girişimi üzerine, "laiklik aleyhindeki eylemlerin odağı olduğu" gerekçesiyle, AK Parti aleyhine açılan kapatma davasıdır. Bu dava 2008 yılında Türkiye'nin her bakımdan tam dört ayına malolmuş, bu dönemde dış politika önemli ölçüde rölantiye alınarak bütün enerji iç politikaya harcanmıştır. AK Parti'nin kapatılarak Başbakan ve Cumhurbaşkanı dâhil 71 kişiye siyaset yasağı getirilmesi talebiyle açılan davanın getirdiği belirsizlik ve potansiyel istikrarsızlaşma riski iş dünyasının moralini bozmuş, yatırımcıyı ürkütmüş, piyasaları gergin bir bekleyiş ortamına sürüklemiştir. Yargıtay Cumhuriyet Başsavcısının kapatma talebine gerekçe olarak iftar çadırları, türban hakkında "velev ki siyasî simge olsun" ifadesi, bayramlaşma merasimleri, Google arama motorundan derlenen yazılar ile, gazete ve TV'lerde çıkan çoğu yalanlanmış haberleri delil diye sunması ibretlik bir manzara teşkil etmiştir. Böylece Türkiye iktidardaki partiyi ifade özgürlüğü kapsamına giren sözlerden yola çıkarak kapatmaya kalkışmakla dünyada hiçbir demokratik ülkeye nasip olmayan bir tuhaflığa daha imza atmıştır. Ülkeye hem ekonomik hem siyasî olarak oldukça pahalıya mal olan söz konusu dava, 30 Temmuz 2008'de, Anayasa Mahkemesinin 6-5 gibi kıl payı oy çokluğuyla, partinin kapatılmaması, ancak aldığı Hazine yardımının yarısının kesilmesi yönündeki kararıyla sonuçlanmıştır. Böylelikle adeta bir macera filmini andırır biçimde Türkiye, hükümetin kapatılmasıyla doğacak bir istikrarsızlık uçurumunun kenarından dönmüştür.

Bu arada Anayasa Mahkemesinin (AYM), TBMM'nin %75'ine tekabül eden 411 milletvekilinin oyu ile yaptığı Anayasa değişikliğini, Anayasa'nın -AYM'nin Anayasa değişikliklerini sadece usül yönünden inceleyebileceği, esas ya da içerik yönünden denetleyemeyeceği şeklindeki- amir hükmüne rağmen, CHP'nin talebine uyarak başörtüsüne serbestiyet getiren Anayasa değişikliğini iptal etmesi, birçok saygın hukukçu tarafından bizzat AYM'nin Anayasayı ihlali, yetki gaspı ve jüristokrasi (yargıçlar diktası) olarak yorumlanmıştır. Sonuçta, kısa bir süre sonra "bu ne perhiz, bu ne lahana turşusu" dedirtir biçimde "Çarşaf Açılımı" yapacak olan, çarşaflı kadınları partiye üye kaydeden ve Tek Parti dönemi uygulamalarını eleştiren CHP'nin bu direnişi ve yargı marifetiyle başörtüsüne özgürlük girişimi engellenmiş, Türkiye 2009 yılına, Ortaçağ Avrupası Engizisyonunu, kölelik dönemi uygulamalarını ve G. Afrika'nın *apartheid* dönemi ırk ayrımcılığım hatırlatan, başörtüsü yasağıyla girmiştir.

Aktütün Karakol Baskını ve Artan Gerilim

Terör eylemleri 2008 boyunca zaman zaman tırmanışa geçmiştir. Bunlardan en üzücü olanlarından biri, hiç kuşkusuz, Hakkari'nin Şemdinli ilçesi sınırları içinde bulunan Aktütün karakoluna teröristler tarafından düzenlenen saldırıda 17 askerin şehit olmasıdır. Taraf gazetesi bu saldırının önceden bilindiğini ama tedbir alınmadığını, dolayısıyla 17 askerin göz göre göre ölüme gönderildiğini belge ve görüntüler eşliğinde ortaya koymuştur. Doğal olarak buna Genelkurmay Başkanlığı sert tepki göstermiştir. Genelkurmay Başkanı İlker Başbuğ'un kuvvet komutanlarını da yanına alarak bir basın toplantısında parmağını tehdit eder biçimde sallayarak herkesi "doğru yerde" durmaya çağırması, bunun üzerine Başbakan'ın "biz doğru yerdeyiz, olmayanlar düşünsün" şeklindeki sözleri değişik yorumlara neden olmuştur.

Türkiye'nin demokrasi ve özgürlükler bağlamında ilkeli ve cesur yayın yapan gazeteler ve yayın organlarına gerçekten ihtiyacı var görünmektedir. Türkiye'yi yöneten kadroların bu ülke insanına yapabilecekleri en büyük iyiliklerden biri, bireysel hak ve özgürlüklerin alanının genişletilmesi ve devletin hışmına uğrama korkusunun minimize edilmesidir. Bireylerin üretken, yaratıcı ve yenilikçi potansiyelinden en üst düzeyde yararlanabilmenin olmazsa olmaz şartı budur.

Dış Politikada Açılımlar: Ermenistan ve Kuzey Irak'la İlişkileri Yumuşatma Çabaları

Dış politikada 2008 yılında yapılan en önemli açılımlar arasında Ermenistan ve Kuzey Irak'la ilişkileri yumuşatmaya yönelik açılımlar yer almaktadır. Türkiye Cumhurbaşkanı Abdullah Gül'ün Ermenistan Cumhurbaşkanı Sarkisyan'ın davetini kabul edip 6 Eylül'de Erivan'da yapılan Türkiye-Ermenistan millî maçını izlemeye gitmesi, bu vesileyle yapılan temaslar ve verilen iyi niyet mesajları, iki ülke ilişkilerinin normalleşmesi ve hatta tam bir asırdır sırtımızda bir kambur olarak duran "Ermeni soykırımı" denen meselenin yapıcı yollardan aşılması umutlarını artırmıştır. Daha sonra New York'ta BM Genel Kurul toplantısında Türk, Azeri ve Ermeni Dışişleri Bakanlarının yaptığı üçlü zirve sırasında Kafkas İttifakı Projesi ve Karabağ sorunu ele alınmıştır. Bunun ardından Karadeniz Ekonomik İşbirliği Örgütü Dönem Başkanı olarak Ermenistan Dışişleri Bakanı Nalbantyan İstanbul'da temaslarda bulunmuştur. Ermeni meselesi konusunda bir başka ilginç gelişme ise, Ali Bayramoğlu ve Ahmet İnsel'in başını çektiği bir grup entellektüelin 1915 olaylarıyla ilgili "Özür Diliyorum" bildirisi olmuştur. Kampanyayı kimileri gecikmiş de olsa yerinde bir adım olarak takdir etmiş, bir kısmı ise "özür dilenecek ne var ki?" gerekçesiyle şiddetle karşı çıkmıştır. Türkiye 2009'a bu tartışmaların gölgesinde girmiş, 2008 sonu itibariyle kampanyaya destek verip söz konusu bildiriyi imzalayanların sayısı 25 bini bulmuştur.

Ermenistan Kafkaslarda yalnız kalmış, çevresinden izole, ekonomisi zayıf, halkının refah düzeyi düşük, dış dünyaya açılabilmek için Türkiye'nin işbirliği ve desteğine muhtaç bir ülkedir. Türkiye ise bölgenin gelişmiş, güvenilir, istikrarlı ve kilit ülkesi olabilmek için, öteki bazı sorunların halli yanında, "soykırım" kamburunu da sırtından atmak durumunda olan bir ülkedir. Bu bağlamda, Ermeni diasporası ve iki tarafın ırkçı-ulusalcılarının itirazlarına aldırmadan, hiçbir önşart olmaksızın masaya oturup, aradaki ihtilafların yapıcı bir üslupla ele alınması, sınır kapılarının ve hava sahasının açılması, sınır ticaretine izin verilmesi, kültürel ve siyasî temasların artırılması her iki ülkenin de menfaatinedir. Bu iyi niyet süreci bir de, vaktiyle Alparslan Türkeş'in önerdiği gibi, Türkiye-Ermenistan sınırına dikilecek -iki toplumun karşılıklı olarak birbirinden özür dilediği, acıların paylaşıldığını ve daha iyi bir gelecek inşa etmek için her türlü çabanın harcanacağını ifade eden- bir "Dostluk ve Barış Heykeli" ile taçlandırılabilirse, Türkiye her yıl ABD-Fransa-Ermeni diasporasının oynadığı oyunu bozacak, sırtından büyük bir kamburu atmış olacaktır.

Türk dış politikasındaki diğer bir önemli açılım da Irak hükümeti ve Kuzey Irak Kürt bölgesel yönetimiyle ilişkilerin normalleştirilmesini hedefleyen temaslar olmuştur. İlk adımı 27 Şubat'ta Irak'a giden Türk heyeti atmış, bunu Irak Devlet Başkanı Celal Talabani'nin 7 Mart'ta Ankara'ya yaptığı gezi, 14 Ekim'de Türkiye'nin Irak Özel Temsilcisi Murat Özçelik'in Kürt bölgesel yönetimi lideri Mesut Barzani ile yaptığı görüşmeler izlemiştir. Nihayet Irak Başbakanı Maliki yılın sonunda Türkiye'yi ziyaret etmiş, teröre karşı mücadelesinde Türkiye'ye her türlü desteği vereceklerini açıklamıştır. Türkiye'nin bu temaslarının, bölgeye yönelik girişimlerde kendisinin hesaba katılmadığını ve dışlandığını hisseden PKK'yı ciddi biçimde rahatsız ettiği dikkati çekmiştir.

Kürt Sorununa Yaklaşımda Bir Dönüm Noktası: Kürtçe "TRT Şeş" Kanalı

Türkiye'nin Kürt sorununa demokratik bir çözüm bulma arayışlarının son hamlesi, 2008 yılı boyunca hazırlıkları süren, 2009 Ocak ayı başlarında da faaliyete geçen "TRT Şeş" adlı televizyon kanalıdır. Bu ülkede Kürt varlığı onlarca yıl devlet bürokrasisi tarafından inkâr edilmiş, insanların anadilini konuşması yasaklanmış, çocuklarına istedikleri isimleri vermeleri engellenmiş, köy ve kasaba isimleri değiştirilmiş, buna direnen insanlar dayak ve işkenceden geçirilmiştir. Ergenekon'la derin bağlantılar içinde olduğu anlaşılan PKK terör örgütü insan kaynağını, önemli ölçüde, 12 Eylül darbecilerinin Diyarbakır askerî cezaevinde işkenceden geçirdiği gençlerden ve bunların yakınlarından devşirmiştir.

Sorunun çözümüne demokratik ve siyasî yollardan çözüme izin verilmemiş, bunu savunanlar "vatan haini" damgası yemiş, baskı ve yasaklarla Kürtlerin asimile edileceği varsayılmıştır. Sonuçta, Fransız jakobenizminin mirasçısı bu zorla modernleştirmeci, homojen ulus inşacısı, katı pozitivist, ultra-sekülarist yaklaşım Kürt sorununu önce ortaya çıkarmış, sonra bırakın çözmeyi, daha da azdırıp kangren hale getirmiştir. Bu ülke kalkınmaya harcayabileceği kıt kaynaklarını ve gencecik evlatlarını teröre kurban vermiştir. 1983 yılında PKK'nın kanlı bir eylemle ortaya çıktığı günden bugüne kadar terör belasına kurban verilen insan sayısının kırk bini, terörle mücadeleye harcanan paranın da 500 milyar doları aştığı hesaplanmaktadır. İronik bir şekilde, bu sorunu var eden zihniyetin temsilcisi, savunucusu ve uygulayıcıları "vatansever," soruna gerçekten -demokratik yollardan- çözüm isteyenler ise "vatan haini" ilan edilmiş, kovuşturmaya uğramış, hapse atılmış, mesleklerinde yükselmeleri engellenmiş, türlü baskı ve yaptırımlara maruz kalmışlardır. Onlarca yıl, on binlerce insan, yüz milyarlarca dolar kaynak heba edildikten sonra, bugün nihayet, sorunun daha insani çözüm yolları olabileceği devlet aklı tarafından kavranmaya başlamıştır. Kürt sorununa ve irtica sorununa demokratik siyasî çözüm bulmak demek, Ergenekon ve PKK tipi yarı askeri terör örgütlerinin ve bunları yönlendiren karanlık güçlerin beslenme kaynağını kurutmak demektir. Nitekim bu yöndeki çözüm arayışlarının hem PKK'yı, hem Ergenekon'u rahatsız etmesi boşuna değildir.

Sivil Anayasa Bir Başka Bahara: Anayasayı Sadece Darbeciler mi Yapar?

2008 yılında hükümetin Türkiye'ye en güzel hediyesi, İttihat ve Terakki cuntasının iktidarı ele geçirmesi ve "Hürriyet Bayramı" adı altında Türkiye'yi bir daha hiç içinden çıkamayacağı bir cendereye sokmasının 100. yıl dönümünde, darbe eseri olmayan bir sivil Anayasa olabilirdi. Geçen yılki *TYB Kültür ve Sanat Yıllığı* için yaptığımız değerlendirmede 2007'den 2008'e siyasetin gündeminden devralınan önemli meseleler arasında sivil anayasa yapılması, terörle mücadele, başörtüsü sorununun çözümü ve derin devletin tetikçisi izlenimi veren çetelerin çökertilmesini zikretmiş, şu dilekte bulunmuştuk: "Dileriz 2008'de bu sorunlar da aşılır ve Türkiye 100 yıl aradan sonra kendini bulmaya, bölgesinde bir barış, zenginlik ve istikrar abidesi olarak yükselmeye devam eder. Devletin çetelerin eline düştüğü ve bir daha da belini doğrultamadığı 1908'in 100. yıldönümünde yeni ve sivil bir anayasa Türkiye'ye çok yakışır doğrusu!"

Bu yönde bazı girişimlere rağmen, maalesef bu dilek gerçekleşmemiştir. Sivil Anayasa yapılması yönünde başlatılan girişimler akim kalmış, saygın Anayasa Hukukçusu Prof. Dr. Ergun Özbudun liderliğindeki heyetin hazırladığı sivil Anayasa taslağı, karşılaşılan büyük direniş ve cesaretsizliğin sonucu olarak, rafa kaldırılmıştır. Bu bağlamda, CHP lideri Baykal başta olmak üzere bazı siyasetçi, hukukçu ve akademisyenlerin, anayasanın ancak devlet kurarken, darbelerden sonra, bayrak ve para değiştirildiğinde, ve ancak bir "Kurucu Meclis" tarafından yapılabileceğini ileri sürmeleri, bu ülkeyi normalleştirmenin ne kadar zor bir iş olduğunu göstermesi bakımından gayet manidardır. Zihniyeti militarist, demokrasiyi özümseyememiş, vesayet rejimini içselleştirmiş insanların siyasetçi, hukukçu ve aydın diye geçindiği ülkeleri demokratikleştirmek ve sivilleştirmek, atalarımızın tabiriyle "deveye hendek atlatmaktan daha zor" görünmektedir.

Tekrar söyleyelim, bu ülkenin darbe eseri olmayan, sivil ve özgürlükçü bir Anayasaya olan ihtiyacı ekmek kadar, su kadar elzemdir. Bu ülkenin insanlarının da en az dünyanın birinci sınıf ülkelerinin vatandaşları kadar rahata, huzura, refaha ve özgürlüklere İhtiyacı; dünya nimetlerinden istifade etmeye de en az onlar kadar hakkı vardır. Yasaları kırk yamalı bohçaya çevirerek, gıdım gıdım özgürlük vererek, sonra karşılaşılan ilk zorlukta çark ederek bu ülkenin temel sorunlarının çözülmesine imkân yoktur. Kürt sorununun da, irtica sorununun da, Alevî sorununun da, azınlık sorununun da, ekonomik sorunların da aşılmasının en önemli şartlarından biri, yasakları değil özgürlükleri esas alan, bireye ve topluma güvenen, hukukun üstünlüğüne dayanan, çoğulcu, özgürlükçü ve sivil bir Anayasa yapmaktır. İşbaşına gelecek hükümetlerin en başta gelen hedeflerinden biri bu olmalıdır. AK Parti kaç seçimdir Türk milletinin verdiği desteğe, dış konjonktürün uygunluğuna ve AB desteğine rağmen Türkiye'ye sivil bir anayasa ikram edemezse çok ağır bir vebal altında kalacaktır. 2009 yılı Mart ayında yapılacak yerel seçimleri de kazanır da bir sonraki genel seçimden önce sivil anayasa ve AB reformları meselesini halletmezse, bu satırların yazarına göre, AKP'nin en çok da bu yüzden ANAP'ın akıbetine uğraması kaçınılmaz olacaktır.

AB ile İlişkilerde Durgunluk

2008 yılı ne yazık ki AB ile ilişkiler açısından hiç de verimli bir yıl olmamıştır. Cumhurbaşkanı Gül ile Dışişleri Bakanı ve -o dönemde- Başmüzakereci Babacan tarafından yılın başında "Türkiye'nin bir numaralı önceliği AB'ye üyelik sürecidir; 2008

Türkiye için AB yılı olacak" şeklindeki vaatlerine rağmen, bu alanda hemen hiçbir ciddi adım atılmamış, AB'nin reform taleplerine Türkiye hep direnmiştir. AB taleplerine Türkiye'nin direndiği noktalar Ombudsmanlık (kamu denetçiliği), asker üzerinde sivil kontrol, azınlıklar ve Alevî açılımı, ve kamu ihale kanunu üzerinde yoğunlaşmaktadır. Bu çerçevede AB, Ankara'dan, malî sorumluluk ve şeffaflık sağlanması için kamu yönetimi ve personel politikalarında reform yapılmasını, merkezî yönetim reformu ve Ombudsmanlık (Kamu Denetçiliği Kurumu) sisteminin kurulmasını istemiştir.

Buna karşılık Ankara'da tam tersi yapılmış, kamu reformu çalışmaları askıya alınmış, 10. Cumhurbaşkanı A. Necdet Sezer tarafından AYM'ye götürülerek yürürlüğü durdurulan Ombudsmanlık yasası iptal edilmiştir. AB ordu üzerinde sivil kontrolün artırılmasını, askerlerin siyasî konulara müdahale etmesinin önüne geçilmesini istemiştir. Buna karşılık Ankara yönetimi yılın son gününe kadar beklemiş, ilk defa sivil-asker ilişkilerine yeni düzenleme getirilmesini öngören Ulusal Program Taslağını 2008'in son günü onaylamıştır. AB vakıflarla ilgili mevzuatın gözden geçirilmesini (azınlık vakıflarının mülk edinmelerinin önündeki engellerin kaldırılmasını), azınlıkların din adamı yetiştirme taleplerinin karşılanmasını (Heybeliada Ruhban Okulu'nun yeniden açılmasını), Alevî sorunlarının çözülmesini istemiştir. Buna karşılık Ankara, azınlık vakıflarının sorunlarının kısmen çözümünü mümkün kılan bir yasa değişikliği yapmış, ancak mülkiyet sorunları tam bir çözüme kavuşturulmamıştır; Ruhban Okulu'nun açılması konusunda hiçbir adım atılmamıştır. Kamu İhale Kanunu bağlamında AB, kapsamlı bir yolsuzlukla mücadele stratejisi oluşturulması ve bunu izlemesi için bir merkez kurulmasını önermiştir. Buna karşılık Ankara, tam tersini yaparak, kamu harcamalarının denetimini kısıtlayan, dolayısıyla yolsuzluğa kapı aralayan, kamu alımlarında ihale dışı istisnaları genişleten, büyük projelerin 50 bin TL'lik dilimler halinde ihalesiz verilmesine kapı aralayan ve şikâyet hakkını kısıtlayan bir yasayı Meclis'ten geçirmiştir.

Sonuçta biraz Ankara'nın isteksizliği, biraz da Fransa ve Güney Kıbrıs'ın kaprisleri yüzünden, 2008 yılında sadece dört fasılda (1. Şirketler hukuku, 2. Fikri mülkiyet hakları, 3. Sermayenin serbest dolaşımı, 4. Bilgi toplumu ve medya) müzakereler başlatılabilmiştir. Böylece şu ana kadar 35 fasıldan toplam 10 fasılda müzakereler başlatılmıştır; 8 fasılda AB tarafından müzakereler dondurulmuş, 4 fasıl Fransa'nın, 2 fasıl da Güney Kıbrıs'ın engeline takılmıştır. 2008'in AB ile ilişkiler bağlamında neredeyse tek olumlu gelişmesi, sözü edilen 4 yeni fasılda daha müzakerelerin açılmış olması ve yılın son gününde de olsa, 3. Ulusal Program taslağının onaylanmış olmasıdır. AB üyelik sürecinde Türkiye'nin üyelik kriterlerini nasıl ve ne kadar sürede yerine getireceğini taahhüt ettiği söz konusu program, 131 yasanın yanı sıra, 342 tüzük ve yönetmelik gibi ikincil düzenleme öngörmektedir. Yine bir başka son gün atağı, aslında ta baştan yapılması gereken şeyin nihayet yapılması, *başmüzakerecilik* görevi için -iki görevi birlikte yürütmesi çok zor olan- Dışişleri Bakanından bu sorumluluğun alınarak, sadece bu görevden sorumlu olacak bir bakanın atanmasıdır.

Alevî Açılımı Kör Topal: Alevîlerin Devletle İlişkisine Nasıl Bir Düzen Vermeli?

AB talepleri doğrultusunda 2008 yılında hükümet tarafından Alevîlerin sorunlarının çözüleceğine dair söz verilmiş; ancak Alevî iftarına katılıp birlik-beraberlik mesajları verilmesinin ötesinde somut bir adım atılmamıştır. Aralarında tam bir görüş birliği olmamakla beraber, genel olarak Alevîler, Cemevlerinin ibadethane olarak kabul edilmesini, Diyanette temsil edilmelerini ve devlet yardımlarından yararlandırılmayı talep etmektedirler. Bir de ihtilaflı, Alevî Dedelerine devletten maaş bağlanması meselesi vardır.

İşin gerçeği, Yavuz Sultan Selim döneminde Osmanlı-İran Safevî devleti gerginliği ve Anadolu'daki Alevîlere yönelik kimi baskılardan beri bu coğrafyada belli bir Alevî-Sünnî gerginliği veya soğukluğu olmuştur. Sünnîler hemen her zaman devletin ve merkezi otoritenin yanında saf tutmuşken, Alevîler her zaman muhalefette kalmayı, merkezî otoritenin karşısında olmayı tercih etmişlerdir. Cumhuriyetle birlikte bu sorun daha karmaşık bir hâl almış, kurucu önderlerin katı pozitivist bir yaklaşımla "kamusal alanı dinden ayıklama" girişimleri kapsamında Alevîler "laikliğin sigortası" olarak görülmeye başlanmıştır. Ancak dinsel ve kültürel çeşitliliğe son derece kuşkuyla bakan bir zihniyet egemen olunca, ortaya -ne Sünnîleri ne de Alevîleri tatmin eden- nahoş bir manzara çıkmıştır. Devlet Diyanet İşleri Başkanlığı kanalıyla, siyasî söyleminden arındırılmış belirli bir Sünnî-Hanefi anlayışı yaymaya çalışırken, Alevîler hep kenarda kalmışlar, devlet imkânlarından aynı ölçüde yararlandırılmamışlardır. Ortada böyle bir sorun olunca, araya-bir de AB girince, bu sorunun da istismarcıları çoğalmıştır.

Bu sorunu aşmanın yolu, istismarcıların elinden istismar konusunu almak, Alevîleri de kamusal imkânlardan eşit biçimde yararlandırmak, Alevîler kendilerini nasıl görmek istiyorlarsa (farklı bir mezhep, meşrep, kültür, din,... her neyse) onları öyle kabul etmek, din işlerini orta vadeli bir perspektifle topluma ve cemaatlere devretmek, devlet eliyle topluma belirli bir din anlayışı empoze etmekten vazgeçmektir. Alevî Dedelerine maaş bağlanması, bu satırların yazarına göre, hiç de isabetli olmayan, son tahlilde Alevîleri devletin boyunduruğuna sokmak anlamına gelecek, son derece yanlış bir düşüncedir. Asıl yapılması gereken, devleti dini ve mezhepleri kontrol altında tutup onlara şekil veren bir güç olmaktan çıkarmak, farklı din ve mezhepler karşısında tarafsız, onlara eşit mesafede, asayiş ve güvenliği sağlayıp adalet dağıtan nötr bir otorite haline getirmektir. Türkiye'de sorunların en büyük kaynağı, Sünnîlere de, Kürtlere de, Alevîlere de, gayri-Müslim azınlıklara da kendi istediği gibi şekil vermek isteyen, kolları bireysel ve toplumsal hayatın bütün alanlarına uzanan, George Orwell'in *1984* adlı romanında gayet güzel tasvir ettiği "Büyük Birader" kılığına girmiş "ejderha devlet" anlayışı ve uygulamalarıdır. Ergenekon benzeri çeteleri var eden temel dinamik, son tahlilde, bireyi her bakımdan devlete kurban etmeye hazır bu çarpık devlet anlayışıdır.

Kriz Lobisinin Hükümetle Kavgası

Son olarak bir de, küresel finansal krizin patlak vermesiyle Türkiye'de varlığı iyice belirginleşen kriz lobisine değinmek gerekmektedir. Bazı büyük sermaye grupları ve bunların emrindeki medya bıkıp usanmadan, ABD'de başlayıp dünyaya yayılan krizi ısrarla Türkiye'nin krizi, Türk hükümetinin ihmalkârlığının sonucu imiş gibi gösteren yayınlar yapmış; kriz nedeniyle kurların aniden yükselmesinden dolayı uğradıkları zararların telafisini istemişlerdir. IMF ile acilen bir anlaşmaya varıp alınacak kredilerin kendilerine tahsis edilmesini talep etmişlerdir.

Oysa tabloya daha salim kafayla bakıldığında, kriz karşısında ödevini yapmayan, ihmalkârlık yapan tarafın aslında hükümet değil, kendileri olduğu anlaşılmaktadır. Hükümet cephesinde ciddi bir sorun gözükmemektedir: bankacılık sektörü sağlamdır; konut sektöründe batık kredi yoktur; bankaların ciddi bir döviz açık pozisyonu bulunmamaktadır; bütçe gelir-gider dengesi ve kamu borçlarının çevrilebilirliği açısından bir sorun mevcut değildir. Aksine özel sektörün son yıllardaki "yüksek faiz-düşük kur" imkânlarından hesapsız ölçüde yararlandığı, bazılarının parasını yurtdışındaki spekülatif fonlarda batırdıkları, döviz cinsinden bol miktarda borçlandıkları, hatta kendi şirketlerinin paralarını yurtdışına çıkarıp oradan "dış borç" olarak yeniden getirdikleri anlaşılmaktadır.

Dolayısıyla, eleştirilmesi gereken birileri varsa, en başta kendileridir. Maalesef, Türkiye'de azınlıkları ülkeden çıkarıp sonra da devlet eliyle "millî sermaye" ve yerli burjuvazi yaratma politikalarının sonucu, devlet sırtından geçinmeye, kârını kendi cebine indirip zararını devlete yüklemeye ve gümrük duvarlarıyla dış rekabete karşı korunmaya alışmış; teknolojiye ve İnsan kaynaklarına yatırım yaparak, rekabet üstünlüğü kazanarak kendi ayakları üzerinde durmak yerine, rant-kollama faaliyetlerine para harcamayı yeğleyen bir asalak sermayedar sınıf türetmiştir.

Değişen Türkiye ve dünya koşulları, küreselleşme, dışa açılma, serbest ticaret, gümrük duvarlarının kaldırılması ve devlet imkânlarından yararlanmayan yeni bir sermayedar sınıfın yükselmesi sözü edilen –devlet eliyle palazlanan- sermayedar zümresini oldukça rahatsız etmektedir; son yıllarda yaşanan ekonomik ve siyasî krizleri, 28 Şubat'ta yaşanan asker-işadamı dayanışmasını, bazı büyük holdinglerin yönetim kurullarına emekli generallerin yerleştirilmesini, işadamlarının yüksek rütbeli muvazzaf asker ziyaretlerini, parti kapatma davalarını ve Ergenekon'u karartma ve üstünü örtme çabalarını biraz da bu gözle okumak gerekir.

2008'de Siyasetin Seyir Defteri

3 OCAK: PKK ÖĞRENCİLERİ VURDU, 7 ÖLÜ

Diyarbakır'da askerî servis aracının geçişi sırasında yaşanan patlamada 6'sı öğrenci 7 kişi öldü, 68 kişi yaralandı. Bombalı saldırının faili 8 Ocak'ta kentte yakalandı. Zanlı Erdal P.'nin, Irak'ın kuzeyindeki terör örgütü kamplarında uzun süre eğitim aldığı, Türkiye'ye gelerek saldırıyı gerçekleştirdiği belirlendi.

27 OCAK: 'PAMUKKALE' RAYDAN ÇIKTI

İstanbul-Denizli seferini yapan Pamukkale Ekspresi'nin bazı vagonlarının Kütahya'nın Çöğürler köyü yakınlarında raydan çıkması sebebiyle meydana gelen kazada 9 kişi öldü, 20 kişi yaralandı.

31 OCAK: MAYTAP FABRİKASI HAVAYA UÇTU

İstanbul Davutpaşa'daki iş merkezinde kaçak maytap üreten bir atölyede meydana gelen patlamada 21 kişi öldü, 116 kişi yaralandı. Patlama sonucu, üst katı çöken binanın karşısında bulunan Prestij İş Merkezi ile çevredeki çok sayıda bina ile araçlarda maddî hasar oluştu.

21 ŞUBAT: MEHMETÇİK, KUZEY IRAK'A GEÇTİ

TSK, Irak'ın kuzeyinde üslenmiş PKK terör örgütü mensuplarını etkisiz kılmak ve bölgedeki örgütsel altyapıyı kullanılmaz hale getirmek maksadıyla sınır ötesi kara harekâtı başlattı. Genelkurmay, 29 Şubat'ta biten sınır ötesi harekâtta 240 teröristin etkisiz hale getirildiğini, çatışmalarda 24'ü asker ve 3'ü geçici köy korucusu olmak üzere, 27 güvenlik görevlisinin şehit olduğunu kaydetti.

26 ŞUBAT: 'ASKERLİKTEN SOĞUTTU' DAVASI

Karakol baskınlarının ardından, 'Oğlum olsa askere göndermem' diyen Bülent Ersoy hakkında, 'halkı askerlikten soğuttuğu' iddiasıyla dava açıldı. 2,5 yıl hapis talebiyle yargılanan ünlü sanatçı, 18 Aralık'ta beraat etti.

11 MART: BAŞÖRTÜSÜ YAZISINA DANIŞTAY ENGELİ

Anayasa'nın 10. ve 42. maddeleri Meclis tarafından değiştirilince YÖK Başkanı, üniversitelere bir yazı göndererek, 'Başörtüsünün yükseköğretimde serbest bırakılması için ayrıca bir kanunî düzenlemeye ihtiyaç bulunmadığını' vurguladı. Hemen devreye giren Danıştay 8. Dairesi, söz konusu yazıyı 'genelge' kabul ederek yürütmeyi durdurdu.

13 MART: BU SİTEYE GİREMEZSİNİZ!

Video paylaşım sitesi youtube.com'a erişim, Atatürk'e hakaret içeren görüntüler sebebiyle Ankara 1. Sulh Ceza Mahkemesi'nin kararıyla durduruldu. İtirazlara rağmen YouTube açılmadı; ama isteyenler 'aracı siteler' ile yasak duvarını aştı.

24 MART: OKS GİTTİ, YERİNE SBS GELDİ

Milli Eğitim Bakanlığı Orta Öğretim Kurumları Öğrenci Seçme ve Yerleştirme Sınavının (OKS) gelecek yıldan itibaren kaldırılması ve yerine Seviye Belirleme Sınavı'nın (SBS) getirilmesi sebebiyle ilgili yönetmelikleri yeniden düzenledi. OKS, son kez 8 Haziran 2008 tarihinde yapıldı

6 NİSAN: SİLAHLI PROVOKATÖR KAMPÜSTE

Akdeniz Üniversitesi'nde karşıt görüşlü öğrenciler arasında çıkan bıçaklı ve sopalı kavgada 7 kişi yaralandı, 34 kişi gözaltına alındı. Üniversite dışından geldikleri belirtilen ve kavga sırasında öğrencilere tabancayla ateş açan Ömer U. adlı kişi 5 gün sonra yakalandı.

11 NİSAN: GÖRMÜŞ 'GÜNLÜK' DAVASINDAN BERAAT ETTİ

Kapanan Nokta Dergisi'nin Genel Yayın Yönetmeni Ahmet Alper Görmüş, emekli Oramiral Özden Örnek'e ait olduğu iddia edilen günlüğe ilişkin haber sebebiyle hakkında açılan davada beraat etti.

12 NİSAN: İTALYAN SANATÇI PİPPA BACCA, GEBZE'DE ÖLÜ BULUNDU

İtalyan sanatçı Pippa Bacca, Kocaeli'nin Gebze ilçesi Tavşanlı köyü yakınlarındaki ormanlık alanda ölü bulundu. Zanlı, Bacca'yı tecavüz ettikten sonra boğarak öldürdüğü iddiasıyla tutuklandı.

19 MAYIS: KAPALI ALANDA SİGARA YASAĞI

Sigara içilen yerlere ilişkin yasağın kapsamını genişleten Tütün Ürünlerinin Zararlarının Önlenmesi ve Kontrolü Hakkında Kanun yürürlüğe girdi. Buna göre, kamu hizmet binaları, koridorları dâhil olmak üzere her türlü eğitim, sağlık, ticaret, sosyal alanlarda sigara içilemeyecek.

1 NİSAN: TUTANAĞI KENDİN HAZIRLA

Maddî hasarlı trafik kazalarından sonra polis beklemek tarih oldu. Sürücülerin kendi aralarında anlaşarak tespit tutanağı hazırlamasının önü açıldı. Kazayla ilgili kroki çizilmesi ve fotoğraf çekilmesi zararın tazmini açısından önemli.

14 EKİM: İŞKENCEDEN ÖLÜME DEVLET ÖZRÜ

Gözaltına alınmasının ardından tutuklanarak Metris Cezaevi'ne konulan ve 'işkence gördüğü' öne sürülen Engin Çeber hayatım kaybetti. Adalet Bakanlığı 19 kişiyi geçici olarak görevden uzaklaştırdı.

9 TEMMUZ: BAŞKONSOLOSLUĞA HAİN SALDIRI

ABD'nin İstanbul Başkonsolosluğu binası önündeki silahlı saldırıda 3 polis şehit oldu, teröristlerden 3'ü ölü ele geçirildi. İstanbul Valisi Muammer Güler, Başkonsolosluk saldırısıyla ilgili olarak 1 Temmuz günü 10 kişinin gözaltına alındığını duyurdu.

23 TEMMUZ: 'KÖPÜK MAKİNESİ' ÇARPTI: 3 ÖLÜ

Antalya'daki bir otelde, parti sırasında köpük sıkma makinesinin elektrik kaçırması sonucu akıma kapılan ikisi turist 3 kişi öldü, 2 kişi yaralandı.

27 TEMMUZ: GÜNGÖREN'DE HAİN SALDIRI

İstanbul Güngören'de kısa süre arayla meydana gelen 2 patlamada 17 kişi öldü, 154 kişi yaralandı. İstanbul Valisi Güler, patlamanın 'çöp tenekesine konulmuş patlayıcıdan' kaynaklandığını belirtti.

31 TEMMUZ: SERİK ORMANLARI YANDI

Manavgat'ta 31 Temmuz'da başlayan yangın, Serik'in köylerine sıçradı. Çevre ve Orman Bakanı Veysel Eroğlu, yanan verimli orman alanının 3500-4000 hektar civarında olduğunu söyledi. 15 Ağustos'ta açıklama yapan Eroğlu, bu yıl yanan ormanlık alanın 10 bin hektarı geçtiğine dikkat çekti.

1 AĞUSTOS: KIZ ÖĞRENCİ YURDU ÇÖKTÜ: 18 ÖLÜ

Konya'nın Taşkent ilçesine bağlı Balcılar beldesinde bir vakfa ait üç katlı kız öğrenci yurdu çöktü. Enkaz altında kalan 18 kişi hayatını kaybetti, 27 kişi yaralandı. Olayla ilgili gözaltına alınan 4 kişiden 3'ü 'ihmal nedeniyle ölüme sebebiyet'ten tutuklandı.

3 AĞUSTOS: 27 BEBEK ENFEKSİYONA YENİLDİ

Ankara Dr. Zekai Tahir Burak Kadın Sağlığı Eğitim ve Araştırma Hastanesi Başhekimi Operatör Dr. Leyla Mollamahmutoğlu, hastanelerinde 15 gün içinde düşük doğum ağırlıklı 27 bebeğin öldüğünü belirterek, 'bunların hastane enfeksiyonundan kaynaklanmadığını' söyledi. İnceleme yapan heyet, ölümlerin hastaneden kaynaklanmadığını belirtti.

5 AĞUSTOS: TUZLA'DA FİLİKA TESTİ ACI BİTTİ

Tuzla tersaneler bölgesindeki bir tersanede yaşanan iş kazasında 3 kişi öldü, 8 kişi yaralandı. Kazanın, filikanın içine işçiler bindirilerek yapılan ağırlık denemesinde meydana geldiği bildirildi.

3 EKİM: TERÖRİSTLER AKTÜTÜN'E SALDIRDI

Hakkari'nin Şemdinli ilçesindeki Aktütün Jandarma Sınır Bölük Komutanlığı'na terör örgütü tarafından saldırı düzenlendi. Genelkurmay saldırıda, 15 güvenlik görevlisinin şehit olduğunu, 23 teröristin etkisiz hâle getirildiğini, 2 uzman erbaş ile temas kurulamadığını bildirdi.

3.2. Ekonomide 2008 Küresel Finansal Krizin Gölgesinde Ekonomide Yavaşlama

2008'de dünya ekonomilerini etkileyen en önemli gelişmenin, ABD kaynaklı mortgage kriziyle başlayan ve boyutları giderek genişleyen küresel finansal kriz olduğu belirtilmişti. 2008 yılında bir yandan parti kapatma davasının yarattığı kötü ekonomik koşullarla boğuşan Türkiye, bir de küresel finansal krizin yansımalarıyla uğraşmak durumunda kalmıştır. ABD'de başlayan sarsıntı ve talep daralması Avrupa'ya ve diğer piyasalara yayıldıkça, bu daralmadan Türkiye de kısmen nasibini almış, ihracat ve üretim yavaşlamıştır. Dünya piyasalarında altın ve emtia fiyatları büyük artışlar kaydetmiş, bir ara petrol fiyatları 147 dolar gibi tarihi rekor seviyesine yükselmiştir. Bu durum Türkiye'nin ithalat faturasını büyük ölçüde olumsuz etkilemiştir. Küresel finansal krize paralel olarak, döviz kurlarında ve borsalarda gerek dünyada ve gerekse Türkiye'de büyük dalgalanmalar yaşanmıştır. Ancak krizin yaygınlaşmasının getirdiği talep daralması ve likidite kıtlığı yüzünden piyasalardaki şişmiş fiyat balonunun sönmeye başlamasıyla hem hisse senedi fiyatları hem de petrol fiyatlarında ciddi düşüşler kaydedilmiştir. Nitekim ham petrol fiyatları 2009 başlarında 40 dolar seviyelerinden işlem görmeye başlamıştır.

Bu genel çerçeve içinde Türkiye ekonomisinin performansına bakıldığında, büyümenin yavaşladığı, ihracatın artmakla birlikte hız kestiği, buna paralel olarak ithalat artışının yavaşladığı, işsizlik oranının kayda değer bir değişme göstermediği, enflasyon oranının önce yükselip sonra düşme trendine girdiği, reel faizlerin yüksek seyrini koruduğu, özelleştirme ve yabancı sermaye girişlerinin hız kestiği görülmektedir. 2007 yılına kıyasla 2008 yılında başlıca makroekonomik göstergelerdeki gelişmeler Tablo 1'de özetlenmiştir.

Tablo 1 incelendiğinde, 2008 yılında bir önceki yıla göre büyümenin yavaşladığı, yıllık ihracatın 132 milyar dolar ile yeni bir rekora imza attığı, ithalatın 200 milyar doları aştığı, dış ticaret açığının arttığı, ancak mal ticareti dışındaki kalemlerdeki (hizmet ticareti ve yatırım dengesi) gelişmelere bağlı olarak -11 aylık veriler itibariyle- cari açığın hemen hemen bir önceki yılla aynı düzeyde kaldığı, ve nihayet enflasyonun tek haneli rakamlar sınırında kontrol altında tutulduğu görülmektedir. Görüldüğü kadarıyla iç ve dış borçların çevrilmesi bakımından sıkıntılı bir durum söz konusu değildir. Son yıllarda ekonomik istikrarın sağlanmasında büyük katkısı olan malî disiplin önemli ölçüde devam ettirilmektedir. Her şeye rağmen 10 aylık ihracatın geçen yılın tamamına ait ihracat rakamını aşmış olması sevindiricidir.

2002-2007 döneminde Türkiye ekonomisinin gösterdiği %6,8 gibi yüksek yıllık ortalama büyüme hızı belirgin ölçüde yavaşlamıştır. Bunda ekonomide her zaman bir risk unsuru oluşturmuş olan yüksek cari açığın aşağı çekilmesi kaygısıyla hükümet tarafından büyüme hedefinin geçen yıl %5'e çekilerek ekonominin soğutulması kararı, petrol fiyatlarının uzun süre son derece yüksek seyretmesi, ve en önemlisi de bir yandan iç siyasî sorunlar ve bir yandan da küresel finansal kriz nedeniyle iç talebin daralması ve yatırımların yavaşlaması etkili olmuştur.

Küresel finansal krizin bütün dünyada yarattığı panik ve sarsıntıdan İMKB de nasibini almış, 2008 yılına 55 bin puanın üzerinde giren endeks yılı yaklaşık %50'lik kayıpla, 26.864 puanla kapatmıştır. Hisse senetlerinin fiyatlarındaki ciddi düşüş borsada bir yılda 170 milyar dolarlık kayba yol açmış, başka bir deyişle borsada işlem gören hisse senetlerinin değeri 1 yıl öncesine kıyasla 170 milyar dolar azalmıştır.

Tablo 1: Başlıca Ekonomik Göstergeler (2006-2008)

Gösterge	2006	2007	2008
GSYH (milyar TL)	758.4	853.6	731 (9 aylık)
GSYH (milyar $)	526.4	656.8	
Kişi başına gelir ($)	7500	9 333	
Reel GSYH büyüme hızı (%)	6.9	4.6	3.0 (9 aylık)
Enflasyon (TÜFE, %)	9.7	8.4	10.1
İşsizlik oranı (%)	9.9	9.8	10.9 (Ekim 08)
Dolar kuru (TL/$, ortalama)	1,41	1.16	1.53
İthalat (CIF, milyar $)	139.6	170.1	201.8
İhracat (FOB, milyar $)	85.5	107.3	132.0
İhracatın ithalatı karşılama oranı	61.3	63.1	65.4
Dış ticaret dengesi (milyar $)	-54.0	-62.8	-69.8
Cari işlemler dengesi milyar $)	-31.9	-38.3	-38.9 (11 aylık)
Cari açık (GSYH'nın %'si)	6.1	5.8	
Doğrudan yabancı sermaye girişi (milyar $)	20.2	22.1	19.3 (Kasım 08)
Brüt dış borç stoku (milyar $)	205.7		289.3 (Eylül 08)
Toplam kamu net iç borç stoku (milyar TL)	257.9	248.3	241.7 (Eylül 08)
KKBG / GSYH (%)	-2.0	0.0	0.9
Kamu net borcu / GSYH (%)	34.0	29,1	
Faiz harcamaları / GSYH (%)	6.1	5.7	5.2 *
Kamu faiz dışı fazla / GSYH (%)	4.6	3.5	
İMKB işlem hacmi (milyar TL)	325.1	387.8	332.6

* Yılsonu tahmini, yıllık rakam henüz belli değil. Kaynak: TÜK, TCMB, Hazine.

Ekonominin canlandığı ve iyimserliğin egemen olduğu dönemlerde risk-sever yatırımcıların büyük kârlar etmeleri mümkün iken, belirsizliğin ve çalkantının egemen olduğu dönemlerde bu kez tersinden, riski sevmeyen, elindeki fonları mevduat, hazine bonosu ve devlet tahvili gibi garantili sabit getirili yatırım araçlarında değerlendirenler daha kazançlı çıkmaktadır. Türkiye gibi zor zamanlarda kendi parasından kaçarak yabancı paralara sığınanların bol olduğu ülkelerde kriz zamanlarında dolar ve euro gibi sağlam paralara yatırım yapanlar da genellikle kazançlı çıkmaktadırlar. Nitekim dış dünyadaki krizin etkisiyle ekonomideki iyimser havanın kaybolduğu ve piyasaların gergin olduğu 2008 yılında borsa yatırımcıları üzerken, son beş altı yıldır sürekli zarar ettiren dolar ve euro 2008 yılında sırasıyla %31 ve %25'lik kazançlarıyla yatırımcılarını sevindirmişlerdir. Hazine bonosu ve mevduatın getirisi %17 civarında kalmış, altın %34'lük getirisiyle 2008 yılında en yüksek getiri sağlayan yatırım aracı olmuştur.

İşsizlik oranında 2008 yılında bir iyileşme olmamış, aksine büyümenin yavaşlamasına bağlı olarak bir miktar yükselme olmuştur. Türk ekonomisinin normal bir performansla istihdam yarattığı dönemlerde bile, genç nüfusun yüksekliği ve tarımdaki çözülme nedeniyle işsizlik oranında ciddi bir iyileşme söz konusu olmamaktadır. İşsizliğin %5-6'Iar seviyesine düşürülebilmesi için ekonomide (tarımsal istihdamın azalması, teknolojik iyileşme, hizmetler sektörünün genişlemesi gibi) yapısal bazı iyileşmelerin olması gerekmektedir.

2007'deki ekonomik alandaki olumlu gelişmelerden biri yabancı sermaye girişlerinde yeni bir rekorun kırılması ve Türkiye'nin gelişmekte olan ülkeler içinde en fazla doğrudan yabancı sermaye çeken ülkeler arasında yer almış olmasıydı. 2007'de Türkiye'ye giren doğrudan dış yatırım miktarı 22,1 milyar dolar civarında olmuştu. 2008 yılında, bir yandan kapatma davasının, bir yandan da küresel finansal krizin olumsuz etkisine rağmen Türkiye'ye gelen doğrudan yabancı sermaye miktarında ciddi bir azalma olmamıştır. 2008 Ocak-Kasım döneminde toplam

19.3 milyar dolarlık doğrudan dış yatırımın gelmiş olması kayda değer bir gelişmedir.

Millî Gelirde Revizyon: Kişi Başına Gelir 10 Bin Dolar Sınırında

2008 yılının anılmaya değer olumlu gelişmelerinden biri, Türkiye İstatistik Kurumu'nun (TÜİK) uzunca bir süredir üzerinde çalıştığı milli gelir revize çalışmalarını bitirmiş ve yeni millî gelir serisini yayımlamış olmasıdır. Buna göre millî gelir, buna bağlı olarak da kişi başına gelir % 30 dolayında yükselmiştir. Bazıları bunu "bir kalem darbesiyle zenginleşme" şeklinde küçümseme eğilimindedir. Oysa konuya yakında bakıldığında, bunun kalem oyunlarıyla yaratılan yapay bir zenginleşmeden çok, gerçekte mevcut olan, ama farkında olunmayan zenginliğin ortaya çıkarılması olarak nitelendirmek daha isabetlidir. Eski seriye göre yeni serinin ürettiği millî gelir rakamlarının daha yüksek olmasının başlıca üç nedeni vardır.

Birincisi, kullanılan yöntem değiştirilmiş, BM sistemi terk edilerek, daha kapsamı geniş olan AB sistemi benimsenmiştir. İkincisi, yeni seride imalat sanayi rakamları iyileştirilmiş, önceki sayımlardan bu yana faaliyete giren işletmeler kapsama dâhil edilmiştir. Üçüncüsü, Türkiye'de ciddi boyutlarda olan kayıtdışı ekonomi eskiye kıyasla daha iyi takip edilmeye başlanmıştır. Eski seri kullanılırken bile 2002 yılından bu yana sürekli artmış olan ve 2005 yılında ilk kez kritik 5,000 dolar sınırını aşan kişi başına gelir 2006'da yaklaşık 5,480, 2007'de de 5,850 dolar olmuştu. Yeni seriye göre 2006 yılının kişi başına geliri 7500 dolar, 2007 yılının kişi başına geliri ise 9333 olarak açıklanmıştır.

2002 yılından beri kişi başına gelirin sürekli artmasında rol oynayan üç faktör vardı: hızlı reel büyüme oranı, doların TL karşısında değer kaybetmesi, ve adrese dayalı nüfus kayıt sistemi sayesinde nüfusumuzun 73 milyon değil, 70 milyon olduğunun anlaşılması. Buna yeni serinin kayıtdışı ekonomiyi daha iyi kapsaması ve yöntemde iyileştirmenin katkısı da eklenince 2007 yılı itibariyle Türkiye'nin kişi başına düşen milli geliri 9300 doları aşmıştır. Bu rakamlar, ülkeler arasındaki fiyat düzeyi farklılıklarını hesaba katan "satın alma gücü paritesi" ile hesaplandığında, -ki bu daha önemli bir göstergedir- gerçeği en iyi yansıtan kişi başına gelir rakamlarının yaklaşık 13 bin dolar seviyesini bulduğu anlaşılmaktadır.

Nükleer Enerjiye Bir Adım Daha

2008 yılının bir önemli gelişmesi de 50 yıldır sözü edilen, ama bir türlü somut adımlar atılmayan nükleer enerji santrali kurulması yönünde bazı somut adımların atılmış olmasıdır. Mersin Akkuyu'da kurulması planlanan santralin inşaat ve işletimi için yapılan ihalede tek teklif Türk-Rus ortak konsorsiyumundan gelmiştir. Bu konuda son kararın Bakanlar Kurulu tarafından verilmesi beklenmektedir. Nükleer santrale çevre kirlenmesi kaygılarıyla bazı çevreler karşı çıksa da, bu satırların yazarına göre, gereken tedbirler en üst düzeyde alınmak kaydıyla, nükleer enerji Türkiye için bir lüks değil, bir zorunluluktur. Petrol zengini olmayan Türkiye'nin önündeki en uygun seçeneklerden biri de nükleer enerjidir. Türkiye'nin daha fazla zaman kaybetmeden rüzgar, güneş ve su gibi yenilenebilir enerji kaynaklarından maksimum ölçüde yararlanması ve nükleer enerji üretmeye başlaması gerekmektedir.

Sosyal Güvenlik Sisteminde Reform: 'Emekliler Cenneti' Devri Kapandı

Türkiye'nin yıllardır tartışıp bir türlü hayata geçiremediği sosyal güvenlik reformu nihayet 1 Ekim 2008'den itibaren yürürlüğe girmiştir. Malum olduğu üzere 1970'li yıllardan bu yana devlet sırtından herkese "çifte anahtar" dağıtmayı iyi politika zannedcn bazı devlet büyüklerimiz sayesinde Türkiye bir "emekliler cenneti" hâline gelmiş; ortalama emeklilik yaşı Avrupa'da 60 civarında iken verimliliğin çok daha düşük olduğu Türkiye'de bu yaş 44 olunca sosyal güvenlik sistemi ayakta duramaz hale gelmişti. Bunun sonucu olarak, sosyal güvenlik açığı her yıl merkezî hükümet bütçesinden GSYH'nın %5'i kadar kaynak yutan bir kara delik halini almıştı.

Devasa boyutlara ulaşan sosyal güvenlik sistemi açıklarını kapatmak için emeklilik şartlarını zorlaştırıp maaş bağlama oranlarını düşüren yeni sisteme göre 2016 yılından itibaren emeklilik yaşı kademeli olarak 65'e yükselecektir. Genel Sağlık Sigortası çerçevesinde 18 yaşın altındaki herkesi sağlık sigortasına kavuşturan yeni sistem, geliri asgari ücretin üçte birinden az olanların sağlık hizmetlerinden ücretsiz yararlanmalarını öngörmektedir. Yazının sonunda yer alan Tablo 2, 2001 krizinden 2008 yılına Türkiye ekonomisinin performansını başlıca makroekonomik göstergeler itibariyle özetlemektedir.

2008'de Ekonominin Seyir Defteri:

1 OCAK: Lokanta, kebapçı, ayaküstü yemek yenilen yerler, pastane, kafeterya, kıraathane, otel, motel, pansiyon, tatil köyleri, her şey dâhil fiyat uygulayan konaklama yerlerinde, sade, meyveli, kolalı gazozlarda KDV oranı yüzde 18'den yüzde 8'e indirildi.

14 ŞUBAT: Koç Holding, Migros'un yüzde 50,8 hissesinin 1 milyar 977 milyon YTL karşılığında Moonlight Capital SA'ya satılmasına karar verdi.

22 ŞUBAT: Tekel Sigara'nın özelleştirilmesi ihalesinde en yüksek teklifi, 1 milyar 720 milyon dolar ile British American Tobacco (BAT) verdi.

14 MART: Türk Telekomünikasyon AŞ'nin Hazine'ye ait hisselerinden 603 milyon 750 bin YTL nominal değerdeki bölümünün halka arzı için Sermaye Piyasası Kurulu'na (SPK) başvuruldu.

14 MAYIS: İpek Matbaacılık'ın sahibi Akın İpek, Kanaltürk'ün, tüm borçlar dâhil 30 milyon dolara devir ve satın alındığını açıkladı.

12 MAYIS: Özelleştirme İdaresi Başkanı, Türk Telekom'daki yüzde 15 Hazine hissesinin halka arzında, toplam halka arz büyüklüğünün 1,9 milyar dolar düzeyinde gerçekleştiğini bildirdi.

30 MAYIS: Petkim'in yüzde 51 oranındaki kamu hissesinin Socar-Turcas-Injaz Ortak Girişim Grubu'na devrine yönelik satış sözleşmesi imzalandı. Socar-Turcas-Injaz, 2,04 milyar dolarlık ihale bedelinin 1 milyar 660 milyon dolarını peşin ödedi.

1 TEMMUZ: Aralarında Elektrik Üretim Aş (EÜAŞ), T. Kömür İşletmeleri, TETAŞ, elektrik dağıtım şirketleri ve BOTAŞ'ın da yer aldığı enerji KİT'leri, 'Maliyet Bazlı Fiyatlandırma Mekanizması'na resmen geçti.

7 TEMMUZ: Oyakbank'ı satın alarak Türk bankacılık sektörüne giren Hollanda kökenli ING grubu, Türkiye'deki faaliyetlerine 'ING Bank' ismiyle başladı.

24 TEMMUZ: Toplu Konut İdaresi (TOKİ) iştiraki Emlak Konut GYO tarafından tekrar satışa çıkarılan İstanbul Mecidiyeköy'deki eski likör fabrikası arazisinin ihalesinde, 425 milyon YTL ile idareye en yüksek payı, Aşçıoğlu İnşaat-Ofton İnşaat-Meydanbey İnşaat-Omak İnşaat Ortak Girişimi verdi.

28 TEMMUZ: Rusya'nın petrol şirketi OAO Lukoil, Aytemiz Petrol bünyesindeki dağıtım şirketi AKPET'in tamamını 500 milyon doların üzerinde bir fiyatla satın aldı.

11 EYLÜL: Tekstil, hazır giyim ve deri sektörü stratejik eylem planı açıklandı. Doğu ve Güneydoğu Anadolu'ya giden yüzde 50 ucuz enerji, KDV istisnası başta olmak üzere çeşitli kolaylıklardan faydalanacak.

23 EYLÜL: TOKİ'nin Ataköy arazisi İhalesinde 850 milyon YTL ile en yüksek teklifi Sinpaş-Kat Turizm Ortaklığı verdi.

24 EYLÜL: Mersin-Akkuyu'da kurulması planlanan nükleer santralın inşaatı ve işletimi için ihalede tek teklif sahibi Türk-Rus ortaklığı olan Park Teknik-Rus JSC AtomstroyExport-JSC Inter RAO UES konsorsiyumu oldu. İhalede son kararı Bakanlar Kurulu verecek.

1 KASIM: İşyeri ve konutlarda 500 TL ve fazlası kiraların bankalar veya PTT aracılığıyla ödenmesi mecburiyeti başladı.

13 KASIM: Kamuoyunda 'varlık barışı' olarak adlandırılan, Bazı Varlıkların Milli Ekonomiye Kazandırılması Hakkında Kanun tasarısı, TBMM Genel Kurulu'nda, kabul edilerek yasalaştı. Yasa, yurtdışındaki tasarrufu yüzde 2, yurtiçindeki tasarrufu da yüzde 5 vergiyle ekonomiye kazandırmayı amaçlıyor.

28 KASIM: Cep telefonunda görüntülü konuşma ve TV seyretme başta olmak üzere GSM hizmetlerinde devrim yapacak Üçüncü Nesil (3N) ihalesi gerçekleştirildi. Türkiye'de bulunan 3 operatörün yarıştığı ihalede TurkCell, 358 milyon Euro'yla en değerli lisans olan A lisansına sahip olurken, B lisansı 250 milyon Euro'ya Vodafone'un, C lisansı 214 milyon Euro'ya Avea'nın oldu. D tipi lisans ise talipli olmadığı için satılamadı.

1 ARALIK: New York Savcılığı ve Amerikan Federal Soruşturma Bürosu (FBI), Nasdaq eski patronu, Wall Street'in yatırım danışmanı olan Bernard Madoff'un 50 milyar doları bulan yolsuzluk sebebiyle tutuklandığını açıkladı. Madoffun Yahudilere ait fonları da "ponzi oyunu" ile batırdığı ortaya çıktı.

Tablo 2: 2000'li Yıllarda Seçilmiş Makroekonomik Göstergeler (2001-2007)

	2001	2002	2003	2004	2005	2006	2007
Enflasyon hedefi (TÜFE)	52.6	35	20	12	8	6	4
Enflasyon gerçekleşmesi	68.5	29.7	18.4	9.3	7.7		9.9
Hedeften sapma (%fark)	-15.4	5.3	1.6	2.7	0.3	-3.7	-4.4
GSYH Büyüme Hızı (%)	-5.7	6.2	5.3	9.4		6.9	4.6
Nominal GSYH (Milyar TL)	240.2	350.5	454.8	559.0	648.9	758.4	853.6
İşsizlik (%)	8.4	10.3	10.5	10.3	10.2	9.9	9.8
Döviz Kuru (TL/$, ortalama)	1.44	1.63	1.40	1.34	1.34	1.41	1.16
Cari denge/GSYH (%)	1.9	-0.3	-2.5	-3.7	-4.6	-6.0	-5.7
DİBS Faizi (Yıl ortalaması) (1)	63.9	49.8	28.7	24.9	16.2	20.5	18.1
Faiz Dışı Fazla/GSYH	0.3 (1993-2002)		4.8	5.5	5.0	4.6	3.5
Ortalama Nominal Hazine Bonosu Faiz Oranı (%)			45.1	24.7	16.2	18.1	18.1
Ortalama Ex-ante Reel Faiz Oranı (%)			33.9	15.3	6.0	8.6	7.5
Kamu Genel Dengesi/GSYH	-17.1	-10.6	-7.2	-3.6	-0.3	-0.5	-1.4
Kamu Brüt Borcu / GSYH	78.8	73.3	65.3	59.4	53.9	48.1	41.3
Kamu Net Borcu /GSYH (2)	65.4	60.9	55.2	49.1	41.7	34.2	29.1
KKBG/GSYH	12.1	10.0	7.3	3.6	-0.3	-2.0	
M1/GSYH (%)	3.5	3.8	3.5	3.9	4.6	5.2	5.6
M2/GSYH (%)	15.0		15.2	15.3	17.5	19.7	22.5
M2Y/GSYH (%)	28.6	35.0	33.0	30.0	30.0	31.1	34.1
Para İkamesi Oranı (DTH/M2Y)	55.0	54.0		41.0	33.5	35.4	31.75
Net DDY (Milyon $)			1.220	1.952	9.148	18.951	19.704
Net DDY / GSYH			0.4	0.5	1.9	3.6	3.0
İhracat (FOB, Milyar S)	31.3	36.1	47.3	63.2	73.5	85.5	107.3
İhracat Hacmi Değişimi (%)	12.8	15.1	31.0	33.7	16.3	16.4	25.4
İthalat (CIF, Milyar S)	41.4	51.6	69.3	97.5	116.8	139.6	170.1
İthalat Hacmi Değ. (%)	-24.0	24.5	34.5	40.7	19.7	19.5	21.8
Dış Ticaret Den. (Milyar $)	-10.1	-15.5	-22.1	-34.4	-43.3	-54.1	-62.8
Dış Tic. Dengesi Değişimi (%)	-62.3	53.9	42.5	55.6	26.0	24.8	16.2
Dış Tic. Hacmi (Milyar $)	72.7	87.6	116.6	160.7	190.3	225.1	277.3
Dış Tic. Hacmi Değişimi (%)	-11.6	20.5	33.1	37.8	18.4	18.3	23.2
Dış Tic. Karşılama Oranı	75.7	69.9	68.1	64.8	62.9	61.3	63.1
Sermaye Hesabı Dengesi (Milyar ş)	-14.6	1.2	7.2	17.7	43.5	42.7	48.4

Prof. Dr. Mustafa ACAR

	2001	2002	2003	2004	2005	2006	2007
DDY/SHD (%)	2.9	1.0	1.3	2.0	9.0	19.0	19.9
Yabancı Portfolyo Yatırımı/SHD (%)	-4.6	-1.2	1.1		10.4	4.0	-0.2
Net Uluslararası Döviz Rezervleri (Milyar $) (TCMB+Hazine)	-3.5	-4.6	-0,5	1.3	22.4	32.6	43.7
TCMB Brüt Uluslararası Rezervleri (Milyar $)	19.8	28.1	35.2	37.7	52.5	63.3	76.5
Brüt Resmi Rezervler (%)	164.0	124.9	117.0	138.7	1 14.7	1 15.1	105.5
Brüt Dış Borç (Milyar $)	113.6	129.7	144.3	160.8	168.7	205.5	247.2
Net dış borç/GSYH (%)	39.9	38.4	31.6	26.3	20.4	20.5	20.2
Brüt Dış Borç/ GSYH (%)	68.4	60.7	44.2	38.4	35.0	38.4	33.7
Brüt Kısa Vadeli Dış Borç (Milyar S) (3)	32.5	35.0		52.2	59.8	72.9	80.7
Borç Servis Oranı (4)	42.8	38.4	35.2	26.7	26.2	26.1	28.8
Reel Efektif Kur (TÜFE bazlı dönem ortası)	-17.6		8.9	5.1	11.5	0.4	9.5
Reel Efektif Kur (TÜFE bazlı dönem sonu)	-21.2	7.8	12.1	1.8	19.7	-6.6	18.9
Bankaların Sermaye Yeterliliği Rasyosu (%)	15.3	25.3	30.9	28.8	24.2	22. 1	19.0
Kamu Bankaları	34.0	50.2	56.3	41.5	40,9	31.2	20.6
Özel Bankalar	9.0	19.6	23.5	22.3	17.2	17.5	17.0
Yabancı Bankalar	41.0	48.4	60.8	560	40.2	26.9	23.1
Tahsil Edilemeyen Kredilerin Oranı (%)	29.3	17.6	11.5	6.0	4.8	3.8	3.5
Özel Sektöre Reel Kredi (TÜFE bazlı, %)	-40.6	-21.2	27.4	47.8	44,7	28.6	16.2
Bankaların Net Yabancı Varlık Pozisyonları (Milyar $)	-0.1	-0.4	0.3	-0.1		0.2	
Yükselen Piyasalar Tahvil Endeksi (EMBI Global bonds spread)	707	693	309	265	223	207	239

1) DIBS faizi, Ocak-Aralık dönemi tahvil ve bono ortalama yıllık bileşik faizi göstermektedir. 2) IMF tanımına göre, Merkez Bankası net varlıklarının mali olmayan kamu sektörü borcundan çıkarılmasıyla elde edilen tutar. 3) Kalan vadeye yani kredinin geri ödemesine (vade tarihine) kadarki süreye göre. 4) Faiz ve orta ve uzun vadeli borç geri ödemeleri toplamının cari hesaba oranı (resmi yardımlar hariç)

Kaynak: TUK, TCMB, Hazine, BDDK, TBB, IMF ve ISI Emerging Markets veri tabanı.

4. 2009 YILINDA EKONOMİK VE SİYASİ GELİŞMELER[1]

1. Giriş

Türkiye Yazarlar Birliği'nin geleneksel hale getirip her yıl yayımladığı, geride kalan bir yılın adeta kapsamlı bir muhasebesinin yapıldığı *Türkiye Kültür ve Sanat Yıllığı*'nın bu bölümünde 2009 yılında dünyada ve Türkiye'de yaşanan başlıca ekonomik ve siyasi gelişmelerin genel bir değerlendirmesi yapılmaktadır.

Dünyada 2009: Küresel Ekonomik Krizin Gölgesinde, Durağan Bir Yıl

2009 yılı dünyada büyük ölçüde küresel ekonomik krizin gölgesinde kalan, ekonominin küçüldüğü, talep daralmasının bütün piyasalara damgasını vurduğu bir yıl oldu. Bu çerçevede 2009 yılında dünyada yaşanan önemli gelişmeler arasında şunlar sıralanabilir: küresel krizin etkisiyle dünya ekonomisinde yaşanan daralma; ABD'de ilk siyah başkan Obama'nın dünya ile ABD arasındaki gergin ilişkileri yumuşatma gayretleri; IMF ve Dünya Bankası koordinatörlüğünde krizden çıkış arayışları; dünyanın yönetiminde G-8'den G-20'ye geçiş hazırlıkları; Irak, Filistin ve Afganistan'da alışılmış savaş-işgal ve çatışma manzaraları; İsrail'in bölgede giderek yalnızlaşması; ve nihayet, küresel ısınma ve iklim zirvesinin fiyaskoyla sonuçlanması.

---

[1] T. Yazarlar Birliği Kültür ve Sanat Yıllığı 2010.

Türkiye'de 2009: Açılımlar Yılı ve Bir Fetret Devrinin Sonu

Türkiye gerçekten kendisi için tarihin hızlandığı bir dönemden geçiyor. Son birkaç yıldır olduğu gibi, 2009 yılı da birçok bakımdan Türkiye için kritik gelişmelerin yaşandığı bir yıl oldu. 2009 yılına Kürt açılımı ve Alevi açılımı başta olmak üzere, içerde ve dışarıda yapılan açılımlar damgasını vurdu. Ergenekon davası, KCK operasyonları, faili meçhul cinayetlerle ilgili davalar, ordu içindeki cuntaların ve darbe planlarının ifşası, en önemlisi de Özel Harp Dairesi'nin merkezi konumundaki Kozmik Oda'ya yapılan baskın 2009 yılına damgasını vuran olaylar arasında. Bugün geldiği yer itibariyle, Türkiye bir tümseği dönmek üzere: 100 yıldır bu ülkenin ufuklarını karartan İttihat ve Terakki devrinin sonuna geldik gibi görünüyor. Bu fetret devrinin sona ermesi Türkiye'nin makûs talihinin de yenilmesi anlamına gelecek.

2009'un Türkiye açısından kilit önemdeki gelişmeleri arasında şunlar sayılabilir:

- Demokratik açılım: Kürt açılımı, Alevi açılımı, Azınlıklar açılımı,

- Dış politika açılımları: Suriye açılımı, Irak açılımı, Ermenistan açılımı,

- Ergenekon davası, faili meçhul cinayetler davası, Kozmik Oda baskını,

- Darbe planları: İrtica Eylem Plânı, Kafes Eylem Planı, Balyoz Eylem Planı,

- İstanbul'un yükselişi: Dünya Bankası ve IMF toplantılarına evsahipliği

- Krizin gölgesinde ekonomide durgun bir yıl.

Ekonomide küresel krizin etkilerinin yoğun olarak yaşandığı 2009 yılı, ekonomik büyümenin negatife döndüğü, cari açığın daralarak sorun olmaktan çıktığı, enflasyonun düştüğü, faizlerin uzun yıllardır ilk defa tek haneli rakamlara gerilediği, küresel krizden çıkış için bütçe disiplininden vazgeçildiği, ihracatın ciddi ölçüde daraldığı, yabancı sermaye girişlerinin de kayda değer biçimde yavaşladığı bir yıl olarak özetlenebilir.

Aşağıda önce dünyada, ardından Türkiye'de 2009 yılında yaşanan başlıca ekonomik ve siyasi gelişmeler biraz daha ayrıntılı olarak değerlendirilmektedir.

2. Dünyada 2009 Küresel Krizin Gölgesinde Ekonomide Daralma: Kriz Delip Geçti

2009 yılına damgasını vuran en önemli olay hiç kuşkusuz küresel ekonomik krizdi. 2008 yılının Eylül ayında ABD'de ünlü finans şirketi Lehman Brothers'ın 613 milyar dolar borçla batmasıyla patlak veren kriz çok geçmeden dalga dalga bütün ABD'ye, oradan da bütün dünyaya yayıldı. İnsanlar harcama yapmaya çekinir hale geldiler, talep daraldı, fiyatlar ve borsalar baş aşağı gitti. Finans piyasasında başlayan ve birçok bankanın batmasına yol açan kriz kısa sürede reel sektöre de sıçradı; talep daralmasına bağlı olarak siparişler ve satışlar azaldı, üretim kısıldı, pek çok şirket çok sayıda işçiyi işten çıkarmak zorunda kaldı. Dünya çapında işini kaybedenlerin sayısı bazı tahminlere göre 30 milyonu buldu.

Bir ekonominin canlı mı durgun mu olduğunu anlamanın en kestirme yolu büyüme hızına bakmaktır. II. Dünya Savaşından sonra dünya ekonomisinin ilk defa negatif büyüme göstermesi, halen karşı karşıya olduğumuz krizin boyutlarıyla ilgili bir fikir vermektedir. Çin, Hindistan, G. Kore ve Endonezya gibi birkaç istisna dışında gelişmiş ve gelişmekte olan dünyada ülkelerin ezici bir çoğunluğu 2009 yılında ekonomik olarak küçüldüler. Türkiye de tahminen %-6'lık büyüme hızıyla 2009'da küresel krizin olumsuz etkilerini ciddi biçimde hisseden ülkelerden biri oldu.

2009 yılının ilk çeyreğinde dibi gören kriz izleyen aylarda hafiflemeye başladı. Makroekonomik göstergelerde düzelmeler görüldü; piyasalardaki panik dağıldı, harcamalar artmaya, talep yeniden canlanmaya başladı. Bunda toplam 6,5 trilyon doları bulduğu tahmin edilen kurtarma paketlerinin belirli bir etkisi olduğu muhakkak. Bu rakam, 55 trilyon dolar civarında olan dünya toplam gelirinin %10'undan fazlası demek. Bu cömert devlet yardımları ne pahasına yapılıyor? Devasa bütçe açıkları pahasına. Bu açıkların üç şekilde finanse edilmesi mümkün: ya açıktan para basılarak, ya ilave vergilerle, ya da borçlanarak. Bunların her biri esas itibariyle "iki ucu pis bir değnek." Bugünün borcu yarının vergisi demek, bugünün vergisi, vatandaşın cebine devletin el atması demek, açıktan para basmak ise enflasyon, yani artan fiyatlar yüzünden vatandaşın alım gücünün düşmesi, yoksullaşması demek.

Sözün özü, devletin bütçe açıkları vererek cömert yardımlarla piyasaya girmesi krizlere kalıcı çözüm olamaz; asıl çözüm sebepleri ortadan kaldırmaktır. Bunun yolu da en başta devletin karşılıksız para basma yetkisinin elinden alınmasından, savaşçı ve işgalci politikaların terk edilerek savunma harcamalarının en aza indirilmesinden, devletin piyasaya müdahalesinin asgariye indirilerek hesabını yanlış yapan şirketlerin bunun bedelini iflas ederek ödemesinin sağlanmasından, kısaca gerçek anlamda serbest piyasa ekonomisinin önünün açılmasından geçer.

Beyaz Sarayın Siyah Başkanından Yumuşama Mesajları: "Model Ortaklık"

2008'de yılın en önemli olaylarından biri şüphesiz Amerikan tarihinde başkanlık koltuğuna ilk defa bir siyahın oturmasıydı. Seçimler 2008 yılının Kasım ayındaydı, ama görev değişimi 2009 yılının Ocak ayında gerçekleşti. Afrika ve Endonezya üzerinden Müslüman kökleri de olan yeni Başkan Barak Hüseyin

Obama ilk icraat yılında genel olarak olumlu bir profil çizdi. Kendisinden önce iki dönem üst üste iktidarda olan Neocon'ların (Yeni Muhafazakârlar) işgalci ve saldırgan politikaları yüzünden bütün dünyada yerle bir ettikleri Amerikan itibarını yeniden düzeltmeye çalıştı. Obama ilk ziyaretlerinden birini Türkiye'ye gerçekleştirdi. Gerek Türkiye'de, gerekse Mısır'da yaptığı tarihi konuşmalarda İslâm dünyasına yönelik sıcak mesajlar verdi; "Amerika'nın İslâm'la kavgası yoktur, olmayacaktır" dedi. Neoconların benimsediği saldırgan, tehditkâr ve kibirli bakış yerine daha yumuşak, barıştan ve işbirliğinden yana bir tutum sergiledi; bu tutumuyla Müslüman dünyanın büyük ölçüde sempatisini kazandı.

Obama yönetimi Amerika'nın Irak'ta Vietnam türü bir batağa saplandığının farkında ve bundan çıkış yolu arıyor. Gerek bu konuda, gerekse Ortadoğu, Kafkaslar, Orta Asya'yı yakından ilgilendiren bölgesel ve uluslararası sorunlar konusunda Türkiye'nin yakın desteğine ve işbirliğine ihtiyacı var. Türkiye'nin 1 Mart 2003'te Tezkereyi reddetmesinden bu yana, - Graham Fuller'in *Yeni Türkiye Cumhuriyeti* adlıyla Türkçe'ye de çevrilmiş olan önemli eserinde isabetle vurguladığı gibi- artık "çantada keklik eski Türkiye"nin yerinde yeller estiğinin, bugün karşılarında daha bağımsız bir dış politika yörüngesine girmiş bir Türkiye olduğunun bilincinde ve ilişkileri bu gerçek ışığında yeniden düzenlemeye, Bush yönetimi döneminde iyice gerilmiş ilişkileri tamir etmeye çalışıyor. Bu çerçevede Obama Türkiye'ye "model ortaklık" önerdi. Bu, bir tarafın talimat verip diğer tarafın itirazsız yerine getirdiği bir "emir-komuta" ilişkisi yerine, iki tarafın karşılıklı menfaatinin gözetildiği, iki tarafın da birbiriyle işbirliğine muhtaç olduğunun bilinciyle hareket ettiği yeni ve daha dengeli bir ilişki tarzı. Asker ve sivil bizim "iflah olmaz" Ergenekoncuların iddia ettiğinin aksine, Türkiye şu anda ABD'nin köleliğini yapmıyor, tam aksine, 1944'te –

daha II. Dünya Savaşı bitmeden, sonradan 1960 darbesinde epey rol oynamış bir grup subayın gizli ABD ziyaretiyle- başlayıp, 1952'de Nato üyeliğiyle formel hale getirilen, sonraki dönemlerde darbelerle iyice perçinlenen köleliği sona erdiriyor.

İsrail'e "One Minute" Darbesi: Ortadoğu'da Dengeler Değişirken İsrail Yalnızlaşıyor

İsrail 1948'de, Avrupa'dan kovulan Yahudilerin Filistin'e yönlendirilmesi ve İngiltere ve ABD'nin büyük desteğiyle kurulmuş bir ülke. O gün bu gündür Ortadoğu'nun bağrına saplanmış bir hançer gibi: savaşla, işgalle, işkenceyle bölgede tutunmaya çalışıyor. "Zulüm ile âbâd olunmaz" düsturuna aldırmadığı için de rahat uyuyamıyor. Arada sırada tank-top-tüfek Batı Şeria ve Gazze'ye girip yakıp yıkıyor, vurup kırıyor, öldürüyor. Bununla yetinmiyor, BM kararlarının öngördüğünün aksine işgal altındaki bölgelerde yeni yerleşimleri durdurmuyor, Filistin devletini tanımıyor, Filistin'in dünya ile irtibatını kesiyor, giden yardımların yerine ulaşmasını engelliyor. Ama bütün bunlar İsrail'in uykusunu rahat uyumasını sağlamıyor, aksine korkularını depreştiriyor. Dünyada duvarlar yıkılır ve ülkeler birbiriyle duvarsız, engelsiz görüşmeye, konuşmaya, ticaret yapmaya doğru giderken, İsrail Filistin'le arasına Tecrit Duvarı çekiyor.

Daha önceki değerlendirmelerimizde de vurgulandığı üzere, onlarca yıldır Filistin'de bitmeyen savaş yalnızca Filistin halkının savaşı değildir; bölgede hegemonya kurmak isteyen ABD, İsrail, İran, Suriye ve kendi rejimlerinin geleceğinden kaygı duyan bazı Arap ülkelerinin savaşıdır. Deyim yerindeyse "Filler tepişmekte," arada Filistin halkı ezilmektedir. Bölgede olup bitenden yalnızca İsrail'i sorumlu tutmak, resmin sadece bir yüzünü görüp öteki yüzünü görmemek demektir. Örneğin Mısır'ın Refah kapısını neden açmadığı, giden yardımların rahat geçmesine neden izin vermediği üzerinde düşünülmelidir.

2009 yılının Ocak ayında Davos'ta Dünya Ekonomik Forumu toplantıları sırasında düzenlenen bir panelde İsrail Cumhurbaşkanı Şimon Peres'in üst perdeden yaptığı konuşmaya Başbakan Erdoğan sert tepki göstererek, gerek Müslüman, gerek gayri-Müslim dünyanın büyük sempatisini ve takdirini kazandıracak bir çıkış yapıp "One Minute" (Bi Dakka!) "öldürmeye gelince, siz öldürmeyi çok iyi bilirsiniz; plajlarda oynayan çocukları nasıl öldürdüğünüzü yakından biliyorum." Zaten önceden beri prestiji yükselmekte olan Erdoğan hem Arap dünyasında, hem öteki Müslüman ülkelerde hem de Batıda o günden beri daha dikkatle izlenen ve itibar gören bir lider haline geldi.

IMF ve Dünya Bankası Koordinatörlüğünde Krizden Çıkış Arayışları

Kapitalizmin tarihi boyunca yaşanmış en büyük ekonomik kriz olan 1929 Büyük Dünya Bunalımından sonraki en ciddi krizle yüzyüze kalınınca, 2009 yılına damgasını vuran gelişmelerden biri de doğal olarak krizden çıkma arayışları oldu. Bir yandan hükümetler bütçe açıklarını şişirme pahasına cömert devlet yardımları ve teşviklerle talebi canlandırmaya çabalarken, bir yandan da bugün dünya finans ve kredi sisteminin iki temel kurumu olarak Dünya Bankası ve IMF koordinatörlüğünde krizden çıkış arayışları sürdü. Türkiye bu toplantılardan bir kısmına evsahipliği yaparak, bölgenin yükselen gücü imajını pekiştirdi. İstanbul'da 2009 sonbaharında yapılan toplantılarda krizden çıkış için ne tür önlemler alınması gerektiği kadar, bundan sonra benzer bir kriz yaşamamak için bankacılık ve finans sisteminde ne gibi değişiklikler yapılması gerektiği konuşuldu. Dile getirilen görüşler arasında şunlar yer aldı: kredi ve finans piyasalarının daha sıkı denetimi, spekülatif hareketler üzerine sınırlamalar konması, CEO'ların aldıkları ücret ve ikramiyelerin azaltılması ve uluslararası işbirliğinin artırılması. Bu arada Papa'nın, krize çare olarak İslâmi finans sisteminden yararlanmak gerektiğini dile getirmesi de ilginçti.

Madem Papa hazretleri bile konuyu gündeme getirdi, bu konuda birkaç kelam etmek vacip oldu. Modern dünyada yaşanan krizlerde kuşkusuz kapitalizmin teşvik ettiği doymak bilmez tüketim iştahının, aşırı hırs ve daha fazlaya talip olmanın belirli bir payı vardır. Bu anlamda İslâm'ın sadelik, kanaat, bulduğuyla yetinme, doğayı kendine bir emanet bilme, gelecek kuşakların hakkını gözetme, paradan para kazanmaya cevaz vermeme gibi ilke ve tavsiyelerinin krizleri azaltmada önemli bir işlev göreceği muhakkaktır. Ancak, burada, bir zamanlar heyecanlı İslamcı gençleri gaza getiren "İslâm gelecek, dertler bitecek" sloganına teslim olmamak, biraz soğukkanlı düşünmek gerektiğini vurgulayalım. Müslüman aydınların bir kısmına da sirayet etmiş olan kapitalizmi "bütün modern hastalıkların kaynağı bir günah keçisi" olarak görme kolaycılığı duygularımızı okşayabilir, ama dertlerimize deva olmaz.

Bu bağlamda, öncelikle israfın, doymak bilmezliğin, kıt kaynakların kıymetini bilmemenin, kısa yoldan köşeyi dönme hevesinin, paradan para kazanma arayışının yalnızca kapitalizme özgü hastalıklar olduğunu sanmak yanlıştır. Bunlar insani zaaflardır; insanın olduğu her coğrafyada, tarihin her döneminde rastlanan, kıyamete kadar da rastlanacak olan hastalıklardır. İkincisi, kapitalizm İslâm'a alternatif bir din değil, bir iktisadi örgütlenme, üretim-yatırım-tüketim kararlarının nasıl verileceğini belirleme tarzıdır. Müslüman olsa da olmasa da, her toplumun muhatap olduğu bu sorulara cevap verirken kapitalizmin alternatifi İslâm değil, sosyalizmdir. Bunlardan kapitalizm -kendi içinde çok çeşitli versiyonları olmakla birlikte- sosyalizme kıyasla daha piyasacı, özel mülkiyet kurumuna ve kâr arayışına saygılı, bireysel tercihlere önem veren bir modeldir. Özel mülkiyet kurumunu tanımayan, üretim-yatırım-tüketim kararlarını bireylere (piyasaya) değil de, bir avuç bürokrat ve iktidar seçkinine bırakan sosyalist sistemi savunmak, bu satırların yazarına göre, akıl kârı bir yol değildir. Bunun hem felsefi-ideolojik, hem de sosyalist sistemin akıbetinin ortaya koyduğu empirik (tecrübi) nedenleri vardır. Kapitalizmi ille de eleştireceksek, -birçok bakımdan merkezden kumandalı sosyalist modele çok yaklaşan- devletçi-tekelci kapitalizm modelini eleştirmeli; ama buna karşılık, -İslâmın temel kaynaklarıyla hiçbir uyuşmazlığı olmayan- serbest piyasa modelini savunmalıyız. Maalesef, dünyaya bakış açısı bakımından "kapitalizm" kavramının mucidi olan Karl Marx'ın kötü bir takipçisi olan, bu anlamda 'kapitalizm düşmanlığı'nı 'iyi Müslümanlık' sanan insanların mebzül miktarda bulunduğu bu memlekette, burada ifade edilen fikirlere taraftar bulmak kolay olmasa da, hakikatin hatırına bunları dile getirmek gerekmektedir. Tekrar vurgulamak gerekirse, Müslüman bir toplumun iktisadi faaliyetlerin organizasyonu konusunda önündeki seçim, "İslâm ile kapitalizm" arasında bir seçim değildir; "kapitalizm ile sosyalizm" arasında bir seçimdir. Daha doğrusu, kaynak dağılımını siyaset kurumuna ve iktidar seçkinlerine yaptıran "kollektivist-devletçi" sistem ile "serbest piyasa" sistemi arasında bir seçimdir. Müslümanlık adına kapitalizmi eleştiren ve sözde alternatif olarak İslâm'ı önerenlerin esas itibariyle yaptığı şey, İslâmî unsurlarla kamufle edilmiş, piyasa karşıtı bir devletçi-kollektivist sistemdir.

Krizlerle ilgili son olarak şunu söyleyelim: devletin karşılıksız para basma yetkisi elinden alınmadığı sürece, insanoğlunda hazıra konma, paradan para kazanma ve kısa yoldan köşeyi dönme hevesleri var olduğu sürece, hatayı yapanın hatasının bedelini iflasla ödemekten kaçınabildiği sürece, bu bedelin devlet operasyonlarıyla vergi mükelleflerine ödetildiği sürece, insanlar cömert devlet yardımlarına tamah ettiği, politikacılarda da iktidara gelebilmek için "başkasının sırtından ağalık yapma" eğilimi sürdüğü müddetçe krizler olacaktır. Önümüzdeki nispeten daha iyi olan seçenek, piyasa sistemidir. Gerçek anlamda serbest piyasa ekonomisi krizleri tamamen sona erdirmeyebilir, ama şimdiki devletçi-müdahaleci sisteme göre çok daha aza indireceği muhakkaktır.

Dünyanın Yönetiminde G-8'den G-20'ye Geçiş Hazırlıkları

2009 yılında dünyada dikkati çeken önemli gelişmelerden biri de, dünyanın geleceğinde söz sahibi olacak ülkelerin kompozisyonunda değişiklik arayışları oldu. Son yarım asır boyunca dünyadaki demografik ve ekonomik trendlere bakıldığında, ekonomik bakımdan dünyanın ağırlık merkezinin Batıdan Doğuya doğru kaymakta olduğu çok açık biçimde görülmektedir. Bugün dünya nüfusunun beşte üçünden fazlası Asya'da yaşamaktadır. Doğuda nüfus artarken Batıda yerinde saymakta, hattâ azalmaktadır. Dünya toplam üretimi, yatırımı ve ticaretinde Batının payı azalmakta, Doğunun payı artmaktadır. Örneğin, 1950 yılında ABD, Avrupa ve Kanada'nın dünya üretimindeki payı %68 iken, 2003'te bu pay %47'ye düşmüştür. 2050 yılında ise bu rakam 1820'li yıllardaki seviyesine, %30'un altına inecektir.[2] Buna karşılık çoğunluğu Asya'da bulunan gelişmekte olan ülkelerin payı son 50 yıllık dönemde %30'dan %50'nin üzerine çıkmıştır. ABD'nin dünya ekonomisindeki payı son 25 yılda %23'ten %20'ye düşmüş, buna karşılık Çin'in aynı dönemdeki payı %3'ten %13'e, Hindistan'ın payı %2,4'ten %5,1'e çıkmıştır. Birçok stratejik araştırma kuruluşu ve uzmanın tahminlerine göre, geleceğin dünyasında önemli rol oynayacak 6 kritik ülke Çin, Hindistan, Brezilya, Endonezya, Meksika ve Türkiye'dir.

---

[2]   J. Goldstone, "Yeni Nüfus Bombası," Foreign Affairs, Ocak-Şubat 2010.

Bu öngörüleri destekler biçimde, Amerika'nın Neoconlar marifetiyle giriştiği saldırgan maceraların fiyaskoyla sonuçlanmasının da etkisiyle, 2009 yılında dünyanın yönetim yapısında değişiklik arayışları belirginlik kazanmıştır. Bu çerçevede, IMF ve Dünya Bankası toplantıları, BM Genel Kurul toplantıları gibi uluslararası zirve toplantılarında G8 yerine G20'yi öne çıkarma konusunda mutabık kalınmıştır. Böylece sadece Batılı 7 zengin ülke artı Rusya yerine, dünyanın geleceğinde aralarında Türkiye, Brezilya, Endonezya, Meksika, G. Kore, Hindistan ve Çin'in de bulunduğu gelişmekte olan ülkelerle genişletilmiş G20 topluluğunun belirleyici rol oynaması mekanizması kurulmuş bulunmaktadır.

Kopenhag Küresel Isınma ve İklim Zirvesinin Fiyaskoyla Sonuçlanması

2009 yılında hayal kırıklığı yaratan olayların başında Kopenhag iklim zirvesinin fiyaskoyla sonuçlanması gelmektedir. Aralık ayında gelişmiş veya gelişmekte olan, çok az istisna dışında hemen bütün ülkelerin liderleri Kopenhag'da toplanmışlar, küresel ısınma sorununa, bunun yol açtığı iklim değişmesi sorununa bir çare bulma meselesini görüşmüşlerdir. Umutlar, 1990'lı yılların 2. yarısında imzalanmış, 2012'ye kadar geçerli olan Kyoto Protokolü'nün yerine daha iyi bir yenisinin konmasıydı; ancak umutlar boşa çıktı, liderler iyi niyet ve temennilerin ötesine geçmeyen beyanlarla yetinip, dağıldılar.

Sorunun temeli, küresel ısınma ve iklim değişikliği için alınması gereken önlemlerin bedelini kimin ödeyeceği noktasındaki görüş ayrılığına dayanıyor. Küresel ısınma ve buna bağlı iklim değişikliğinin esas sebebinin, sanayi tesislerinin atmosfere saldığı -sera etkisi yaratan- gazlar olduğu konusunda, istisnalar dışında hemen herkes hemfikir. Öyle olunca, çarenin de bu gazların atmosfere salımı, yani emisyonun azaltılması olduğu kendiliğinden ortaya çıkıyor. Bu noktada, gelişmekte olan ülkeler, haklı olarak, dünyanın bugünkü halinden, atmosfere bugüne kadar salınan sera gazlarının büyük bölümünden gelişmiş ülkelerin sorumlu olduğunu, dolayısıyla, gaz emisyonunu azaltmanın bedelini de bunların ödemesi gerektiğini söylüyorlar. Buna karşılık gelişmiş ülkeler de, her ne kadar geçmişten kendilerinin sorumlu olduğunu kabul etseler de, gelecekte gelişmekte olan ülkelerin gaz emisyonu konusunda daha fazla paya sahip olacaklarını –nitekim bugün itibariyle yıllık gaz emisyonunun üçte biri gelişmiş ülkelerden, üçte ikisi ise gelişmekte olan ülkelerden kaynaklanıyor- belirterek, maliyetlerin paylaşılması gerektiğini ileri sürüyorlar. Kimse pozisyonundan geri adım atmak istemediği için de bir anlaşmaya varmak mümkün olmuyor. Kyoto Protokolünün süresi doluncaya kadar bu konudaki arayışlar sürecektir; ama ideal şartlarda bir anlaşmaya varmak kolay görünmüyor. Bunun için belki korkulan doğal felaketlerin daha belirgin ortaya çıkmasını beklemek gerekecek. İnsanoğlu hep aynı: yumurta folun ağzına dayanmadan, tehlike iyice kaçınılmaz bir hal almadan fedakârlık yapmaya, adım atmaya yanaşmıyor.

3. 2009 Yılında Türkiye'de Ekonomi ve Siyaset/ Fetret Devrinin Sonu: İttihat ve Terakki Kâbusu Bitiyor

2009 yılı -1909'dan tam 100 yıl sonra- İttihat ve Terakki (İVT) devrinin sonuna geldiğimizi düşündürten olaylarla ve gelişmelerle dolu bir yıl oldu. Türkiye tarihinin en önemli kırılma noktalarından birinden geçiyoruz. 31 Mart Vak'ası üzerinden 1909'da adeta İstanbul'u işgal edip iktidarı ele geçiren, o gün bu gündür, hem kendi hükümranlıkları sırasında yaptıkları ve hem de kendilerinden sonraki devirlerin muktedirlerine bıraktıkları siyasi-kültürel, ideolojik ve entellektüel mirasla bu ülkenin ufuklarını karartan İVT cuntasının yol açtığı "fetret devri"nin sonuna geldik. Tam yüz yıldır biriken ve görülmeyi bekleyen hesaplar son yıllarda birer birer görülmeye başlandı. Pandoranın kutusu açıldı, devletin ve devlet içine çöreklenmiş çetelerin bütün kirli çamaşırları ortaya saçıldı. Ergenekon, Seferberlik Tetkik Kurulu, Özel Kuvvetler Komutanlığı, Kontrgerilla, Özel Harp Dairesi, Kozmik Oda, JİTEM,.. denince insanların aklına artık çok şey geliyor. İrtica Eylem Planı, Kafes Planı, Balyoz Planı ortaya döküldüğünden beri, darbelerin, muhtıraların, darbelere ortam hazırlanırken girişilen provokasyonların, faili meçhul cinayetlerin, "irtica hortladı" mizansenlerinin sırrı da ayan beyan ortaya çıktı.

Aşağıda önce siyasette, daha sonra da ekonomide 2009'da meydana gelen başlıca gelişmeler değerlendirilmiştir.

3.1. Siyasette 2009

Siyasi alanda 2009 yılının önemli, Türkiye'nin geleceğine damgasını vuracak gelişmelerini satır başları halinde şöyle sıralamak mümkündür:

- Darbe planları: İrtica Eylem Plânı, Kafes Eylem Planı, Balyoz Darbe Planı

- Demokratik açılım: Kürt açılımı, Alevi açılımı, Azınlıklar açılımı

- Dış politika açılımları: Ermenistan açılımı, Suriye açılımı, Irak açılımı

- Ergenekon davası, faili meçhul cinayetler davası, Kozmik Oda baskını

Darbe planları: İrtica Eylem Plânı, Kafes Eylem Planı, Balyoz Darbe Planı

2009 yılı Türkiye'de devlet mekanizmasının yozlaşmışlığı, bürokrasinin çürümüşlüğü, ordu içindeki cuntacı yapılanmalar ve yıllardır hasıraltına itilmiş ne kadar pislik varsa birer birer ortaya döküldüğü, kirli çamaşırların etrafa saçıldığı bir yıl oldu. Hakkını teslim etmek gerekir ki, bazı gazetelerin cesur, kararlı, demokrasi ve özgürlüklerden yana sergilediği sağlam duruşun bunda büyük rolü oldu. Kimsenin yazmaya, yayımlamaya cesaret edemediği bilgileri, belgeleri, dosyaları ve hain planları, bazı gazeteler ele geçirdiler, yayımladılar, yorumladılar. Öncülere zamanla öteki bazı gazetelerin de katılmasıyla, medya adeta "darbeciler" ve "darbe karşıtları" olarak ikiye ayrıldı. Bir grup darbe hazırlıklarını, cunta planlarını ve bunlarla ilgili ortaya konan bilgi ve belgeleri görmezden gelmeye, haberleri sulandırmaya, hafife almaya, magazinleştirmeye çalışırken, bazıları cesaretle bu haberlerin üzerine gittiler, eleştirdiler, devletin yetkili organlarını, hükümeti ve yargıyı darbecilerin yargılanması için gereğini yapmaya davet ettiler.

Bu cesur yayınlar sayesinde öğrendik ki, 2003-2004 yıllarında Ayışığı, Sarıkız, Yakamoz, Eldiven gibi çok sayıda darbe atlatmışız. Yetmemiş, 2009 yılında hâlâ Genelkurmay karargâhında birileri yememiş içmemiş, "İrtica Eylem Planı" adı altında "AKP'yi ve Gülen'i Bitirme" planları yapmış; partiyi zor durumda bırakmak ve hükümeti devirmek için planlanmadık yalan, iftira, tezgâh bırakmamış. Genelkurmay Başkanı İlker Başbuğ'un "kağıt parçası" diye küçümsediği şeyin, bir Kurmay Albayın elinden çıkmış, ıslak imzalı gerçek bir "belge" olduğu ortaya çıktı. Yine Başbuğ'un "boru" diye küçümsediği silahların TSK'nın envanterine kayıtlı, kullanıma elverişli silahlar olduğu ortaya kondu. 2009 bu anlamda TSK'nın kendini savunduğu, Genelkurmay Başkanının zaman zaman –biri Trabzon'da bir savaş gemisinin üzerinde olmak üzere- tehditkâr ifadelerle esip gürlediği, ancak basının sinmek yerine yeni belgelerle olayların üzerine gittiği gerilimli bir yıl oldu. Darbe planları kervanına en son katılan ikisi ise tam bir dehşet tablosu: Kafes ve Balyoz planları. Kafes Eylem planıyla millet kafese sokulmak istenmiş, Aleviler ve gayri-Müslim cemaatlerin ileri gelenlerine yönelik suikastlar, okul çocuklarından oluşan ziyaretçilerin kalabalık olduğu bir günde Koç müzesindeki yer altı gemisinde bomba patlatıp kaos yaratmaya varıncaya kadar gerçekten vicdansız, hain eylemler planlanmış. Balyoz darbe planıyla daha ürkütücü eylemler var: Fatih ve Beyazıt camilerinin bir Cuma namazı vaktinde bombalanması, Hava Kuvvetlerine ait bir jet uçağının mümkünse Yunanlılara düşürtülmesi, olmazsa kendi pilotlarımız tarafından düşürülmesinin sağlanarak gerginlik ve kaos yaratma, darbenin koşullarını oluşturma, ardından bir gece sabaha karşı 03:00'da darbe yapma, insanları stadyumlarda toplama, direniş eylemlerini İsrailvari yöntemlerle sert şekilde bastırma,.. gibi eylemler içeren, dudak uçuklatan, "bu ordu bizim ordumuz mu, yoksa bir işgal ordusu mu?" dedirten planlar..

Öyle anlaşılıyor ki, cuntacılık ve darbecilik, kendi halkının bir bölümünü düşman görme, hükümete karşı bir siyasi muhalefet partisi gibi hareket etme, onu görev yapamaz hale getirmek için eylem tezgâhlama hastalığı bir istisna olmaktan ziyade bir norm haline gelmiş, her dönemde karargâhtan birilerinin neredeyse asli vazifesi haline gelmiş bir hastalık. Ortaya dökülen bu fecaatten sonra TSK'da esaslı bir temizlik harekâtı kaçınılmaz, orduya güven son yılların en düşük seviyesine düşmüş durumda. Sadece cuntacıların ayıklanması yetmez, daha önemlisi, TSK'nın, darbelere gerekçe yapılan İç Hizmet Kanunu'nun meşhur 35. Maddesini ve askere mülki amirlerin izni ve emri olmaksızın şehir içinde fiilen sıkıyönetime girişme yetkisi veren EMASYA protokolünün lağvedilmesinden başlayıp, askeri liselerden harp okullarına askeri eğitim müfredatının her aşamada tepeden tırnağa gözden geçirilmesine kadar bir yığın tedbir alınmalı; demokrasiyi özümsemiş, seçilmiş siyasi otoritenin üstünlüğünü içselleştirmiş, kendisinin bir "devlet memuru" olduğunu, vazifesinin de "rejim kollamak" değil sınır korumak olduğunu kabul eden bir asker zümresi yetiştirilmelidir.

Demokratik Açılım: Kürt Açılımı, Alevi Açılımı, Azınlıklar Açılımı

Türkiye'de siyasetin gündemine 2009 yılında açılımlar damga vurdu. Ak Parti hükümeti ve sayın Başbakan, cesur bir kararla "demokratik açılım" şemsiyesi altında Cumhuriyet tarihinin en önemli sorunlarına neşter vurmaya başladı. Bunun bir ayağı Kürt açılımı, bir ayağı Alevi açılımı, bir ayağı da gayri-Müslim azınlıklar açılımı. Açılımların gereği ve yararı konusunda kamuoyu ikiye bölündü. Ergenekon davasıyla ilgili tartışmalar da eklenince bu konuda siyasî partiler arasında önemli saflaşmalar meydana geldi. Açılımın sahibi olarak AK Parti açılımların gereğini savunup "özgürlükler genişletilecek, demokrasi sağlamlaştırılacak" derken, CHP ve MHP'nin başını çektiği muhalefet ise buna şiddetle karşı çıkıp "Türkiye'nin bölünüp parçalanacağı" söylemini dillendirdiler. Benzer bir ayrışma basında ve aydınlar arasında da görüldü. Bir kesim, demokrasinin ve istikrarın gereği olarak açılımları savunurken, diğer taraf, askeri jargonun çok sık kullandığı "vatanın bekası ve bölünmez bütünlüğü" üzerinden açılımı savunanlara suçlamalar yöneltti. Hükümet tarafından temmuz ayında başlatılan demokratik açılım süreci, yılın ikinci yarısında TBMM'nin de öncelikli gündem maddesi oldu. Başbakan Erdoğan, açılım sürecinin ilk günlerinde DTP Genel Başkanı Ahmet Türk ile görüştü. Erdoğan, bu konuda CHP ve MHP liderleriyle de görüşme talebinde bulundu. MHP lideri Devlet Bahçeli, teklifi reddetti. CHP lideri Deniz Baykal'la yaşanan mektup diplomasisinden sonra Baykal'ın "kameralarla kayıt altına alınsın" ısrarı nedeniyle bu görüşme gerçekleşmedi. CHP ve MHP başından itibaren karşı çıkarken, DTP başlarda destek olduğu açılıma ilerleyen dönemlerde ağır eleştiriler getirdi. Özellikle partinin kapatılmasından hemen önceki günlerde DTP sert bir söylem kullandı. Açılımın sona erdiği iddiasıyla sokak eylemleri başladı.

Bu arada Hükümet 2008 yılında başlattığı Alevi açılımını aydınların, akil adamların, Alevi sivil toplum kuruluşlarının ve bilim adamlarının katılımıyla Alevi çalıştaylarıyla 2009 yılında da devam ettirdi. Aleviler devlet tarafından ilk defa bu düzeyde muhatap alındıklarını belirterek söz konusu süreçten memnuniyetlerini dile getirdiler. Nihayet bu tabloyu tamamlamak üzere, hükümet Türkiye'de yaşayan gayri-Müslim azınlıkların temsilcileriyle görüşerek onların sorunlarını dinledi, Ruhban Okulu'nun yeniden açılması dâhil, sorunlarının çözümü için çalışacaklarını dile getirdi. 2010 yılında açılımlar kervanına, halk arasında "Çingeneler" olarak anılan, son zamanlarda daha moda deyimiyle "Romanlar"la ilgili açılım da katılacak gibi görünüyor.

Bu satırların yazarına göre Kürt açılımı da, Alevi açılımı da, azınlıklar açılımı da son derece gereklidir, yararlıdır, zorunludur. Böyle bir demokratik açılımın çok daha önceden yapılması gerekirdi, bugüne kadar yapılmamış olması bu ülke adına zaman kaybı, can kaybı, enerji kaybı ve kaynak israfı olmuştur. Çok partili demokrasiye geçtiğimiz zamanlardan itibaren bu açılımlar yapılabilmiş olsa, bugün Türkiye gerek siyasi, gerekse ekonomik açıdan çok daha farklı, daha istikrarlı, daha müreffeh bir ülke olurdu.

Altını çizmekte yarar var: yukarıda sıralanan bütün bu sorunların kaynağında katı ulus-devletçi, yasakçı ve tektipçi ittihatçı-Kemalist zihniyet yatmaktadır. İttihatçılarla başlayan ve Kemalistlerce devam ettirilen katı ulus-devletçi, ırkçı-milliyetçi, Anadolu'yu gayri-Müslimlerden ayıklayıcı, Anadolu halkını da devletin uygun gördüğü tektipçi kalıplara girmeye zorlayan baskıcı otoriter zihniyet Kürtleri de, Alevileri de, azınlıkları da, Sünni Müslüman dindar halkı da devlete yabancılaştırmış, ülkede iç barışı bozmuş, sonuçta ortaya, -ülkenin kaymağını yiyen bir avuç iktidar seçkini ve devlet eliyle yaratılan zengin dışında- hiçbir toplum kesimini memnun etmeyen, yoksulluk çemberini kıramayan bir ülke çıkmıştır. Yirminci yüzyılı bu şekilde ıskaladık, ama yirmi birinci yüzyılı ıskalama lüksümüz yoktur; demokratik açılımı sonuna kadar götürme ve bu ülkeyi demokratik, sivil, özgür, zengin bir açık toplum haline getirmek zorundayız.

Dış Politika Açılımları: Ermenistan Açılımı, Suriye Açılımı, Irak Açılımı

Ahmet Davutoğlu'nun vizyonu ve büyük katkısıyla son yıllarda dış politikada yeni bir yörüngeye giren ve "komşularla sıfır problem" hedefleyen Türkiye, 2009 yılında önemli dış politika açılımlarına imza attı. Bu çerçevede Türkiye'nin, örneğin Irak yönetimi ile ortak "Bakanlar Kurulu" toplantısı düzenlemesi kayda değerdi. Yine aynı doğrultuda Türkiye-Irak Yüksek Düzeyli Stratejik İşbirliği Konseyi 1. Bakanlar Toplantısı, 17 Ağustos'ta İstanbul'da gerçekleştirildi. Başbakan Erdoğan'ın Bağdat gezisi sırasında iki ülke arasında toplam 48 anlaşmaya imza atıldı. Cumhurbaşkanı Abdullah Gül de 33 yıl aradan sonra Bağdat'ı ziyaret eden ilk Türk cumhurbaşkanı oldu. Ayrıca Kuzey Irak'la 2 yıldır yakınlaşma politikası takip eden Türkiye'den, Kürt Özerk Yönetimiyle ilişkileri iyileştirmeye yönelik "Erbil açılımı" da geldi. Sivil toplum kuruluşları ve aydınların ziyaretlerinin yanısıra, Dışişleri Bakanı Davutoğlu da Erbil'i ziyaret etti. Türkiye'nin Erbil'de konsolosluk açmaya karar vermesi önemli bir gelişmeydi.

Açılım sadece Irak'la sınırlı değildi. Vaktiyle Öcalan'a evsahipliği yaptığı için savaşın eşiğine gelmiş olan Suriye ile Türkiye arasındaki ilişkiler son birkaç yılda inanılmaz gelişmeler kaydetti. Karşılıklı ziyaretler, jestler derken, 2009 yılında sınırdan vizesiz geçiş dönemi başlatıldı. Aynı süreçte yine Arnavutluk, Lübnan ve Libya ile de vizelerin kaldırılması kayda değerdi. Sırada Rusya ve S. Arabistan'la vizeleri kaldırma arayışları var. Suriye ile vizelerin kaldırılması sembolik önemi olan bir dizi gelişmeyle süslendi. 13 Ekim tarihinde Türkiye ile Suriye Dışişleri Bakanları vizeyi kaldıran anlaşmayı imzaladı. İki ülkeden 10'ar bakanın katılımıyla önce Halep'te "mini kabine" toplantısı gerçekleştirildi. Bu toplantının ardından tüm bakanlar sınır noktasında kurulan sembolik bariyeri kaldırıp, yürüyerek Türk tarafına geçti. Sınır noktasında da vize muafiyeti anlaşmasına imza atıldı. Davutoğlu, iki ülkenin ortak sloganını "ortak kader, ortak tarih, ortak gelecek" olarak niteledi. Başbakan Erdoğan da 23 Aralık'ta Suriye'ye giderek iki ülke arasında 51 anlaşmaya imza attı.

Dış ilişkilerde benzer bir iyileşme İran'la yaşandı. İki ülke arasında birçok alanda var olan işbirliği, 2009'da devam eden karşılıklı üst düzey ziyaretlerle bir adım daha ileri götürüldü. Cumhurbaşkanı Gül, Başbakan Erdoğan ve bazı bakanlar İran'ı ziyaret ettiler. İran Cumhurbaşkanı Ahmedinejad da İslam Konferansı Teşkilatı (İKT) toplantısı çerçevesinde Türkiye'yi ziyaret etti. Erdoğan'ın, İran ziyaretinde ve başka ortamlarda Tahran'ın barışçıl nükleer program sürdürmeye hakkı olduğunu savunması, tahmin edileceği üzere, bazı Batılı ülkelerin tepkisini çekti.

Türkiye 2009 yılında bir önemli adım daha atarak, AB, ABD ve Rusya'nın da desteğiyle, Ermenistan'la ilişkilerin normalleştirilmesini, iki ülke arasında diplomatik ve ekonomik ilişkiler geliştirilmesini, sınır kapısının açılmasını öngören protokollere imza attı.

Suriye, Irak, İran ve Ermenistan'la ilişkiler bu şekilde gelişirken, Türkiye'nin bölgedeki "stratejik ortağı" olarak algılanan İsrail ile ilişkiler giderek gerginleşti. Yukarıda değinildiği üzere, Başbakan Erdoğan'ın Davos'ta, İsrail Cumhurbaşkanı Şimon Peres'e karşı, Gazze'de yaşananlardan dolayı yaptığı "one minute" çıkışı, ilişkileri gerdi. Türkiye, Suriye ile İsrail arasında barış sağlamaya çok yaklaştığı bir dönemde İsrail'in Gazze'ye saldırı düzenlemesi Ankara'nın tepkisini çekti. Hatırlanacağı üzere Gazze'ye yönelik olarak 22 gün süren acımasız saldırılar sonucu bölge yerle bir olmuş, 1400 Filistinli hayatını kaybetmiş, tahminen 2 milyar dolarlık bir maddi zarar ortaya çıkmıştı. Gazze'de yeniden yapılanma çalışmalarına İsrail'in ambargosu yüzünden başlanamaması Türkiye'nin İsrail'e tepkisini artırdı. "Ayrılık" dizisinde İsrail'in Filistinlilere yönelik uyguladığı "şiddetin" sergilenmesinin yanı sıra, Türkiye'nin İsrail'i "Anadolu Kartalı" tatbikatına almaması ilişkileri büsbütün gerdi.

Türkiye'nin Ortadoğu'ya ve Kafkaslara yönelik açılımları bazı çevreleri oldukça rahatsız etmiş olmalı ki, hem içerden, hem dışarıdan bu çevrelerce "eksen kayması" tartışmaları başlatıldı. Türkiye'nin, Avrupa Birliği'nden umduğunu bulamaması ve yönetimin İslamcı eğilimleri nedeniyle yüzünü Batıdan Doğu'ya çevirdiği ileri sürüldü. Ancak Başbakan Erdoğan ve Dışişleri Bakanı Davutoğlu, yaptıkları açıklamalarla bu tartışmaların gerçeği yansıtmadığını, Türkiye'nin eksen değiştirmediğini, dış politikada Türkiye'nin 360 derecelik bir eksene sahip olduğunu vurguladılar.

Ergenekon Davası, Faili Meçhul Cinayetler Davası, Kozmik Oda Baskını

Ergenekon, anlaşıldığı kadarıyla, Özel Kuvvetler, Seferberlik Tetkik Kurulu, Kontrgerilla, Özel Harp Dairesi gibi tarihi öncülleri veya ikiz kardeşleriyle birlikte, Soğuk Savaş döneminde

NATO marifetiyle kurulan, bir dönem ABD tarafından finanse edilen, askeri ve sivil uzantıları olan bir örgüt. Görünürde bu örgütün görevi, komünizm tehlikesine karşı tedbir almak, düzenli ordunun işe yaramadığı yerlerde direnişi örgütlemek vs. Ama, gerek İtalya, İspanya, Belçika ve Almanya gibi ülkelerdeki ikiz kardeşleri olan Gladio ve türevlerinin yaptıklarından, gerekse sırrına ancak son zamanlarda vakıf olabildiğimiz provakatif eylemlerinden anlaşıldığı kadarıyla, esas görevi, bulundukları ülkeyi ABD'nin ve NATO'nun mutlak kontrolü altında tutmak, bunun için de her ne gerekiyorsa yapmaktır. Buna istikrarsızlaştırma, faili meçhul cinayetler, psikolojik harekâtlar ve darbeler dâhildir. Türkiye ayağında buna bir de Kemalist homojen toplum yaratma, jakoben modernleştirme, beyaz Türklerin egemenliği ve askeri vesayetin sürdürülmesi boyutu eklenince resim tamamlanıyor. Ergenekon bu anlamda Türkiye'nin son yarım yüzyılını karartmış bir beladır: 6-7 Eylül 1955 olaylarından bütün askeri darbelere, darbelere uygun ortam yaratmak ve şartları olgunlaştırmak üzere girişilen bütün toplumsal provokasyon ve faili meçhul cinayetlerin tümünde bu karanlık örgütün parmağını aramak gerekir.[3] Bütün bu olaylar son tahlilde Türkiye'yi içe kapatmıştır, iç barışı ve istikrarı bozmaya yaramıştır, askeri darbelere ortam hazırlamıştır, Kürt sorununu kangren haline getirmiştir, Türkiye'yi dışarıda ABD'nin mutlak kontrolü altında, içerde askeri vesayetin cen-

---

[3] Örnek çok: Maraş, Çorum, Çankırı olayları, 1 Mayıs 1977 Taksim katliamı, Gazi Mahallesi olayları, Sivas Madımak faciası, Ecevit ve Özal'a suikastlar; Eşref Bitlis, Uğur Mumcu, Muammer Aksoy, Abdi İpekçi, Çetin Emeç, Bahriye Üçok, A. Taner Kışlalı ve Hablemitoğlu cinayetleri; Başbağlar katliamı, 33 erin şehit edilmesi, Hrant Dink ve Rahip Santoro cinayeti, Malatya Zirve Yayınevi katliamı, Danıştay suikastı, Cumhuriyet gazetesine saldırı, eski Anayasa Mahkemesi ve eski YÖK Başkanına yönelik saldırılar, ve nihayet sayıları 17 bini bulan faili meçhul cinayetler..

deresi altında, yoksul ve marjinal bir üçüncü dünya ülkesi olmaya mahkûm etmiştir.

2009 yılı bu anlamda kritik bir yıldı. Ergenekon davasına devam edildi. Birinci iddianamenin ardından ikincisi, üçüncüsü, dördüncüsü hazırlandı. Operasyonlar, tutuklamalar yapıldı. Bir ara eski MGK Genel Sekreterine ve 367 hokkabazlığının fikir babası Sabih Kanadoğlu'na uzanan operasyon, o noktada hız kesti. Kapalı kapılar ardında neler konuşuldu bilemiyoruz; ama sanki operasyonun 1 numaraya uzanmasına izin verilmedi, bu kadarla yetinilmesi istendi gibi bir izlenim çıktı ortaya. Bir dönem derin devletin tetikçisi olarak kullanılan yer altı dünyasının ünlü isimlerinden Alaattin Çakıcı'nın yılın son günlerinde "Kendisini severim, ama bu yapılanların çoğunu askerler kendi başına yapmadı, emri o verdi, Demirel'in de yargılanması lâzım" sözleri hayli ilginç, üzerinde durmaya değer. Aynı tabloyu tamamlamak üzere, Taraf muhabirine konuşan, Hollanda'da tutuklu M. Baybaşin'in, "Mehmet Ağar'ın elinde birçok tanınmış kişinin isminin olduğu ölüm listesi gördüm; nedir bunlar, yapmayın, dediğimde, bunlar beni aşıyor, Demirel'in emri" dedi diye beyanda bulunması ilginç. Yanlarında değildik, bilemeyiz; ama Ergenekon'un gerek içerde ve gerekse dışarıda kimlere hizmet ettiği kapsamlı bir çerçeve içinde düşünüldüğünde, 1960'ların ortalarından 2000'lere kadar neredeyse kırk yıl bu ülkenin siyasetine, dolayısıyla kaderine, gerek altı defa gidip yedi defa gelirken, gerekse mimarlığını yaptığı 28 Şubat sürecinde yön veren Demirel'in "Bir Bilen" rolüne çok yakıştığı gibi, 1 numara rolüne hiç aykırı düşmediğini söyleyenler var, bir bilen olsa da söylese...

Ergenekon davasına paralel yürüyen bir önemli dava da faili meçhul cinayetler davası. Kayseri eski Jandarma Alay Komutanı 50'ye yakın faili meçhulden sanık olarak tutuklu, yargılaması sürüyor. İşin ilginç yanı, kendisinin hâlâ görevden alınmamış olması; aynen, İrtica Eylem Planı'nın altında ıslak imzası bulunan kişinin de hâlâ görevinin başında olması gibi. Yılın son günlerinde bu bağlamda ortaya çıkan son meş'um hadise, Bülent Arınç'a yönelik suikast planı, bu olayın üzerine giden yargıçların bir ilke daha imza atarak, Özel Harp Dairesinin, şimdiki adıyla Seferberlik Tetkik Kurulu'nun, iddialara göre bütün darbelerin tezgâhlandığı merkezin beyni durumundaki Kozmik Oda'ya yaptıkları baskın. Askeri yetkililer, polis ve yargıçlar arasında gergin anların yaşanmasından sonra Kozmik Oda'ya girilmesi ve iki hafta süreyle aranması, aramaların ardından odada bulunan "devlet sırrı" niteliğindeki planların imha edileceğinin açıklanması, sıkıntılı da olsa bu ülkenin hukuk devleti olma yolunda ilerlediğinin bir işareti olarak sayılmalıdır.

HSYK'nın Korsan Kararnamesi ve Tartışmalı Tutumu

Hakimler ve Savcılar Yüksek Kurulunun Ergenekon davası ve bununla ilintili gelişmelerde takındığı tutum Türkiye'deki yargı sınıfının demokrasiye bakışı konusunda kafaları karıştırdı. Temmuz ayında HSYK'daki tayin listesine son dakikada müdahale edildi. Üyelerden biri, Ergenekon soruşturmasını yürüten savcılarla davaya bakan 2 hâkimin yerlerinin değiştirilmesini istemesi ilginçti. Basında Ergenekon davası sanıklarından biriyle birlikte fotoğrafı yayımlanan bu üye, ayrıca KCK operasyonu ile faili meçhul cinayetleri araştıran savcıların görevden alınmasını da teklif etti. Bunun üzerine HSYK tayin görüşmeleri kilitlendi. 21 gün sonra ancak aşılabilen krizden sonra, Ergenekon, KCK ve faili meçhul soruşturmalarını yürüten savcılar ile davaya bakan mahkemenin hâkimleri yerlerini korudu.

PKK'nın Şehir Yapılanmasına Kritik Operasyon: KCK

Kürdistan Topluluklar Birliği (KCK), Diyarbakır Cumhuriyet Başsavcılığı'nın Nisan 2009'da yaptığı operasyonla gündeme geldi. 2 yıllık bir hazırlık evresine dayanan soruşturma çerçevesinde ele geçirilen belgelere göre KCK, Suriye, İran, Irak ve Türkiye'de yapılanmış yasama, yargı ve yürütme organları olan konfederal bir yapı. Sistemin en tepesinde Abdullah Öcalan bulunuyor. Yasamanın başında Zübeyir Aydar, yürütmenin başında Murat Karayılan, yargının başında İranlı bir eski yargıç bulunuyor. KCK, Türkiye Meclisi (TM), il meclisleri ve ilçe meclisleri adı altında örgütlenmiş bir yapı. TM'nin başında bir dönem Genelkurmay içinde bazı paşalarla irtibatı deşifre olan PKK'nın eski cezaevleri sorumlusu Sabri Ok var. Nisan 2009'da yapılan operasyonda örgütün Türkiye yapılanmasının tepe kadroları tutklandı. Daha sonraki aylarda KCK'ya yönelik 4 operasyon daha yapıldı.

YARSAV Seçimlerinde Eminağaoğlu Kaybetti

Ergenekon soruşturmasını hedef alan siyasî çıkışlarıyla gündemden düşmeyen Yargıçlar ve Savcılar Birliği (YARSAV) eski Başkanı Eminağaoğlu, Kasım ayında yapılan 13 kişilik yönetim kurulu listesine seçilemedi. Bunun üzerine, eski Danıştay Başsavcısı Çölaşan'ın da desteğiyle, seçimi iptal ettirmeye çalışmışsa da, girişimleri sonuç vermedi.

Çukurca'da 6 Şehit: Mayınlar Kimin?

27 Mayıs günü Hakkari'nin Çukurca ilçesi Kavşak ile Uzundere bölgeleri arasında bulunan Hantepe mevkiinde operasyona giden askerlerin geçişi esnasında mayın patladı. Patlamada 6 asker şehit olurken 8 asker de yaralandı. Patlamadan birkaç ay sonra internete düşen telefon konuşmalarında Hakkari Tümen Komutanı Tümgeneral G.K.'nin, Çukurca Tugay Komutanı Tuğgeneral Z.E.'ye "Bu mayınlar bizim" dediği ortaya çıktı.

Bilge Köyünde Katliam: Koruculuk Mekanizmasının Yarattığı Sonuç

Türkiye, 4 Mayıs akşamı Mardin'in Mazıdağı ilçesine 40 kilometre uzaklıktaki Bilge köyünde meydana gelen katliamla sarsıldı. Köyün eski muhtarı Cemil Çelebi'nin kızının nişan töreninin yapıldığı eve gelen Çelebi ailesinden 4 silahlı kişi evdekileri mermi yağmuruna tuttu. Baskında 7'si çocuk 44 kişi öldürülürken, 2'si çocuk 3 kişi yaralandı. Bu olay bölgede PKK'ya karşı tedbir olarak düşünülen koruculuk mekanizmasının bölgede nasıl bir iktidar, husumet ve rant kavgasına yol açtığına işaret eden, dehşet bir olay olarak kayıtlara geçti.

Reşadiye'de Hain Pusu: PKK Kürt Sorununun Çözülmesini İstiyor mu?

Anayasa Mahkemesi'nin DTP'nin kapatılması talebini görüşmesinden sadece birkaç gün önce, çok manidar bir zamanlamayla, 7 Aralık'ta Tokat'ın Reşadiye ilçesinden gelen bir pusu haberi Türkiye'yi sarstı. Terörist saldırı sonucunda 7 asker şehit oldu, 3'ü yaralandı. Terör örgütü PKK, olayın üzerinden 3 gün geçtikten sonra yarım ağızla saldırıyı üstlendi. Hemen ardından Öcalan "Reşadiye aklımın ucundan geçmezdi, bunlar ne yapmaya çalışıyor" diyerek farklı bir tutum aldı. Bu olay PKK'nın gerçekten Kürt sorununun çözülmesini isteyip istemediği konusunda kafalarda soru işareti bıraktı. Anlaşıldığı kadarıyla PKK'nın liderleri arasında bu konuda bir görüş birliği yok; bazıları dağdan ininca iktidarlarının biteceğini bildiği için sorunun çözülmesinden yana değil, kendi iktidarlarının sürmesinden yana.

Katsayı Engeline Devam: Yüksek Yargı Kast Sisteminden Yana

YÖK, 21 Temmuz 2009'da aldığı son derece yerinde bir kararla, meslek liselerinin 10 yıldır devam eden farklı katsayı mağduriyetini giderdi. Üniversiteye yerleştirmede genel lise ve meslek lisesi ayrımını kaldıran ve katsayıları eşitleyen YÖK'ün kararına karşı, -Genç Siviller'in Taksim meydanına astığı "Darbeci Baro" pankartıyla selamladığı- İstanbul Barosu dava açtı. Baronun talebini kabul eden Danıştay, daha önceki "Bu konuda yetki YÖK'tedir" kararına rağmen, bu kez 180 derece farklı bir tutum sergiledi. Hukuk tarihine kara bir leke olarak geçecek, George Orwell'in ünlü Hayvan Çiftliği romanında "Bütün hayvanlar eşittir, ama domuzlar biraz daha eşittir" ilkesini hatırlatan bir argümanla, "Eşitliğin eşitler arasında olacağını, meslek liseleri ile genel liselerin eşit olmadığını" savunarak, yürütmeyi durdurma kararı verdi. YÖK, Danıştay 8. Dairesi'nin kararına itiraz ederken, Danıştay İdari Dava Daireleri Kurulu itirazı reddetti. Kısaca Türkiye'de yüksek yargının eğitimde fırsat eşitliğini reddeden ve meslek lisesine giren bir öğrencinin üniversiteye girişini fiilen ortadan kaldıran bir kast sisteminden yana olduğu ortaya çıktı. Bunun üzerine YÖK, 17 Aralık'ta 5 ay önce kaldırdığı farklı katsayı sistemine, ancak yeni bir formülle geri döndü. Son duruma göre alanında bir fakülte tercih edecek öğrencilerin ortaöğretim başarı puanları 0.15, alanı dışında tercih yapacakların puanları ise 0.13 katsayı ile çarpılacak. Bu katsayılar meslek liseleri ile genel liseler arasında 10 puan ve yaklaşık 8 soru farkı anlamına geliyor.

Elbombasıyla 4 Askerin Ölümüne Sebep Olan Teğmene Sadece 9 Yıl

Elazığ'ın Karakoçan ilçesi Koçyiğitler Piyade Taburu'nda askerliğini yapan İ. Öztürk'ün devriye görevi yaparken elindeki el bombasının patlaması sonucu 4 asker öldü, dört asker yaralandı. Bir gazete olayı 10 gün sonra 17 Ağustos'ta kamuoyunun gündemine taşıdı. Haberde olayın, bir teğmenin nöbette uyuyan askerin eline ceza için verdiği pimi çekilmiş bombanın patlaması sonucu meydana geldiği belirtildi. Büyük yankı uyandıran haberden sonra olaya sebep olduğu iddia edilen Teğmene askeri mahkemedeki yargılama sonucu 9 yıl 2 ay hapis cezası verildi. Bu ceza kamu vicdanını tatmin etmek bir yana, askerlik hizmetinin riskleri ve askeri yargının yaklaşımıyla ilgili yeni istifhamlar yarattı.

İstanbul'u Yüzyılın Felaketi Vurdu: Sel Felaketi 31 Can Aldı

İstanbul 9 Eylül günü Marmara Depremi'nden sonra en büyük felaketini yaşadı. Son 80 yılın en fazla yağışını alan megakent, sular altında kaldı. 31 kişi sel sularına kapılarak yaşamını yitirdi. Bu felaket dere yatağına inşa edilen kaçak yapıların yıkım sürecini başlattı.

Muhsin Yazıcıoğlu'nun Şaibeli Ölümü

BBP lideri Muhsin Yazıcıoğlu, seçim gezisi sırasında içinde bulunduğu helikopterinin düşmesi sonucu hayatını kaybetti. İstiklal Marşı'nın yazıldığı Taceddin Dergâhı'na defnedilen Yazıcıoğlu'nun ölümüne yol açan kazayla ilgili TBMM'de bir araştırma komisyonu kuruldu. Komisyonun çalışmaları halen devam ediyor. Kayda değer bir nokta, Hrant Dink cinayetine karışan bazı isimlerin BBP'nin Gençlik Teşkilatı olan Alperen Ocaklarıyla irtibatlı çıkması ve Abdullah Çatlı ile birlikte bir dönem Ülkücü hareketin en tepesinde yer almış ve Türkiye'nin karanlıkta kalan yüzüyle ilgili çok şey bildiği düşünülen rahmetli Yazıcıoğlu'nun Ergenekon'la ilgili olarak "Bizim tarlayı çoktan sürmüşler" demesiydi. Devlet Bahçeli'nin takdire değer tutumu sayesinde, toplumsal kaos yaratmak için Ülkücü gençleri sokağa dökemeyen karanlık şebekelerin Alperen Ocaklarına mensup gençler üzerinden aynı şeyi yapmaya çalışmaları çok muhtemel. Umarız Yazıcıoğlu'ndan sonra BBP'nin başına geçen insanlar da sağduyu ile hareket ederler ve kriz tacirlerinin tuzağına düşmezler.

Askerlerin Sivil Mahkemelerde Yargılanması Önce Kanunlaştı, Sonra İptal Edildi

TBMM Genel Kurulu, savaş ve sıkıyönetim dışında sivillerin, askerî mahkemelerde yargılanmasına son veren bir değişiklik yaptı. Aynı değişiklik, askerlerin de "darbe suçu" gibi askerî olmayan konularda sivil mahkemelerde yargılanmasının önünü açtı. CHP Grup Başkan Vekili Hakkı Suha Okay da tasarıya destek verdi. Ancak sonradan durumu fark eden CHP'liler bu değişikliğe itiraz edip, "gece yarısı oyununa kurban gittiklerini" savundular. Nitekim bütün kritik konularda olduğu gibi CHP bu konuda da, önce kendi verdiği destekle çelişkiye düşme pahasına, düzenlemenin iptali için Anayasa Mahkemesine başvurdu. AYM de, ilginç bir tesadüf eseri, Kozmik Oda'da aramaların devam ettiği sırada bu kanunu iptal etti. Böylece Türkiye'nin hukukun evrensel standartlarını yakalamasının ve demokratikleşmesinin önündeki en büyük engelin günümüz koşullarında yüksek yargı olduğu bir kez daha görülmüş oldu.

Demokratik Açılım TBMM'de

Demokratik açılım, 10 Kasım'da TBMM Genel Kurulu'na geldi. Ön görüşmenin Atatürk'ün ölüm yıldönümüne denk gelmesi CHP'lilerin itirazına sebep oldu. CHP'li milletvekilleri Genel Kurul salonunda pankart açtı. Üç gün sonra 13 Kasım'daki genel görüşmelerde ise Başbakan Recep Tayyip Erdoğan'ın konuşması sırasında demokratik açılıma karşı çıkanları eleştirirken "kan ve gözyaşından beslenmek isteyenler var" şeklindeki sözleri ve yaşanan gerginlik üzerine CHP'liler salonu terk etti.

Alevilerden CHP'ye Karşı Dersim İsyanı

Demokratik açılım görüşmelerinde TBMM'de CHP Grubu adına konuşan Genel Başkan Yardımcısı Onur Öymen'in, 1937'deki Dersim İsyanı'nın kanlı şekilde bastırılmasını savunması, bu bağlamda sarfettiği, "Dersim'de analar ağlamasın dendi mi?" şeklindeki sözleri Alevi kesimi ayaklandırdı. Alevi vatandaşlar, sokak gösterileri ile CHP'yi günlerce protesto ettiler. CHP'nin Tunceli il teşkilatı baskılara dayanamayarak istifa etti. Onur Öymen'in, bu noktaya varacağını muhtemelen hiç düşünmeden sarfettiği sözler, "Sirkatin söyler merd-i Kıpti şecaat arz ederken" sözünü hatırlatırcasına, hem CHP'nin zihniyet olarak 1937'den çok farklı bir noktada olmadığını göstermiş oldu; hem de Türkiye'nin yakın tarihinin ne kadar sorgulanmaya muhtaç yanlışlarla dolu olduğunu bir kez daha hatırlattı. Alevilerin artık bundan sonra CHP tarafından oy deposu olarak görülmesi bir hayli zor.

DTP Kapatıldı: Parti Mezarlığına Bir Parti Daha Eklendi

Aralık ayı başında PKK terör örgütü lideri Öcalan'ın İmralı'daki tutukluluk şartlarını gündeme taşıyan DTP'liler, demokratik açılımın sona erdiğini savundu. Ardından sokak eylemleri başladı. Ancak eylemlere gerekçe olarak gösterilen "Öcalan'ın koğuşu küçültüldü" iddiasının doğru olmadığı ortaya çıktı. Birkaç gün sonra da Anayasa Mahkemesi, 2007'de açılan kapatma davasının kararını vermek için toplandı. Mahkeme, 11 Aralık'ta oybirliğiyle DTP'yi kapattı. Genel Başkan Ahmet Türk ve Aysel Tuğluk'a 5 yıllık siyaset yasağı getirildi. DTP'liler bunun üzerine daha önce aldıkları karar doğrultusunda topluca istifa ederek sine-i millete gideceklerini açıkladılar. Ancak istifalaların sunulacağı gün, İmralı'dan gelen "TBMM'den ayrılmayın" mesajı üzerine bu karardan vazgeçildi.

3.2. Ekonomide 2008: Küresel Finansal Krizin Gölgesinde Ekonomide Yavaşlama

2009'da dünya ekonomisinin küresel ekonomik krizin gölgesinde kaldığı ve II. Dünya Savaşından bu yana ilk kez daraldığı yukarıda belirtilmişti. Türkiye ekonomisi de 2009'da büyük ölçüde küresel krizin etkisinde kaldı. 2008 Eylül ayında ABD'de patlak veren "mortgage" krizi öteki sektörlere de sıçrayarak dalga dalga bütün dünyaya yayıldı, dünya ekonomisindeki yavaşlamadan Türkiye de nasibini aldı. 2002-2007 döneminde ortalama %7 civarında bir reel büyümeyi başarmış olan Türkiye ekonomisi 2008'de ancak %1 büyüyebildi. Krizin asıl tahribatının görüldüğü 2009 yılında ise ciddi bir daralma yaşadı. İlk dokuz aylık dönemde %8.4 daraldığı hesaplanan ekonominin, 2009 yılının tamamı itibariyle %6 dolayında küçüldüğü tahmin edilmektedir.

2009'un ilk çeyreği sonunda dibi gören krizin, izleyen dönemde yavaş yavaş hafiflediği, makro ekonomik göstergelerde iyileşmeler olduğu görülmeye başlandı. Dünya piyasalarında krizle birlikte büyük düşüşler yaşayan petrol ve emtia fiyatları yılın ikinci çeyreğinden itibaren yeniden yükselmeye başladı. Döviz kurları ve borsalar genelde dalgalı bir seyir izledi, altın fiyatları –doların zayıflamasının da etkisiyle- yüksek seviyelerde seyretti.

Bu genel çerçeve içinde Türkiye ekonomisinin 2009 yılındaki performansına bakıldığında, büyümenin negatife döndüğü, ihracatın 30 milyar dolar azaldığı, aynı şekilde ithalatın bir önceki yılki düzeyinin çok çok altında kaldığı, buna paralel olarak dış ticaret açığı ve cari açığın ciddi biçimde küçüldüğü, ancak işsizlik oranının kayda değer ölçüde arttığı, yabancı sermaye girişlerinin üçte iki oranında azaldığı, enflasyonun %6,5 gibi rekor seviyelere düştüğü, nominal faizlerin tek haneli rakamlara indiği, reel faizlerin de dünya standartlarına yaklaştığı, özelleştirme bakımından –anlaşılabilir nedenlerle- kayda değer bir gelişme yaşanmadığı görülmektedir. Bu arada, ABD'de 30'dan fazla bankanın battığı 2009 yılında Türkiye'de bir tek bankanın batmaması, ciddi bir batık kredi sorunuyla karşılaşılmaması, Merkez Bankası ve Hükümetin süreci iyi yönetmiş olması, Türkiye'nin yoluna IMF'den yardım almadan devam edebilmiş olması, kayda değer gelişmelerdir. 2007-2009 döneminde başlıca makroekonomik göstergelerdeki gelişmeler Tablo 1'de özetlenmiştir.

Tablo 1 incelendiğinde, 2009 yılında bir önceki yıla göre büyümenin negatife döndüğü, yıllık ihracatın 30 milyar dolar azalarak 100 milyar sınırına gerilediği, ithalatın da benzer bir gerileme trendine girdiği, buna bağlı olarak dış ticaret açığının ve cari açığın ciddi biçimde daraldığı, böylece hızlı büyüme dönemlerinde kabaran ve hararetli tartışmalara konu olan cari açığın sorun olmaktan çıktığı görülmektedir. Buna ilaveten geçmiş yıllarda tek haneli rakamlarda kontrol altına alınması konusunda sıkıntılar yaşanan enflasyonun, piyasalardaki talep daralmasının etkisiyle belirgin biçimde düştüğü görülmektedir.

Krizin etkilerinin hafifletilmesi amacıyla hükümet KDV indirimine gitmiş, ÖTV'yi 6 ay süreyle askıya almış, piyasalara çeşitli teşvikler sunmuş, bunların etkisiyle 2009 yılı bütçe disiplininden sapıldığı bir yıl olmuştur. 2008 yılında rekor seviyede gerileyerek %2'nin altına düşmüş olan bütçe açığının GSYH'ya oranı, gevşek maliye politikası ve kamu harcamalarındaki artışın etkisiyle 2009 yılında yeniden %5,5 düzeyine çıkmıştır. Ancak belirtmek gerekir ki, Türkiye'deki kriz lobisinin Alman Merkez Bankasıyla el ele vererek 2008 sonunda yaydığı komplo teorilerinin hiçbiri gerçekleşmemiş, iddia edilenin aksine Türkiye 2009 yılında iç ve dış borçların çevrilmesi bakımından hiçbir sıkıntıyla karşılaşmamıştır. Yine bankacılık sektöründe ciddi bir sıkıntının yaşanmaması, tek bir bankanın bile batmaması, büyük meblağlarda batık kredi sorunuyla karşılaşılmaması sevindiricidir. Türkiye 2009 yılında IMF'ye boyun eğmeyen, aynı kategoride yer aldığı gelişmekte olan ülkeler içinde IMF'ye hayır diyebilen tek ülkedir. Kriz yönetim performansıyla dünya finans çevrelerinin takdirini kazanmış olan Türkiye, kredi derecelendirme kuruluşları tarafından kredi notu 2 puan birden yükseltilen tek ülke olmuştur.

Tablo 1: Başlıca Ekonomik Göstergeler (2007-2009)

Gösterge	2007	2008	2009
GSYH (milyar TL)	854	950	701 (9 ay)
GSYH (milyar $)	648	742	448 (9 ay)
Kişi başına gelir ($)	9 221	10 285	8 456
Reel GSYH büyüme hızı (%)	4,6	1,1	-8,4 (9 ay)
Enflasyon (TÜFE, %)	8,4	10,1	6,5
İşsizlik oranı (%)	9,8	10,3	13,4 (10 ay)
İthalat (milyar $)	170	202	126 (11 ay)
İhracat (milyar $)	107	132	92 (11 ay)
İhracatın ithalatı karşılama oranı (%)	62,9	65,3	73,3
Dış ticaret dengesi (milyar $)	-63	-70	-34 (11 ay)
Cari işlemler dengesi (milyar $)	-38	-41	-9,9
Cari açık / GSYH (%)	-5,8	-6,6	-2
Bütçe açığı / GSYH (%)	-1,4	-1,8	-5,5
Dış borç stoku (milyar $)	247	278	273 (9 ay)
İç borç stoku (milyar TL)	248	274	330
Kamu borcu / GSYH (brüt, %)	39,4	39,5	45
Faiz dışı fazla / GSYH (%)	3,0	1,6	3
Doğrudan yabancı sermaye girişi (milyar $)	22,1	19,3	7 (11 ay)
Dolar kuru (TL/$)	1,16	1,53	1,51
İMKB endeksi	55 538	26 864	52 961
İMKB işlem hacmi (Milyar TL)	321	511	1254

Kaynak: TÜİK, TCMB, Hazine.

Küresel finansal krizin bütün dünyada yarattığı panik ve sarsıntıdan İMKB de nasibini almış, 2008 yılına 55 bin puanın üzerinde giren endeks yılı yaklaşık %51'lik kayıpla, 26 864 puanla kapatmıştı. 2009 yılında krizin yarattığı panik dağılıp ekonomi normalleştikçe borsa da toparlanmış, 2009 yılı sonunda endeksin 52 960'ın üzerine çıktığı borsa %90'ın üzerinde bir ortalama getiri sağlayarak en kârlı yatırım aracı olmuştur. Altının %40 dolayında bir getiri sağladığı 2009'da dolar ve euro kayda değer bir getiri sağlamamıştır. Oysa bu tablo 2008 yılı sonunda oldukça farklı bir tabloydu.

Geçen yılki değerlendirmede de vurgulandığı gibi, ekonominin canlandığı, iyimser beklentilerin hâkim olduğu dönemlerde risk alan yatırımcıların büyük kârlar etmeleri mümkün iken, belirsizliğin ve kötümserliğin hâkim olduğu dönemlerde tam aksine, riskten kaçınan, elindeki fonları banka mevduatı ve hazine bonosu gibi sabit getirili yatırım araçlarında değerlendirenler genellikle daha kazançlı çıkmaktadır. Yine Türkiye gibi, zor zamanlarda kendi parasından daha çok yabancı parasına güvenenlerin çok olduğu ülkelerde krize giden zamanların erken dönemlerinde dolar ve euro gibi sağlam paralara yatırım yapanlar da genellikle kâr etmektedirler. Nitekim dış dünyadaki krizin etkisiyle ekonomideki iyimser havanın kaybolduğu ve piyasaların gergin olduğu 2008 yılında borsa yatırımcıları üzerken, son beş altı yıldır sürekli zarar ettiren dolar ve euro 2008 yılında sırasıyla %31 ve %25'lik kazançlarıyla yatırımcılarını sevindirmişlerdi. Hazine bonosu ve mevduatın getirisi %17 civarında kalmış, altın %34'lük getirisiyle 2008 yılında en yüksek getiri sağlayan yatırım aracı olmuştur.

İşsizlik oranında, beklenebileceği gibi, 2009 yılında krizin ve daralmanın etkisiyle ciddi bir yükselme olmuştur. Şubat ayında %16 gibi rekor seviyelere çıkan işsizlik oranı, izleyen dönemde bir miktar gerilemiş, yılsonuna doğru %13 civarına gerilemiştir. Türk ekonomisinin normal bir performansla istihdam yarattığı dönemlerde bile, genç nüfusun yüksekliği ve tarımdaki çözülme nedeniyle işsizlik oranında ciddi bir iyileşme söz konusu olmamaktadır. İşsizliğin %5-6 gibi gelişmekte olan ülkeler için doğal sayılan seviyelere düşürülebilmesi için en başta gelen iki şart, ekonominin hızlı büyümesi ve *yapısal* sorunların çözülmesidir.

2009'DA SİYASETİN VE EKONOMİNİN SEYİR DEFTERİ

1 OCAK

YTL'den 'Yeni' ibaresi kaldırıldı. YTL'lerin 2009 sonuna kadar yürürlükte kalmasına karar verildi. Böylece onlarca yıl süren yüksek enflasyonun "dandik para" haline getirdiği Türk parasından altı sıfır atarak yeni bir para birimine geçme süreci tamamlanmış oldu.

19 OCAK

Nükleer santral yarışmasında, teklif veren JSC AtomstroyExport-JSC Inter Raoues-Park Teknik ortak girişim grubunun üçüncü (fiyat) zarfı açıldı. Grup, birim fiyat ağırlıklı ortalama olarak kilovatsaat başına 20,79 sent, değerlendirmeye esas indirgenmiş birim fiyat olarak ise 21,16 sent fiyat teklifinde bulundu.

30 OCAK

Belçika hükümetinin de katılımıyla yeniden müzakereye açılan Fortis'in Fransız BNP Paribas'a devrinde anlaşma sağlandı.

13 ŞUBAT

Nükleer santral ihalesinde tek teklifi veren Türk-Rus ortaklığı AtomstroyExport- Inter Rao-Park Teknik Ortak Girişim Grubu, 21,16 dolar sent olarak önerdiği fiyatı, iyileştirme teklifinde 15,35 sent olarak revize etti. 2009 sona erdiğinde nükleer santral ihalesi hâlâ sonuçlandırılamamıştı.

14 ŞUBAT

ABD Başkan Barack Obama'nın ekonomik krizle mücadelede büyük önem verdiği 787 milyar dolarlık dev teşvik planı, Kongre'nin iki kanadında da kabul edildi.

12 MART

Ponzi Oyunu (borçla borç ödeme) ile yatırımcıları dolandırmakla itham edilen Bernard Madoff, mahkemede suçunu kabul etti. 50 milyar dolarla Wall Street tarihinin en büyük yolsuzluğunu gerçekleştiren Madoff''a para kaptıranlar arasında Kuzey ve Güney Amerika ile Avrupa'da hedge fonlar, bankalar, Yahudi vakıflarının yanı sıra zengin ve küçük yatırımcılar bulunuyor.

29 MART

Yerel seçimler yapıldı. AK Parti'nin açık ara farkla birinci olduğu seçimlerde, seçmen her partiye mesaj verdi. AK Parti 2004 yerel seçimlerine oranla yaklaşık 3 puanlık düşüş yaşarken, CHP yüzde 23'te, MHP yüzde 16'da, DTP ise yüzde 6'da kaldı.

9 NİSAN

Dünya otomotiv sektöründeki krize rağmen Hintli Tata Grubu, dünyanın en ucuz otomobili Nano'yu Hindistan'da 100 bin rupiden (1.500 Euro) satışa sundu.

24 NİSAN

Dünyanın en büyük içecek şirketi Coca-Cola'nın Üst Yöneticisi (CEO) Muhtar Kent, yönetim kurulu başkanı olarak seçildi.

1 MAYIS

Yerel seçimlerin ardından oluşan beklentilerin ardından Başbakan Erdoğan, kabinede köklü değişikliğe gitti: 8 bakan görevden alındı, 9 yeni isim kabineye girdi, 7 bakanın da görev yeri değişti. Ali Babacan ekonominin tek patronu olurken, dış

politika başdanışmanı olan Ahmet Davutoğlu Dışişleri Bakanlı-
ğı'na getirildi. Bülent Arınç da başbakan yardımcılığı koltuğuna
oturdu.

Bir zamanlar ABD otomotiv endüstrisinin simgelerinden
Chrysler, mahkemeye iflas koruma başvurusunda bulundu.

7 MAYIS

Otomobil üreticileri Porsche ve Volkswagen, birleşme konu-
sunda anlaştı.

22 MAYIS

Türkiye Odalar ve Borsalar Birliği (TOBB) önderliğinde Hak-
İş, Türk-İş, TESK, TİSK ve Kamu-Sen, TİM, TÜSİAD, MÜSİAD
bir araya gelerek 'kriz varsa çare de var' seferberliği başlattı.

1 HAZİRAN

ABD'li otomotiv devi General Motors (GM), iflas koruma
başvurusunda bulundu.

25 HAZİRAN

Enerji Piyasası Düzenleme Kurulu (EPDK), akaryakıt dağı-
tım ve bayi satışlarına yönelik 'tavan fiyat' uygulamasına karar
verdi. 29 Haziran'da uygulama kapsamında kurşunsuz benzi-
nin litre fiyatı 3,05 liradan satılmaya başlandı.

9 TEMMUZ

Türkiye'de 30 tarım havzası belirlendi. Hangi ürünün nere-
de ne kadar üretilebileceği, çiftçinin hangi üründen daha fazla
verim ve gelir sağlayacağı belli oldu.

13 TEMMUZ

Nabucco doğalgaz boru hattı projesinde 'dönüm noktası' ka-
bul edilen Hükümetler arası Anlaşma, taraf ülkelerin başbakan-
larınca Ankara'da imzalandı.

30 TEMMUZ

GSM operatörleri Turkcell, Vodafone ve Avea, cepten görüntülü konuşma ve hızlı internet imkânı sağlayan 3. Nesil (3G) uygulamasını başlattı.

6 AĞUSTOS

Başbakan Tayyip Erdoğan ile Rusya Başbakanı Vladimir Putin, iki ülke arasında 'gaz alanında işbirliği' ve 'petrol alanında işbirliği' protokollerini imzaladı.

8 AĞUSTOS

TMSF, Toprak Grubu'na bağlı 22 şirketin fon alacaklarının tahsili amacıyla, diğer 20 şirketin de temettü hariç ortaklık haklarıyla yönetim ve denetimlerinin devralındığını duyurdu.

14 AĞUSTOS

Sabancı Holding, Toyota Motor Europe ve Mitsui ile ortak olduğu Toyotasa'daki yüzde 64,99 oranındaki hissesini, ALJ'ye bağlı ALJ Ubnatsi'ye satma kararı aldı.

19 AĞUSTOS

ABD yönetimi ile İsviçre'nin bankacılık devi UBS, gizli hesapların öğrenilerek açıklanması konusunda anlaşma imzaladı.

23 AĞUSTOS

G. Kore firması Hyundai, küçük sınıftaki yeni modeli i20'nin üretimini Türkiye'de yapmaya karar verdi.

1 EKİM

26 bankanın Türkiye genelindeki 23 bin para çekme makinesi (ATM) ortak kullanıma açıldı.

6 EKİM

Dünyanın önde gelen finans dergilerinden Euromoney, Merkez Bankası Başkanı Durmuş Yılmaz'ı '2009 Yılının En İyi Merkez Bankası Başkanı' seçti.

26 EKİM

Tarım Bakanlığı GDO'lu ürünlerle ilgili yönetmelik yayımladı. 3 Aralık'ta Danıştay bazı maddelerin yürütmesini durdurdu. Ancak daha sonra itirazları kabul eden Danıştay, yönetmeliğin önünü açtı.

12 ARALIK

Bağdat'ın güneyindeki Kut ilindeki Bedra petrol sahası ihalesini, Rus Gazprom liderliğindeki Türkiye'den TPAO, Güney Kore'den KOGAS, Malezya'dan Petronas'ın oluşturduğu konsorsiyum kazandı.

5. 2018 YILINDA TÜRKİYE VE DÜNYA EKONOMİSİNDEKİ GELİŞMELER[1]

1. Giriş

2018 dünya ekonomisi açısından zor ve sancılı bir yıl olmuştur. ABD yönetiminin korumacılık eğilimleri, ticaret savaşlarına davetiye çıkaran sorumsuz davranışları, Ortadoğu'da yaşanan Suriye savaşı merkezli gerilimler ve küresel jeopolitik ve jeostratejik risklerin yükselmesi dünya ekonomisini de olumsuz etkilemiştir. Bu çerçevede 2018 yılında dünya ekonomisine damgasını vuran başlıca gelişmeler ABD Merkez Bankası FED'in üç kez faiz artırma kararı ve Trump yönetiminin Çin'e karşı koruma duvarlarını yükseltmeyi öngören ticaret savaşları hamleleridir. Bu gelişmeler dünya ekonomisinde tansiyonu yükseltmiştir. FED'in faizleri artırmasıyla 2008 küresel ekonomik krizinden beri sürdürülen genişletici-gevşek para politikası devri sona ermiş, uluslararası fon akımları yön değiştirmiş, gelişmekte olan ülkelerde bulunan dolar fonlarının bir kısmı bu ülkelerden çıkıp ABD'ye dönmüştür. Bu gelişme gelişmekte olan ülke paralarının ABD Doları karşısında değer kaybetmesine sebep olmuştur. Halen 33 milyar doların üzerinde cari işlemler açığı olan Türkiye ekonomisi de bu gelişmelerden payını almıştır.

2018 yılı Haziran ayında Türkiye'de genel seçimler yapılmıştır. Demokrasiyle yönetilen ülkelerde seçim yılları kamu mali disiplininden sapma konusunda riskin yüksek olduğu yıllardır. Seçmen desteğini artırmaya yönelik "seçim ekonomisi" uygu-

---

[1]   TYB Kültür ve Sanat Yıllığı 2019, ss. 15-22.

lamaları, devletin "kesenin ağzını açtığı," kamu harcamalarını artırdığı, kamu gelirlerinin bir kısmından vazgeçtiği, vergi indirimlerine gittiği ve alacaklarını yeniden yapılandırdığı uygulamalardır. Daha 2018 Haziran seçimlerinin etkisi atlatılmadan FED'in faiz artırma kararı dış piyasalarda dalgalanma yaratmıştır. Bütün bunların üstüne, 15 Temmuz darbe girişiminden beri zaten gergin olan Türkiye-ABD ilişkileri yaşanan rahip kriziyle iyice gerilmiştir. ABD yönetimi Türkiye'de tutuklu bulunan rahibi serbest bırakması konusunda Türkiye'yi açıkça tehdit etmiştir. Yaşanan olumsuz gelişmeler piyasaları sarsmış, yabancı yatırımcıyı kaçırmış, zaten kıt olan dövizi daha da kıt hale getirmiştir. Buna bağlı olarak döviz piyasası dalgalanmış, Türk parası Dolar karşısında ciddi oranda değer kaybetmiş, bir ara Dolar/TL kuru 7 TL'yi geçmiştir. Kurdaki anormal yükselme Türkiye ekonomisini her bakımdan çok olumsuz etkilemiştir. Sonuçta, izleyen dönemde nispi iyileşmeler sağlansa da, 2018 yılı makroekonomik dengeler açısından tablonun Türkiye için pek parlak olmadığı bir yıl olmuştur.

2. 2018 Yılında Dünya Ekonomisindeki Gelişmeler

IMF'nin her yıl düzenli olarak yayımladığı *Dünya Ekonomik Görünümü* raporuna göre, 2018 yılında küresel ekonomik büyüme zayıflamıştır. Dünya ekonomisinin ortalama büyüme hızının 2018'de yüzde 3,7 olarak gerçekleştiği tahmin edilmektedir.[2] Avrupa ve Asya ekonomilerinin birçoğunun performansı 2017'ye kıyasla düşmüştür. Küresel jeopolitik riskler dikkate alındığında ekonomik büyümenin 2019 yılında yüzde 3,5, 2020 yılında ise yüzde 3,6 olacağı tahmin edilmektedir. Ekim 2018'de bu oranlar daha yüksek tahmin edilmekte, 2016 ortalarından beri süren istikrarlı büyümenin devam edeceği öngörülmek-

---

[2] IMF, World Economic Outlook Update, January 2019, https://www.imf.org/en/Publications/WEO

teydi. Temmuz 2018 raporunda 2018 ve 2019 yılı için küresel ekonomik büyümenin yüzde 3,9 olması bekleniyordu. Ancak yılın üçüncü ve dördüncü çeyreğinde yaşanan olumsuz gelişmeler büyüme tahminlerinin aşağı yönlü revize edilmesini gerektirmiştir.

Başlıca ülke grupları itibariyle 2017-2019 dönemi için gerçekleşen ve tahmin edilen ekonomik büyüme oranları Tablo 1'de gösterilmiştir. Dünya ekonomisinin 2018'de ortalama yüzde 3,7 büyürken gelişmiş ülkelerde bu oranın yüzde 2,4, Euro Bölgesinde 2,0, gelişmekte olan ülkelerde 4,7, Çin ve Hindistan'ın başı çektiği yükselen Asya ülkelerinde 6,5 olduğu, 2019'da bütün ülke gruplarında büyümenin biraz daha yavaşlayacağı tahmin edilmektedir.

Tablo 1. Dünya Ekonomisi, yıllık reel ekonomik büyüme oranları (%)

Ülke Grubu	2017	2018 (t)	2019 (p)
Dünya	3,7	3,7	3,5
Gelişmiş Ülkeler	2,3	2,4	2,1
Euro Bölgesi	2,4	2,0	1,9
G7	2,1	2,2	2,0
AB	2,7	2,2	2,0
Gelişmekte Olan ve Yükselen Ekonomiler	4,7	4,7	4,7
BDT (Rusya ve 11 komşusu)	2,1	2,4	2,4
Yükselen Asya (Çin ve Hindistan dahil 30 ülke)	6,5	6,5	6,3

(t) Tahmin, (p) projeksiyon. Kaynak: IMF WEO, January 2019.

3. 2018 Yılında Türkiye Ekonomisindeki Gelişmeler

Türkiye ekonomisi gerek dünyadaki ve gerekse yurt içindeki gelişmelere bağlı olarak son yıllarda ciddi sorunlar ve çalkantılarla karşı karşıya kalmıştır. Özellikle Ortadoğu ve Suriye krizi kaynaklı jeopolitik risklerin Türkiye ekonomisine ciddi olumsuz etkileri olmuştur. Yukarda da vurgulandığı gibi, içerden ve dışardan kaynaklı olumsuz gelişmelerin sonucunda Türkiye ekonomisinde 2018 sonunda ortaya çıkan ekonomik tablo ne yazık ki çok parlak bir tablo değildir. Enflasyon oranı son yılların zirvesine çıkmış, bütün düşürme çabalarının aksine faiz oranları yükselmiş, işsizlik artmış, yılın ikinci yarısında döviz piyasalarında meydana gelen dalgalanmalar sonucunda Türk parası Dolar ve Euro karşısında ciddi oranlarda değer kaybetmiştir. Maliyetlerdeki beklenmedik artışlar sonucunda iş dünyası zor günler yaşamış, piyasalar tıkanmış, borçlarını ödeyemez hale geldiği için "konkordato" isteyen şirketlerin sayısında patlama yaşanmıştır.

2013-2018 döneminde Türkiye'nin makroekonomik göstergelerinin izlediği seyir Tablo 2'de gösterilmiştir. 2013 yılından bu yana Türkiye ekonomisinin performansına bakıldığında büyüme hızının dalgalı bir seyir izlediği, makro göstergelerin genel olarak kötüleştiği görülmektedir. Toplam GSYH ve kişi başına gelir rakamları 2013 yılında ulaştığı (sırasıyla 951 milyar $ ve 12 480 $) zirveden sonra, izleyen yıllarda sürekli gerilemiştir. Enflasyon 2013 yılında yüzde 7,4 iken izleyen yıllarda yükselmeye devam etmiş, 2017 yılından itibaren yeniden çift haneli rakamlara tırmanmıştır. İşsizlik oranı da 2015 yılından beri yine çift haneli rakamlar seviyesindedir.

İç tasarrufların yetersizliği, enerji açığı ve ithal girdilere bağımlılık gibi sebeplerle Türkiye ekonomisinin yapısal-müzmin sorunlarından biri olmaya devam eden cari işlemler açığı GSYH'nın yaklaşık yüzde 5'i gibi ciddi seviyesini korumaktadır. Seçim ve referandumlar nedeniyle uygulanan *seçim ekonomisi*nin sonucu olarak kamu harcamaları artarken kamu gelirlerinin aynı oranda artırılamayışı bütçe açıklarına yol açmakta, kamu finansman açıklarını kapatmak amacıyla başvurulan *parasal genişleme* enflasyonu tırmandırmakta, kamu borç stokunu artırmaktadır. 2018 yılında en önemli üç gösterge olarak ekonomik büyüme, enflasyon ve işsizlik oranı konusundaki gelişmeler aşağıda biraz daha detaylı olarak değerlendirilmiştir.

a. Ekonomik Büyüme

Bu satırlar kaleme alındığı sırada 2018 yılının tamamına ilişkin büyüme rakamları henüz açıklanmamıştı. 2018 yılının ilk çeyreğinde yüzde 7,2, ikinci çeyreğinde yüzde 5,3, üçüncü çeyreğinde ise yüzde 1,6 büyüyen Türkiye ekonomisi, böylece yılın ilk dokuz aylık döneminde ortalama yüzde 4,51 oranında büyümüştür. Özellikle ABD ile yaşanan rahip krizi ve dış ilişkilerdeki kötüye gidişin de etkisiyle yılın ikinci yarısında ekonomide ciddi sarsıntılar yaşanmıştır. Temel gıda ürünleri dışında tüketim harcamaları ciddi oranda azalmış, yatırımlar ise adeta durmuştur. Üçüncü çeyrekteki yüzde 1,6'lık büyüme esas itibariyle ihracattaki ve kamu harcamalarındaki artıştan kaynaklanmıştır. Kurlardaki sıçrama ve maliyetlerdeki öngörülmeyen artışların da etkisiyle dördüncü çeyrekte negatif büyüme beklentileri dikkate alındığında 2018'in tamamı itibariyle yıllık büyüme oranının yüzde 2,5 civarında olacağı tahmin edilmektedir.

Tablo 2. Temel Makroekonomik Göstergeler İtibariyle Türkiye Ekonomisi (2013-2018)

GÖSTERGE	2013	2014	2015	2016	2017	2018
GSYH (milyar TL)	1.809	2.044	2 338	2 609	3 105	3 656 (t)
GSYH (milyar $)	951	934	855	861	851	713 (t)
Kişi başına gelir ($)	12 480	12 112	11 019	10 883	10 597	10 173 (t)
Büyüme hızı (%)	8,5	5,2	6,1	3,2	7,4	2,2 (t)
Enflasyon (TÜFE, %)	7,40	8,17	8,81	8,53	11,92	20,30
İşsizlik oranı (%)	9,7	9,9	10,3	10,9	10,9	11,4 (3)
İthalat (milyar $)	252	232,5	200,1	191,1	224,4	206,5 (1)
İhracat (milyar $)	152	168,9	152	152	165,8	154,2 (1)
İhracatın ithalatı karş. oranı (%)	60	73	76	80	74	74,7
Dış ticaret dengesi (milyar $)	-100	-63,6	-48,1	-40,9	-58,6	-52,3
Cari işlemler dengesi (milyar $)	-65	-43,6	-32,1	-33,1	-47,1	-33,9 (2)
Cari açık / GSYH (%)	-6,8	-4,6	-3,7	-3,8	-5,5	-4,7
Bütçe açığı / GSYH (%)	-1,1	-1,1	-1,0	-1,1	-1,5	-1,9
Dış borç stoku (milyar $)	388,2	405,1	399,4	408,2	453,3	448,5 (3)
İç borç stoku (milyar TL)	217,5	414,6	440,1	468,6	535,5	666,7 (3)
Kamu borcu / GSYH (AB Tan., %)	31,3	28,6	27,5	28,3	28,3	28 (3)
Faiz dışı fazla / GSYH (%)	1,2	1,3	1,3	0,7	0,3	2,3
Doğrudan yabancı sermaye girişi (net, milyar$)	12,9	12,8	17,6	12,3	10,8	9,8 (1)
Dolar kuru (TL/$)	1,90	2,18	2,72	3,01	3,64	5,29
İMKB/BIST endeksi	67 802	85 721	71 727	78 138	115 333	90 538
Döviz rezervleri (milyar $)	112,02	106,3	95,7	92,05	84,1	91 (2)

(t) Tahmin, (1) 11 aylık, (2) Kasım sonu itibariyle, (3) Eylül sonu itibariyle. Kaynak: TÜİK, TCMB, Hazine ve Maliye Bakanlığı, IMF.

b. Enflasyon

Enflasyon, yani etkili ve sürekli fiyat artışlarından kaynaklı hayat pahalılığı Türkiye'nin müzmin sorunlarından biridir. Yaklaşık 35 yıllık bir kronik-yüksek enflasyon tecrübesinden sonra, Ak Parti hükümetlerinin kamuda mali disiplini sağlaması sayesinde 2000'li yılların ortalarından itibaren tek haneli rakamlara düşürülmüş olan enflasyon, maalesef son yıllarda yeniden artış eğilimine girmiş ve 2017'den itibaren çift haneli rakamlara yükselmiştir. 2017'deki yüzde 11,9'luk enflasyon 2018'de neredeyse ikiye katlanmış, 2018 sonunda Tüketici Fiyatları Endeksi (TÜFE) üzerinden hesaplanan fiyat artışları yüzde 20,3 olmuştur. AB ve ABD'nin neredeyse on katı olan enflasyonun yükselmesinde rol oynayan başlıca sebepler döviz kurlarında meydana gelen yükselmenin etkisiyle petrol fiyatları ve ithal girdilerin maliyetlerinde meydana gelen artış, seçim ekonomisi nedeniyle kamu mali disiplininden uzaklaşma, kamu harcamalarındaki artışın finansmanıyla bağlantılı parasal genişleme ve bazı piyasalarda gözlemlenen rekabet eksikliği ve tekelleşme eğilimidir.

c. İşsizlik

İşsizlik bir ekonominin performansını ölçerken bakılan üç önemli göstergeden biridir. İşlerin yolunda gittiği bir ekonomi büyür, büyüyen bir ekonomi istihdam yaratır, istihdam yaratan bir ekonomide işsizlik oranı düşer. Öte yandan Türkiye gibi gelişmekte olan bir ülkede *yapısal nedenler*den ve işgücü piyasasındaki doğal hareketlilikten kaynaklanan *doğal işsizlik oranı*nın yüzde 5-6 civarında olduğu kabul edilir. Oysa Türkiye'de fiilen işsizlik oranı bu rakamın neredeyse iki katıdır. Nitekim 2015 yılından beri çift haneli rakamlarda seyreden işsizlik oranının 2018 Eylül dönemi itibariyle yüzde 11,4 olarak gerçekleştiği tahmin edilmektedir. Bunun başlıca iki sebebi vardır. Birincisi genç nüfusumuzun yüksekliği nedeniyle her yıl 700 binin üzerinde gencin işgücü havuzuna katılmasıdır. İkincisi ise siyasi ve ekonomik istikrarsızlık yüzünden Türkiye'de yatırımların potansiyelin altında kalması ve Türkiye ekonomisinin yeterince büyüyememesidir. Büyüme için yatırım şarttır. Yatırım için yerli ve yabancı yatırımcının önünü görebilmesi gerekir. Bu ise risk ve belirsizliğin minimize edilmesine, öngörülebilirliğin artırılmasına bağlıdır. Bunun için de istikrar ve öngörülebilir, hak arama yollarının açık olduğu sağlam bir hukuki zemin elzemdir.[3]

4. Sonuç

Türkiye'nin gerek ekonomik gerekse siyasi olarak son yıllarda ciddi sıkıntılar ve savrulmalar yaşadığı bir gerçektir. Bu sıkıntıların nereden kaynaklandığı önemli bir sorudur. Bu sorunun maalesef kolay, herkesin mutabık olacağı tek bir cevabı yoktur. Cevap nereden baktığınıza, nelere öncelik verdiğinize, rakamları nasıl okuduğunuza, son tahlilde dünya görüşünüze ve bakış açınıza bağlıdır.

Başta ülkeyi yönetenler olmak üzere, bazılarına göre son yıllarda yaşadığımız savrulmalar ve buna bağlı olarak makroekonomik göstergelerde meydana gelen bozulmalar tamamen dış kaynaklıdır. Türkiye'nin yükselişini içine sindiremeyen *dış mihraklar* Türkiye üzerinde çeşitli oyunlar oynamakta, istikrarımızı bozmak ve yükselişimizi durdurmak amacıyla kirli senaryolar yazıp sahneye koymaktadırlar. Bu bakış açısına göre sorun bizde değil, dış düşmanlardadır.

---

[3] Türkiye'nin son yıllarda yaşadığı çalkantılar ve bunun ekonomik yansımaları konusunda daha geniş kapsamlı bir değerlendirme için bkz. M. Acar, *Güncel İktisadi Tartışmalar*, Konya: Literatürk Academia, 2018.

Bunun tam zıddını düşünen bazı çevrelere göre ise sorun tamamen bizden kaynaklıdır. Ortadoğu eksenli bölgesel ve daha genelde küresel güç dengelerini iyi hesap etmeden, sonunu iyi hesaplamadan girişilen hamleler, gücümüzün üzerinde risk alma iştahı, Ortadoğu'da değişimi yönetme ve Suriye'de rejimi değiştirme konusunda yapılan ölçüsüz hesaplar, ve nihayet AB, ABD, BM, Nato gibi başlıca uluslararası aktörlerin tümüne birden meydan okuyan keskin söylemlerin bedeli ağır olmuştur. FETÖ belasından darbe girişimine, çözüm sürecinin akamete uğramasından terörün hortlamasına, milyonlarca insanın göçmen olarak ülkemize sığınmasından döviz kurundaki aşırı yükselişe, enflasyonun ve faizlerin tırmanmasından iç istikrarın bozulmasına kadar hemen bütün olumsuzlukların kaynağı, kendi hatalarımızdır. "Uzun süre Merkez Bankası'nın faiz artırımını engellediğinizde, Rahip Brunson davası gibi, sonradan düzeltmek zorunda kaldığınız hataları yaptığınızda, zaten dalgaya yakalanmamanız kaçınılmazdı. MB'nin olması gerekenden çok daha yüksek faiz artırımına gitmek zorunda kalması, hep söylediğimiz, zamanında alınmayan kararların faturasının daha ağır olacağı gerçeğini bir kez daha ispatladı."[4]

Gerçek çoğu zaman bu ikisinin ortasında bir yerlerdedir. Atalarımız "ifrat ve tefritten kaçınmayı" tavsiye etmişlerdir. Bütün suçu dış mihraklara fatura eden görüş ifrat ise, bütün suçu kendimize yükleyen görüş de tefrittir. Daha orta yolcu, daha dengeli, "hem nalına, hem mıhına vuran," Yunus Emre'nin hikmetli sözüyle "hem sana, hem bana"[5] yontan bir yaklaşımla şunu söylemek mümkündür: Dış dünyanın bizden, Türkiye'nin uluslararası sahnede etkili bir güç olarak yükselmesinden haz-

---

[4]   Erdal Sağlam, "2019 ekonomide hata yapılmayan bir yıl olsa," Hürriyet, 1 Ocak 2019.

[5]   "Olmayalım keser gibi hep bana, hep bana; Olalım testere gibi hem sana, hem bana! (Yunus Emre)

zetmediği doğrudur; uluslararası ilişkilerde her devletin kendi menfaatini korumaya odaklı bir dış siyaset gözettiği de bir vakıadır. Ayrıca, sözün bittiği ve diplomasinin işe yaramadığı yerde silahların konuşacağı da herkesin bildiği bir gerçektir. Bu bağlamda Suriye'de yürütülen vekalet savaşlarının iç ve dış dengelerimizin sarsılmasında önemli bir rolü olduğu açıktır.

Ama bizim de her şeyi doğru, tutarlı ve isabetli yaptığımız da iddia edilemez. 15 Temmuz'a giden süreçte yapılan hata ve ihmaller, karanlık emelleri olduğu anlaşılan bir yapının devlet eliyle palazlandırılması, darbe girişiminden sonra yaşanan travma, bu travmanın etkisiyle hukuk-adalet alanında yaşanan ciddi sıkıntılar, yaratılan mağduriyetler, iç siyasetin sürekli gerilmesi, tüm dünyaya meydan okuyan, yerli ve yabancı yatırımcıyı ürküten keskin söylemler, kamu mali disiplininden uzaklaşmalar, Merkez Bankası'nın zamanında tedbir almasını zorlaştıran siyasi baskılar vb. gibi kendimizden kaynaklı sorunların varlığını da kabul etmek zorundayız.

Sonuç olarak denebilir ki, Türkiye dünya ekonomisi içindeki payı yüzde 1'i bulmayan, ithalatını dengeleyecek kadar ihracat yapamayan, 70 milyar dolar dış ticaret açığı ve genel olarak GSYH'nın yüzde 5'i kadar cari açığı olan, iç tasarrufları yetersiz, cari açığını kapatmak ve yatırımlarını finanse etmek için dış dünyadan kaynak bulmak zorunda olan, 4 milyon civarında Suriyeli sığınmacıya evsahipliği yapmak zorunda kalan, Batı Avrupa'da 5 milyonu aşkın vatandaşının yaşadığı ve ekmek parasını kazandığı, Balkanlardan Kafkasya'ya Müslüman dünyanın gözünü üzerine çevirdiği ve rol modeli olarak gördüğü bir ülkedir.

Böyle bir ülkenin hata üzerinde ısrar etme lüksü de, radikal söylemlerle tüm dünyayı karşısına alma lüksü de, düşman çoğaltma lüksü de yoktur. Bu çerçevede içerde de dışarda da normalleşme, siyasi gerilimin düşürülmesi, daha nazik ve kucaklayıcı bir siyaset dilinin geliştirilmesi, dış ilişkilerin iyileştirilmesi, diplomasinin öne çıkarılması, "düşman azaltıp dost çoğaltılmaya" odaklı bir dış politika izlenmesi Türkiye'nin yararınadır. Yapılacak siyasi, ekonomik ve hukuki reformlarla Türkiye'nin hukukun üstünlüğüne dayalı, dünyanın en demokratik, en şeffaf, en özgür, en sivil, temel hak ve özgürlüklerin garanti edildiği, ayrımcılığın ve keyfiliğin her türlüsünün ortadan kaldırıldığı bir ülke haline getirilmesi hem toplumu rahatlatacak, hem de makroekonomik göstergelerimizi hızla iyileştirecektir.

6. 2019 YILINDA TÜRKİYE VE DÜNYA EKONOMİSİNDEKİ GELİŞMELER[1]

1. Giriş

2019 yılı da, bir önceki yıl gibi, küresel jeopolitik ve jeostratejik risklerin gölgesinde, dünya ekonomisi açısından zor, çalkantılı ve sancılı bir yıl olmuştur. ABD'de Trump yönetiminin dünyanın jandarmalığına soyunan, kendisine biat etmeyen yönetimler ve rejimlere ayar vermeye odaklı şiddet politikaları, ticaret engellerini yükselten korumacılık eğilimleri, Çin ve öteki rakiplerine karşı ticaret savaşlarına davetiye çıkaran sorumsuz ve tehditkâr politikaları dünya ekonomisinin rahatlaması önündeki başlıca engeller olmuştur. Ortadoğu'da 2010'lu yılların başından beri yaşanmakta olan Suriye krizi merkezli gerilimlerin devam etmesi, doğu Akdeniz'de enerji kaynaklarını kontrol amaçlı gerilimin tırmanmasının yanı sıra, AB'nin Brexit bağlamında yaşadığı iç sorunlar da dünya ekonomisini olumsuz etkilemiştir. 2019 yılında ABD Merkez Bankası FED faiz artırımlarına ara vermiş, bu da gelişmekte olan ülkelerden dolar fonlarının çıkışı üzerindeki baskıyı azaltmıştır. Yılın sonlarında Irak üzerinde ABD-İran gerilimi tırmanmış, İran destekli Şii güçlerin komutanı Süleymani'nin öldürülmesi üzerine misilleme olarak İran yanlısı gruplar tarafından ABD'nin Bağdat Büyükelçiliği saldırıya uğramıştır. 2020 yılına Irak ve Suriye üzerinde egemenlik ve yeni mevziler kapma odaklı bu tür çatışmalarla girilmiştir. Sözü edilen olumsuz gelişmelerin etkisiyle

---

[1]   TYB Kültür ve Sanat Yıllığı 2020, ss.13-23.

2019'da dünya ekonomisinde büyüme yavaşlamış, tahminen %2,9 olarak gerçekleşmiştir.

2019 Türkiye ekonomisi açısından da zor bir yıl olmuştur. Çoğumuzun bildiği üzere, seçim dönemleri kamu mali disiplininden sapma ihtimalinin yüksek olduğu yıllardır. 2018 yılında yapılan genel seçimlerin üzerinden fazla bir zaman geçmeden 2019 Mart sonunda bu defa yerel seçimler yapılmış; İstanbul Büyükşehir Belediye Başkanlığı konusunda, günlerce süren "seçimlere hile karıştırıldığı" tartışmalarının ardından iptal edilen seçimler Haziran ayında tekrarlanmıştır. Böylece Türkiye uzun süre seçim atmosferinden çıkamamıştır. İktidarların seçmen desteğini artırmaya yönelik "seçim ekonomisi" uygulamaları bağlamında hükümet kesenin ağzını açmış; kamu harcamaları artırılmış, kamu gelirlerinin bir kısmından vazgeçilmiş, vergi indirimlerine gidilmiş, vergi borçlarına af getirilmiştir. İktisadın evrensel yasalarından biri "her şeyin bir bedeli vardır, hiçbir şey bedava değildir" der. Seçim ekonomisinin de bir bedeli vardır; artan bütçe ve kamu finansman açığı, borçlanma ihtiyacı, yüksek seyreden faizler, her şeye zam yapma ve vergileri arttırma bu bedelin parçasıdır. Nitekim seçimlerden sonra başta elektrik, doğalgaz ve petrol ürünleri olmak üzere her şeye zam gelmiştir.

Politikacıların hoşuna gitmese de ekonominin aynen fizik kanunları gibi evrensel kanunları vardır. Denk bütçeden vazgeçmenin, kamu harcamalarını kaynağını hazır etmeden arttırmanın, karşılıksız para basmanın ve borçlanmada ölçüyü kaçırmanın mutlaka bir bedeli olur: enflasyon gibi, yükselen faizler ve kurlar gibi, ekonomik durgunluk ve işsizlik gibi.[2]

---

[2] Ekonominin biz farkında olmasak da bizi bağlayan evrensel kanunları konusunda daha ayrıntılı bir tartışma için bkz. *İktisadın Evrensel*

Türkiye'nin güney sınırında yaşanan Suriye krizi bağlantılı sorunlar, terörle mücadele, PKK/PYD kontrolünde bir terör devletinin oluşumunu engelleme ve güvenli bölge tesis etme arayışı ekonominin üzerindeki yükü ciddi biçimde ağırlaştıran gelişmelerdir. Savaş pahalıdır, savaşa hazırlık pahalıdır, askeri operasyonlar pahalıdır. Suriye krizi ile bağlantılı olarak Türkiye son birkaç yılda geniş kapsamlı sınır ötesi askeri operasyonlar yapmak zorunda kalmış, bunlar ekonomide kırılganlığı arttırmıştır. ABD ve Rusya gibi, Orta Doğu'nun kontrolünü Türkiye'ye bırakmaya asla razı olmayacak küresel güçlerin başında sertlik yanlısı, tahakkümcü, şahin zihniyetli ve çatışmacı yönetimlerin olması, Türkiye'nin Orta Doğu'da gücünün üzerinde risk alma iştahı, yapılan yanlış hesaplar ve öngörülemeyen gelişmeler maalesef hem dünya, hem de bölge ve Türkiye ekonomisini son derece olumsuz etkileyen gelişmelerdir.

2. 2018 Yılında Dünya Ekonomisindeki Gelişmeler

IMF'nin her yıl düzenli olarak yayımladığı *Dünya Ekonomik Görünümü* raporuna göre, 2018 yılının son 3 çeyreğindeki keskin yavaşlamanın ardından 2019 yılında da küresel ekonomik faaliyetler zayıf bir görüntü arz etmektedir. Özellikle imalat sanayii canlılığını büyük ölçüde kaybetmiş, 2008 küresel ekonomik krizinden beri görülmemiş seviyelere gerilemiştir. Yükselen jeopolitik gerilimler küresel ticaret sistemi ve uluslararası işbirliğinin geleceğiyle ilgili belirsizlikleri arttırmıştır. Dünya ekonomisinin ortalama büyüme hızının 2019'da %2,9 olarak gerçekleştiği tahmin edilmektedir.[3] Gelişmiş olsun veya geliş-

---

Yasaları ve Kadim Sorunları, M. Acar, Konya: Literatürk Academia, 2018.

[3] IMF, World Economic Outlook, January 2020.
https://www.imf.org/en/Publications/WEO/Issues/2020/01/20/weo-update-january2020

mekte olan olsun, istisnasız bütün ülke gruplarında 2019'da ekonomilerin ortalama büyüme hızı 2018'e kıyasla düşmüştür.

2020 yılında ABD başkanlık seçimleri ile Suriye-Irak krizi bağlantılı gerilimler dünya ekonomisine damga vuracak başlıca gelişmeler olacaktır. Her şeye rağmen ekonomik büyümenin dibe vurduğu, bundan sonra kısmi bir toparlanmanın olabileceği tahminleri ağır basmaktadır. Bu çerçevede küresel ve bölgesel jeopolitik ve jeostratejik riskler dikkate alındığında, dünya ekonomisinin 2020 yılında %3,3 büyümesi beklenmektedir.

Başlıca ülke grupları itibariyle 2017-2020 dönemi için gerçekleşen ve tahmin edilen büyüme oranlarının gösterildiği Tablo 1'de de görüldüğü üzere, dünya ekonomisinin bir önceki yıla kıyasla büyüme hızının kayda değer oranda yavaşlayarak 2019'da ortalama yüzde 2,9 büyüdüğü tahmin edilmektedir. Gelişmiş ülkelerde bu oranın %1,7, (tek para kullanan AB üyesi ülkelerden oluşan) *Euro Bölgesi*nde %1,2, AB genelinde %1,5, gelişmekte olan ülkelerde %3,7, Çin ve Hindistan'ın dâhil olduğu yükselen Asya ülkelerinde ise %5,6 olduğu hesaplanmaktadır. 2019'un son çeyreğinde ABD Merkez Bankası (FED) politika faiz oranını 25 baz puan, Çin Merkez Bankası 5 baz puan, Türkiye Merkez Bankası ise –biraz da siyasi otoritenin baskısıyla- 450 baz puan aşağı çekmiştir. Avrupa Merkez Bankası aylık 20 milyar Euro tutarında varlık alımlarına (piyasaya her ay bu tutarda para vermeye) başlamıştır. Yani para politikalarında genelde bir gevşeme söz konusudur. Küresel gerilimler bağlamında beklenmedik yeni olumsuzluklar olmaması halinde, reel ekonomik büyümenin 2020'de gelişmiş ülkelerde yatay bir seyir izlerken, öteki ülke gruplarında biraz hızlanacağı tahmin edilmektedir.

Tablo 1. Dünya Ekonomisi, Yıllık Reel Ekonomik Büyüme Oranları (2017-2020, %)

Ülke Grubu	2017	2018	2019 (t)	2020(p)
Dünya	3,8	3,6	2,9	3,3
Gelişmiş Ülkeler	2,5	2,2	1,7	1,6
Euro Bölgesi	2,5	1,9	1,2	1,3
G7	2,3	2,1	1,6	1,6
AB	2,8	2,2	1,5	1,6
Gelişmekte Olan ve Yükselen Ekonomiler	4,8	4,5	3,7	4,4
Yükselen Asya (Çin ve Hindistan dahil 30 ülke)	6,5	6,4	5,6	5,8
Orta Doğu ve Orta Asya	2,3	1,9	0,8	2,8

(t) tahmin, (p) projeksiyon. Kaynak: IMF World Economic Outlook, January 2020.

3. 2018 Yılında Türkiye Ekonomisindeki Gelişmeler

Türkiye ekonomisi bağlamında 2019 yılında yaşanan çok az sayıdaki olumlu gelişmeden biri, hiç kuşkusuz, siyasi otoritenin özel gayretleriyle oluşturulan TOGG (Türkiye Otomobil Girişim Grubu) çatısı altında nihayet Türk markalı bir otomobilin örnek modelinin kamuoyuna tanıtımı olmuştur. Her ne kadar henüz üretim aşamasına gelmemiş, 2022 yılında ancak piyasaya çıkacak olması ve tasarımının İtalya'da yapılması bazı spekülasyonlara yol açsa da, şimdiye kadar çoktan hayata geçirilmiş olması gereken bir girişimin nihayet ufukta görünmesi sevindiricidir. Ne yazık ki, bir zamanlar Türkiye'nin her bakımdan kendisinden daha gelişmiş olduğu, aynı dönemlerde otomotiv sektörüne teşvik vermeye başladığı Güney Kore bugün kendi markalarıyla dünya pazarlarında boy gösterirken, Türkiye montaj sanayiinden öteye geçememiştir. Altını çizmek gerekir ki, bu girişimin arzu edildiği gibi başarılı bir şekilde tamamına erdirilebilmesi Türkiye'nin önümüzdeki yıllarda siyasi istikrar, ekonomik istikrar, demokrasi, hukuk devleti ve öngörülebilirlik açısından göstereceği performansa bağlıdır.

Daha genel olarak Türkiye ekonomisinin 2019 performansına bakıldığında, olumlu bir tablo çizmek ne yazık ki pek mümkün görünmemektedir. Gerek dünyadaki ve gerekse yurt içindeki gelişmelere bağlı olarak, Türkiye ekonomisi son yıllarda ciddi sorunlar ve çalkantılarla karşı karşıya kalmıştır. Özellikle Ortadoğu ve Suriye krizi kaynaklı jeopolitik risklerin Türkiye ekonomisine ciddi olumsuz etkileri olmuştur. Giriş bölümünde kısmen değinildiği üzere, gerek dış dünyada yaşanan çatışmalar ve gerekse ülke içinde yaşanan gerilimlerden kaynaklı olumsuz gelişmelerin sonucunda Türkiye ekonomisinde 2019 sonunda ortaya çıkan tablo maalesef ekonomik açıdan parlak bir tablo değildir. Bir yönüyle olumlu olarak görülebilecek bir gelişme, enflasyonun 2018'e kıyasla kısmen gerilemiş olmasıdır. Ancak, enflasyonun gelişmiş ülkelerde %1,4, yükselen ve gelişmekte olan ülkelerde ise %5,1 olduğu dikkate alınınca, gelişmiş ülkelerin 8,5 katı, gelişmekte olan ülkelerin 2,5 katı seviyesinde, hâlâ çift haneli rakamlarla ifade edilen enflasyondan övgüyle bahsetmenin imkânı yoktur. Merkez Bankası Başkanının başını yiyen faizler yoğun siyasi baskılarla yılın son çeyreğinde 450 baz puan düşürülmüş olmakla birlikte, bunun kalıcı olup olmadığını zaman gösterecektir. Yine önemli makro göstergelerden biri olan ve zaten çift haneli rakamlarda seyreden işsizlik oranı 2018'e kıyasla daha da artmıştır. Döviz kurlarında 2018 yılında ABD-Türkiye ilişkilerinde yaşanan gerilim ve rahip krizi nedeniyle yaşanan ciddi dalgalanma 2019'da yaşanmamış, kur artışları ılımlı düzeyde kalmıştır.

Türkiye'nin müzmin sorunlarından biri olan cari açık konusunda bir açıdan bakıldığında 2019'da olumlu bir gelişme söz konusudur: onlarca yıldır sürekli kabarık cari açık veren Türkiye ekonomisi, 2019 yılının Ocak-Kasım döneminde 4 milyar dolar civarından bir cari fazla vermiştir. Ancak rakamın pozitif olmasına bakarak çok fazla sevinmemek gerekir; zira cari açığın kapanması ekonomik büyümenin durmasıyla, ithalatın da ciddi biçimde azalmasıyla bağlantılıdır. Nitekim Tablo 2'den görüleceği üzere 2018 yılında 223 milyar dolar olan ithalat Kasım 2019 sonunda 184 milyar dolara düşmüştür. Başka bir deyişle, ithalat yapmayınca döviz yükümlülüğü azalmakta, cari açık da olmamaktadır. Türkiye büyürken cari açığı da büyüyen, büyümesi durunca cari açığı küçülen bir ülkedir. Oysa ithalat azalmasa da ihracatın büyük oranda arttığı, hızlı büyüyen bir ekonomiye rağmen cari açığın kapanması çok daha sağlıklı bir gelişme olurdu.

Türkiye'nin küresel ekonomi içindeki göreli konumu da son yıllarda yaşanan çalkantılar ve makroekonomik göstergelerdeki bozulmalara bağlı olarak gerilemiştir. Nitekim Türkiye 2000 yılında GSYH büyüklüğü bakımından dünyada 20., kişi başına gelir bakımından ise 64. sırada idi. Cumhuriyet tarihinin en büyük ekonomik krizinin yaşandığı 2001'de dibi gördükten sonra, siyasetteki yenilenme arayışları neticesinde değişimci, reformcu ve özgürlükçü bir profil çizen Ak Partinin 2002'de iktidara gelmesiyle hızlı bir toparlanma süreci yaşanmış, buna bağlı olarak Türkiye 2010 yılında 772 milyar dolar GSYH'sıyla dünyada 17. sıraya, 10 476 dolarlık kişi başına gelirle dünyada 62. sıraya yükselmişti. Ne yazık ki izleyen yıllarda içerde ve dışarda yaşanan savaş, terör, darbe girişimi, fabrika ayarlarının bozulması ve değişimci-reformcu-özgürlükçü profilin yerine statükocu-baskıcı-yasakçı bir profilin öne çıkması gibi nedenlerle Türkiye'nin uluslararası karnesi zayıflamış, makro göstergeleri bozulmuş; buna bağlı olarak 2018 yılında Türkiye GSYH büyüklüğü bakımından 19., kişi başına gelir büyüklüğü bakımından 72. Sıraya gerilemiştir. 2019 yılında Türkiye'nin GSYH büyüklüğü açısından dünyada 20. sıraya düşeceği tahmin edilmektedir.[4]

---

[4] http://www.mahfiegilmez.com/2020/01/turkiye-ekonomisinin-son-17-yl.html#more

2014-2019 döneminde Türkiye'nin makroekonomik göstergelerinin izlediği seyir Tablo 2'de gösterilmiştir.

2014 yılından bu yana Türkiye ekonomisinin performansına bakıldığında dalgalı bir seyir izleyen büyüme hızının son iki yılda ciddi ivme kaybettiği, makroekonomik göstergelerin genel olarak kötüleştiği görülmektedir. Toplam GSYH ve kişi başına gelir rakamları 2013 yılında ulaştığı (sırasıyla 951 milyar dolar ve 12 480 dolar) zirveden sonra, izleyen yıllarda sürekli gerilemiştir. Enflasyon 2014 yılında yüzde 8,2 iken izleyen yıllarda yükselmeye devam etmiş, 2017 yılından itibaren yeniden çift haneli rakamlara tırmanmıştır. İşsizlik oranı da 2015 yılından beri yine çift haneli rakamlar seviyesindedir.

İç tasarrufların yetersizliği, enerji açığı ve ithal girdilere bağımlılık gibi sebeplerle Türkiye ekonomisinin yapısal-müzmin sorunlarından biri olan cari işlemler açığı, 2019 yılında ekonomik büyümenin durmasına bağlı olarak, ithalatın azalması sayesinde ortadan kalkmış görünmektedir. Son yıllarda oy kaygısıyla uygulanan *seçim ekonomisi*nin sonucu olarak kamu harcamaları artarken kamu gelirlerinin aynı oranda artırılamayışı bütçe açıklarına yol açmış, kamu finansman açıklarını kapatmak amacıyla başvurulan *parasal genişleme* enflasyonu tırmandırmış, kamu borç stokunu arttırmıştır.

2019 yılında en önemli üç gösterge olarak ekonomik büyüme, enflasyon ve işsizlik oranı konusundaki gelişmeler aşağıda biraz daha detaylı olarak değerlendirilmiştir.

Tablo 2. Temel Makroekonomik Göstergeler İtibariyle Türkiye Ekonomisi (2014-2019)

GÖSTERGE	2014	2015	2016	2017	2018	2019
GSYH (milyar TL)	2.044	2 338	2 609	3 105	3 701	4 300
GSYH (milyar $)	934	855	861	851	789	749 (t)
Kişi başına gelir ($)	12 112	11 019	10 883	10 597	9 632	9 127
Büyüme hızı (%)	5,2	6,1	3,2	7,4	2,6	0,9
Enflasyon (TÜFE, %)	8,17	8,81	8,53	11,92	20,30	11,84
İşsizlik oranı (%)	9,9	10,3	10,9	10,9	12,3	13,4 (2)
İthalat (milyar $)	242	207	199	234	223	184 (1)
İhracat (milyar $)	158	144	143	157	168	157 (1)
İhracatın ithalatı karşılama oranı (%)	65	70	72	67	75	85
Dış ticaret dengesi (milyar $)	-84	-63	-56	-77	-55	-27
Cari işlemler dengesi (milyar $)	-43,6	-32,1	-33,1	-47,3	-27,2	4,2 (1)
Cari açık / GSYH (%)	-5,0	-3,7	-3,8	-5,5	-3,5	1,0 (t)
Bütçe açığı / GSYH (%)	-1,1	-1,0	-1,1	-1,5	-1,9	-2,8 (t)
Dış borç stoku (milyar $)	405	399	408	453	446	445 (t)
İç borç stoku (milyar TL)	415	440	469	536	667	777 (1)
Kamu borcu / GSYH (%)	28,6	27,5	28,3	28,2	30,4	32,1 (1)
Faiz dışı fazla / GSYH (%)	1,3	1,3	0,7	0,3	2,3	0,1 (1)
Doğrudan yabancı sermaye girişi (net, milyar$)	13,3	19,2	14,0	11,5	13,1	7,6 (1)
Dolar kuru (TL/$)	2,18	2,72	3,01	3,64	5,29	5,95
İMKB/BIST endeksi	85 721	71 727	78 138	115 333	88 830	114 425
Döviz rezervleri (milyar $)	106	96	92	84	93	105 (1)

(t) tahmin, (1) Ocak-Kasım dönemi, (2) Ekim dönemi itibariyle.
Kaynak: TÜİK, TCMB, Hazine ve Maliye Bakanlığı, Cumhurbaşkanlığı Strateji ve Bütçe Başkanlığı, IMF.

a. Ekonomik Büyüme

Reel ekonomik büyüme bir ekonominin önceki dönemlere kıyasla daha fazla mal ve hizmet üretebilmesi demektir, yani iktisadi pastanın büyümesidir. Zenginleşmenin, refah seviyesini arttırmanın, dünya nimetlerinden daha fazla istifade edebilmenin ve de bizden pek hazzetmeyen düşmanlara karşı caydırıcı güce sahip olabilmenin ön şartı olması nedeniyle, ekonomik büyüme kuşkusuz en önemli makroekonomik göstergedir. Ekonomi hızlı büyüdüğü oranda işsizlik azaltılabilir, ülke zenginleşebilir, yoksulluk azaltılabilir, dışarıya borçlanma ihtiyacı azaltılabilir; ülkenin dış dünyadaki ağırlığı, prestiji ve caydırıcı gücü arttırılabilir. Aksine, büyümeyen bir ekonomi istihdam yaratamaz, işsizliği ve yoksulluğu azaltamaz, refahı arttıramaz.

Ekonomik büyüme rakamları, uzayan tahmin ve hesap-kitap işleri yüzünden, tipik olarak iki-üç aylık gecikmeyle açıklanır. Nitekim bu satırların kaleme alındığı Ocak 2020 ortaları itibariyle 2019 yılının tamamına ilişkin büyüme rakamları henüz açıklanmamıştı. 2018 yılında ABD ile yaşanan gerilimler ve rahip krizinin döviz piyasalarında yarattığı dalgalanmanın artçı sarsıntıları yüzünden ekonomi 2018'in dördüncü çeyreğinde %3 oranında daralmış (negatif büyümüş); 2018'in tamamı itibariyle yıllık büyüme oranı %2,6 olmuştu. Bir önceki yılın aynı dönemine göre 2019 yılının ilk çeyreğinde büyüme hızı %-2,3, ikinci çeyreğinde %-1,6 olmuş, yani 2019'un ilk yarısında ekonomi büyümemiş, küçülmüştür. Üçüncü çeyrekte toparlanma başlamış, büyüme hızı %0,9 olmuştur. Bu dönemde toplam sabit sermaye yatırımları %12,6 oranında gerilerken, özel tüketim ve kamusal tüketim harcamaları sırasıyla %1,5 ve 7 oranında artmıştır. Yani üçüncü çeyrekteki büyüme büyük oranda kamu harcamalarındaki artıştan kaynaklanmıştır. Böylece 2019 yılının dokuz aylık döneminde ekonomi %0,9 oranında daralmıştır. Dördüncü çeyrekte toparlanmanın sürmesi beklenmekte, yılın tamamı itibariyle büyümenin %sıfır civarında olacağı tahmin edilmektedir. Kısaca 2020 yılının başı itibariyle Türkiye ekonomisi durgun bir görünüm arz etmektedir. Dünya ekonomisindeki toparlanma ve Türkiye'nin dış ilişkilerinde normalleşme beklentilerine bağlı olarak 2020'de ekonomik büyümenin artacağı tahmin edilmektedir.

b. Enflasyon

Enflasyon, fiyatlar genel seviyesinin etkili ve sürekli artması, kısaca hayat pahalılığı demektir. Ne yazık ki Türkiye'nin müzmin sorunlarından biri de enflasyondur. Enflasyonun esas itibariyle iki sebebi vardır: 1) Aşırı talep, yani arzın talebi karşılayamaması, 2) Maliyet artışları. Hızına göre enflasyonun ise *ılım-*

lı, *kronik* (yüksek) ve *hiper* olmak üzere üç türü vardır. Türkiye son yarım asırda sürekli kronik yani yüksek enflasyon sorunu yaşayan bir ülkedir. 1970'li yılların başından itibaren yaklaşık 35 yıllık bir kronik-yüksek enflasyon döneminden sonra, Ak Parti hükümetlerinin iktidarının ilk yıllarında kamuda mali disiplinin sağlanması sayesinde 2000'li yılların ortalarından itibaren tek haneli rakamlara düşürülmüş olan enflasyon, maalesef son yıllarda siyasi ve ekonomik çalkantılar ve mali disiplinden sapılması nedeniyle tekrar artış eğilimine girmiş ve 2017'den itibaren yeniden çift haneli rakamlara yükselmiştir. 2017'deki yüzde 11,9'luk enflasyon 2018'de neredeyse ikiye katlanmış, 2018 sonunda Tüketici Fiyatları Endeksi (TÜFE) üzerinden hesaplanan fiyat artışları yüzde 20,3 olmuştur. 2019'da biraz gerilese de, hâlâ çift haneli rakamlarla ifade edilir düzeydedir. Nitekim TÜİK verilerine göre Aralık 2019'da TÜFE artışı, bir önceki yılın aynı ayına göre %11,84, on iki aylık ortalamalara göre ise %15,18 olarak gerçekleşmiştir.

Gelişmiş ülkelerin yaklaşık sekiz katı, gelişmekte olan ülkelerin ikibuçuk katı, dünya ortalamasının da bir hayli üzerinde olan enflasyonun yükselmesinde rol oynayan başlıca sebepler arasında şunlar sayılabilir: Petrol fiyatları ve döviz kurlarına bağlı olarak ithal girdilerin maliyetlerinde meydana gelen artışlar; askeri operasyonlar, savaş, terörle mücadele ve seçim ekonomisi nedeniyle kamu mali disiplininden uzaklaşılması; kamu harcamalarındaki artışların finansmanıyla bağlantılı parasal genişleme ve bazı piyasalarda gözlemlenen rekabet eksikliği, oligopolleşme ve tekelleşme eğilimi.

c. İşsizlik

İşsizlik bir ekonominin performansını ölçerken bakılan üç önemli makro ekonomik göstergeden biridir. İşlerin yolunda gittiği, üretimi artırabilen bir ekonomi büyür; büyüyen bir ekonomi istihdam yaratır; istihdam yaratan bir ekonomide işsizlik oranı düşer. Öte yandan Türkiye gibi gelişmekte olan bir ülkede teknolojik değişim vs. gibi *yapısal nedenler*den ve çalışma yaşına erişip işgücüne katılanlar, emekli olup piyasayı terk edenler vs. gibi işgücü piyasasındaki *doğal hareketlilik*ten kaynaklanan *doğal işsizlik oranı*nın yüzde 5-6 civarında olduğu kabul edilir. Oysa Türkiye'de son yıllarda işsizlik oranı bu rakamın iki katından daha yüksektir. İşsizliğin iradi, gayri-iradi, açık, gizli, friksiyonel (geçici), yapısal, mevsimsel vb. çok çeşitli türleri vardır. Ülkeyi yönetenlerin doğru politikalarla, ekonomik canlanmayı ve büyümeyi teşvik eden politikalar sayesinde azaltabilecekleri işsizlik türü *konjonktürel* işsizliktir. İç ve dış gelişmeler, yaşanan gerilimler, belirsizlik ve risklerin yüksekliği gibi nedenlerle ekonomik büyüme sıfıra yakın olunca, işsizlik de azalmamaktadır. Nitekim 2015 yılından beri çift haneli rakamlarda seyreden işsizlik oranı, TÜİK tarafından 10 Ocak 2020 tarihinde açıklanan işgücü istatistiklerine göre, 2019 Ekim ayı itibariyle yüzde 13,4 olarak gerçekleşmiştir. Aynı dönemde istihdam edilenlerin (fiilen bir işte çalışanların) sayısı 28,3 milyon, istihdam oranı ise %45,9 olmuştur. 15-65 yaş arasında, yani çalışma çağında olan nüfustan çalışamayacak durumda olan (engelli, mahkûm, çalışmaya niyeti olmayan vb.) nüfusun çıkarılmasıyla elde edilen *işgücü* sayısı, Ekim 2019 itibariyle 32,7 milyon, *işgücüne katılım oranı* ise %53 olarak gerçekleşmiştir. İşgücüne katılım oranı önemli bir gösterge olup, çalışma çağındaki nüfusun ne kadarının çalıştığını veya çalışmaya niyetli olduğunu gösterir. Gelişmiş ülkelerde %60-70 arasında olan bu oran Türkiye'de %53'tür. İşsiz insan sayısı 4,4 milyon civarındadır.

Türkiye'de işsizliğin yüksek olmasının başlıca iki sebebi vardır. Birincisi genç nüfusumuzun yüksekliği nedeniyle her yıl 700 bin dolayında gencin işgücü havuzuna katılmasıdır. İkincisi ve daha önemlisi ise, siyasi ve ekonomik istikrarsızlık yüzünden Türkiye'de yatırımların potansiyelin altında kalması ve Türkiye ekonomisinin yeterince büyüyememesidir. Büyüme için yatırım şarttır. Yatırım için yerli ve yabancı yatırımcının önünü görebilmesi gerekir. Bu ise risk ve belirsizliğin azaltılmasına, öngörülebilirliğin artırılmasına bağlıdır. Aklı başında hiç kimse parasını sokağa atmak, göz göre göre zarar etmek istemez. Bu bağlamda yerli olsun yabancı olsun, yatırımcılar ve sermaye sahiplerinin bir ülkede yatırım yapmak için aradığı esas itibariyle beş şart vardır: 1) Siyasi istikrar, 2) Ekonomik istikrar, 3) Kâr fırsatı, 4) Bürokratik formalitelerin azlığı, 5) Hak arama yollarının açık olduğu, sağlam bir hukuki zemin. Ne yazık ki Türkiye biraz da zamanından evvel altına girdiği, gücüyle mütenasip olmayan riskler ve dış dünya ile gerilimli ilişkileri yüzünden sayılan bu faktörler açısından güven telkin etmemekte, bu da yatırımlara ve işsizliğe olumsuz olarak yansımaktadır.

4. Sonuç

Türkiye'nin gerek ekonomik gerekse siyasi olarak son yıllarda ciddi sıkıntılar ve savrulmalar yaşadığı bir gerçektir. Bu sıkıntıların nereden kaynaklandığı önemli bir sorudur. Bu sorunun maalesef kolay, herkesin mutabık olacağı tek bir cevabı yoktur. Cevap nereden baktığınıza, nelere öncelik verdiğinize, rakamları nasıl okuduğunuza, son tahlilde dünya görüşünüze ve bakış açınıza bağlıdır.

Ülkeyi yönetenler ve iktidar yandaşlarına göre son yıllarda yaşadığımız savrulmalar ve buna bağlı olarak makroekonomik göstergelerde meydana gelen bozulmalar tamamen dış kaynaklıdır. Türkiye'nin yükselişini içine sindiremeyen *dış mihraklar* Türkiye üzerinde çeşitli oyunlar oynamaktadırlar. İstikrarımızı bozmak ve yükselişimizi durdurmak için kirli senaryolar sahneye konmaktadır. Bu bakış açısına göre sorun bizde değil, bizi kıskanan dış düşmanlardadır.

Buna karşılık muhalefete ve iktidarın icraatlarını eleştiren çevrelere göre sorun tamamen bizden kaynaklıdır. Ortadoğu eksenli bölgesel ve daha genelde küresel güç dengelerini iyi hesap etmeden, sonunu iyi hesaplamadan girişilen hamleler; ülkenin ekonomik, teknolojik ve askeri gücünün üzerinde risk alma iştahı; Ortadoğu'da değişimi yönetme ve Suriye'de rejimi değiştirme konusunda yapılan ölçüsüz hesaplar; ABD ve Nato gibi başlıca uluslararası aktörlerin tümüne birden meydan okuyan dış politikanın bedeli ağır olmuştur. Darbe girişiminden demokrasi ve hukuk devleti açığına, bir ara durmuş görünen terörün yeniden hortlamasına, ülkemize sığınan milyonlarca mülteciden makro dengelerin bozulmasına kadar hemen bütün olumsuzlukların kaynağı, iktidarın yanlış politikaları ve icraatlarıdır.

İktidar karşıtlığı bağlamında ideolojik-siyasi fanatizme esir olmadan, ama iktidar yandaşlığı bağlamında da başımızı kuma gömmeden, komplo teorilerinin vahşi cazibesine kapılmadan, sağduyulu ve soğukkanlı bir değerlendirme yapmak gerekirse, gerçeğin bu iki aşırı ucun arasında bir yerde olduğunu söylemek mümkündür. Kendimize toz kondurmadan bütün suçu dış mihraklara fatura eden görüş gerçeği yansıtmaktan uzak bir aşırılıktır. Aksine bütün suçu ülkeyi yönetenlere yükleyen görüş de başka bir aşırılıktır. Daha orta yolcu bir yaklaşımla şunu söylemek mümkündür: Dünyanın jandarmalığına soyunan uluslararası aktörlerin, Türkiye'nin uluslararası sahnede bağımsız ve başına buyruk hareket eden etkili bir bölgesel güç olarak yükselmesinden rahatsız olduğu doğrudur. Öte yandan uluslararası ilişkilerde temel belirleyici faktörün ulusal çıkarlar olduğu, her devletin kendi menfaatini kollamaya odaklı bir dış politika takip ettiği de bir vakıadır. Sözün bittiği, diplomasinin yetersiz kaldığı yerde silahların konuştuğu malûmdur. Bu bağlamda son yıllarda Irak ve özellikle Suriye'de yürütülen vekâlet savaşları ve köşe kapmaca oyunlarının Türkiye'nin iç ve dış dengelerinin sarsılmasında belirleyici bir rolü olduğu izahtan varestedir.

Bu çerçevede bütün kabahati ülkeyi yönetenlere yüklemek belki insaflı olmaz; ama onların da her şeyi doğru, tutarlı ve isabetli yaptığını ileri sürmek mümkün değildir. Son yıllarda yaşadığımız her şey aynen bu şekilde yaşanmak zorunda değildi. Güç dengeleri daha iyi dikkate alınabilir, gücümüzün sınırları daha iyi hesaplanabilir, daha barış ve diplomasi odaklı politikalar tasarlanıp icra edilebilirdi. 15 Temmuz darbe girişimi öncesinde yapılan hata ve ihmaller, karanlık emelleri olduğu anlaşılan bir yapının devlete bu kadar sızdırılması, darbe girişiminden sonra yaşanan travma, bu travmanın etkisiyle hukuk-adalet alanında yaşanan ciddi sıkıntılar ve yaratılan mağduriyetlerin bedeli ağır olmuştur. İç siyasetin sürekli gerilmesi, tüm dünyaya meydan okuyan, yerli ve yabancı yatırımcıyı ürküten keskin söylemler, kamu mali disiplininden uzaklaşma, kuvvetler ayrılığının giderek ortadan kalkması ve devlet kurumlarının verimli çalışmasını zorlaştıran keyfiliklere kapı aralanması, liyakatten giderek uzaklaşma vb. gibi içerden kaynaklı sorunların varlığını da kabul etmek zorundayız.

Türkiye dünya ekonomisi içindeki payı yüzde 1'in altında, ithalatını dengeleyecek kadar ihracat yapamayan, en düşük olduğunda bile 30 milyar dolar dış ticaret açığı veren, ekonominin hızlı büyüdüğü dönemlerde sürekli yüksek cari açıklar veren, iç tasarrufları yetersiz, yatırımlarını finanse etmek için dış dünyadan kaynak bulmak zorunda olan bir ülkedir. Batı Avrupa'da 5 milyonu aşkın vatandaşımız ekmek parası kazanıyor, 4 milyonu aşkın sığınmacıya evsahipliği yapıyoruz. Hata üzerinde ısrar lüksümüz de, radikal söylemlerle tüm dünyayı karşımıza alma ve düşman çoğaltma lüksümüz de yoktur. Bu çerçevede Türkiye'nin sorunu, bilgisayar diliyle söylersek "donanım" sorunu değil, "yazılım" sorunudur. Köprüler, yollar, havalimanları, hızlı trenler, okullar ve hastaneler konusunda dış dünya ile rahatlıkla yarışabilecek durumdayız. Bizim sorunumuz eğitimde kalite sorunu, demokrasi sorunu, hukuk devleti sorunu, kurumsallaşma sorunu, ehliyet-liyakat sorunu, keyfilikleri önleme sorunu, özgürlüklerin önünü açma ve çeşitlilikleri kucaklama sorunudur. İçerde de dışarda da normalleşme, siyasi gerilimin düşürülmesi, daha yapıcı bir siyaset dilinin geliştirilmesi, dış ilişkilerin normalleştirilmesi, yatırım ortamının iyileştirilmesi, öngörülebilirliğin arttırılması ve bölgesel sorunlarda diplomasinin öne çıkarılması Türkiye'nin yararınadır.

Her platformda söylediğimiz gibi, yapılacak siyasi, ekonomik ve hukuki reformlarla Türkiye'nin hukukun üstünlüğüne dayalı, dünyanın en demokratik, en şeffaf, en özgür, en sivil, temel hak ve özgürlüklerin garanti edildiği, ayrımcılığın ve keyfiliğin her türlüsünün ortadan kaldırıldığı bir ülke haline getirilmesi hem ülkeyi rahatlatacak, hem de makroekonomik göstergeleri hızla iyileştirecektir.

7. 2020 YILINDA TÜRKİYE VE DÜNYA EKONOMİSİNDEKİ GELİŞMELER[1]

1. Giriş

2020 yılı, Covid-19 adıyla kodlanmış yeni tip bir koronavirüs belasının gölgesinde geçen bir yıl olmuştur. Yeryüzünün birçok bölgesinde zaten önceki yıllardan devreden küresel jeopolitik ve jeostratejik risklere ilave olarak bir de koronavirüs salgını dünya ekonomisini de, Türkiye ekonomisini de adeta felç etmiştir. 2019'un son günleri ve 2020 yılı başında Çin'in Wuhan bölgesinde patlak veren virüs kısa sürede bütün dünyaya yayılmış, küresel bir salgın haline dönüşmüştür. Salgının küresel ekonomi üzerindeki olumsuz etkilerine bir sonraki bölümde daha ayrıntılı olarak değinilecektir.

Dünya ekonomisinin yaklaşık beşte birini oluşturması, dünya rezerv parasının sahibi olması ve siyasi-askeri gücü nedeniyle ABD dünya ekonomisi üzerinde ciddi etkilere sahip bir ülkedir. ABD tarihinin en tartışmalı, yarın ne yapacağı belli olmayan, öngörülebilirliği sıfıra yakın bir başkan olan Donald Trump'ın emri altındaki yönetimin küreselleşme ve serbest ticaret karşıtı, dünyanın jandarmalığına soyunan, etrafa ayar vermeye odaklı politikalarının ve ticaret engellerini yükselten korumacılık eğilimlerinin dünya ekonomisi üzerindeki olumsuz etkilerine geçen yıl yaptığımız değerlendirmede de değinilmişti. 2020 yılı Kasım ayında yapılan başkanlık seçimlerinde Trump seçimleri kaybetmiştir. Ancak "yenilen pehlivan güreşe

---

[1]   TYB Kültür ve Sanat Yıllığı 2021, ss.73-89.

doymaz" özlü sözünü haklı çıkarırcasına Trump yenilgiyi kabul etmek istememiş, mahkemeye yaptığı itirazlardan da istediği sonucu elde edemeyince yandaşlarını sokağa çıkmaya çağırmıştır. 2021 yılının ilk günleri ABD Parlamentosu (Kongre) binasının basılması, çıkan çatışmalarda bazı insanların ölmesi ve ardından yaşanan olaylar ABD'nin uluslararası prestijine gölge düşürür nitelikteydi. 2021 yılı 20 Ocak tarihinde görevi devralan Biden yönetiminin daha sorumlu, öngörülebilir, uluslararası barış ve istikrarı güçlendirmeye dönük politikalar izlemesini umalım.

Ortadoğu'da sonradan kışa dönen Arap Baharı'nın, özellikle Suriye merkezli artçı sarsıntılarıyla Türkiye'yi çok olumsuz etkilediği hepimizin malumudur. Suriye-Yemen merkezli gerilimler ve çatışmalar 2020 yılında da devam etmiştir. Bu konudaki belki tek olumlu gelişme, ilişkileri neredeyse kopma noktasına gelmiş iki kritik Ortadoğu ülkesi olan S. Arabistan ile Katar'ın 2020 sonunda yeniden barışmış olmasıdır. Doğu Akdeniz'de enerji kaynaklarını kontrol amaçlı gerilim 2020 sonlarında kısmen yumuşamış olmakla birlikte henüz aşılabilmiş değildir. İngiltere'nin AB'den ayrılması ve Covid-19 salgınıyla bağlantılı sıkıntılar AB ekonomisini ve ticaret ortaklarını olumsuz etkileyen başlıca dinamiklerdir. Sözü edilen olumsuz gelişmelerin etkisiyle 2020'de dünya ekonomisi 2008-2009 küresel ekonomik krizinden sonra ilk defa, II. Dünya Savaşı'ndan bu yana da ikinci kez daralmıştır.

2020 Türkiye ekonomisi açısından da zor bir yıl olmuştur. 2013 yılından bu yana devam eden makro ekonomik göstergelerin bozulması süreci 2020 yılında da maalesef tersine çevrilememiştir. Özellikle koronavirüs salgını nedeniyle birçok sektörde işlerin durma noktasına gelmesi, işini kaybeden ve yardıma muhtaç hale gelen kişilerin sayısının artması kamu harcamaları üzerinde baskı yaratmıştır. Pandeminin etkisini hafifletme amacıyla işsizlik ödenekleri, işten çıkarmaya ara vermeleri karşılığında şirketlere kaynak aktarma ihtiyacı, pandemiyle mücadele bağlamında hastane inşası, tedavi, ilaç vs. sağlık harcamalarında görülen olağanüstü artışlar kamu mali disiplinini, buna bağlı olarak makro göstergeleri daha da bozmuştur. Aşağıda bu konudaki gelişmeler rakamsal veriler ışığında daha somut olarak incelenmiştir.

2. 2020 Yılında Dünya Ekonomisindeki Gelişmeler

2020 yılında dünya gündemine damgasını vuran olay, hiç kuşkusuz koronavirüs ya da Covid-19 pandemisidir. Yılın başlarında Çin'de görülmesinden kısa süre sonra yıldırım hızıyla bütün dünyaya yayılmış olan virüs doğrudan ve yan etkileriyle birlikte 2020'de dünya ekonomisini adeta felç etmiştir. Bu satırların yazıldığı günlerde (Ocak 2021 ortaları) dünya çapında bugüne kadar virüsün bulaştığı vaka sayısı 96 milyonu, ölüm sayısı 2 milyonu aşmıştı (%2,13). 25 milyonu aşkın insanın halen aktif hasta olduğu salgın kapsamında alınan tedbirlerin de yardımıyla 69 milyon insan iyileşmeyi başarmıştır (%71,5). Yıl boyunca devam eden aşı üretme çabaları yakın geçmişte sonuç vermiş, Çin ve –iki Türk araştırmacının öncülüğünde- Almanya'da üretilen aşılar piyasaya çıkmış olup, bugüne kadar dünya çapında 40 milyonu aşkın insan aşılanmıştır.

Pandemiden bütün dünyada en fazla etkilenen sektörler ulaşım, turizm ve hizmetler sektörü olmuştur. Özellikle yılın ilk yarısında uluslararası uçuşlar durdurulmuş, ülke içi ulaşım kontrollü hale getirilmiş, otel, motel, restoran, sinema, tiyatro ve eğlence yerleri kapanmış, pek çok ülkede uzun süren sokağa çıkma yasakları ilan edilmiştir. Yine pandeminin yayılmasını engellemek için alınan tedbirler çerçevesinde okullar kapatılmış, eğitim-öğretime internet üzerinden verilen online/çevrimiçi derslerle devam edilmiştir. Sağlık sorunları, panik, işgücü kayıpları, işyerlerinin kapatılması vb. nedenlerle bütün sektörlerde ciddi bir talep daralması ortaya çıkmış, buna bağlı olarak hemen bütün sektörlerde üretim azalmıştır. Pandemiden olumsuz etkilenmeyen, hatta belirli ölçüde olumlu etkilenen yegâne sektör internet üzerinden yapılan satışlar ve pazarlama sektörü olmuştur. Covid-19 pandemisi dünya ekonomisini o kadar olumsuz etkilemiştir ki, dünya çapında II. Dünya Savaşı'ndan sonra ikinci, 2008-2009 krizinden sonra ilk defa 2020 yılında ekonomik daralma yaşanmıştır.

IMF'nin her yıl düzenli olarak yayımladığı *Dünya Ekonomik Görünümü*[2] raporuna göre, pandeminin etkisiyle 90 milyon insanın yoksulluk sınırının altına düşmesi muhtemeldir. Dünya ekonomisi 2020 yılının ilk çeyreğinde Covid-19'la baş edebilmek için başvurulan "Great Lockdown" (Büyük Karantina/Tecrit/Kapanma)'nın etkisiyle Nisan ayında dibi görmüştür. Dünya ekonomisinde önemli bir payı olan ABD, Almanya, Çin, Rusya, Japonya, Fransa, Hindistan ve Brezilya gibi ülkelerde Mart ve Nisan aylarında imalat sanayiinde üretim ve perakende satışlar %10 ile %20 arasında düşmüştür. Covid-19 pandemisi daha önceki daralmalardan farklı, kendine özgü etkiler de yaratmıştır. Önceki ekonomik durgunluklar sırasında hizmetler sektörü imalat sanayii sektörlerine göre daha az etkilenmişken, Covid-19'un getirdiği sağlık sorunları ve kişisel etkileşimi minimal seviyeye düşürmeye zorlayan mesafe kuralları hizmetler sektörünün, özellikle toptan ve perakende ticaret ile konaklama, sanat ve eğlence sektörlerini çok daha büyük boyutlarda etkilemiştir.

---

[2] IMF, World Economic Outlook, October 2020. https://www.imf.org/en/ Publications/WEO/Issues/2020/09/30 /world-economic-outlook-october-2020

Kapanan işyerlerinin ihtiyatlı biçimde yeniden açılmasıyla Mayıs ve Haziran aylarından itibaren küresel ekonomi yeniden toparlanmaya başlamıştır. Ancak ilerleyen aylarda pandeminin yeniden yayılma belirtileri göstermesi pek çok ülkeyi yeniden sıkı tedbirler almaya yöneltmiştir. Çin'in sürpriz bir şekilde hızlı toparlanma sürecine girmesi olumlu bir gelişme ise de, dünyada hayatın normale dönmesi uzun bir zaman alacağa benzemektedir. Başka bir deyişle, koronanın gölgesinde hayatın normale dönme sürecinin uzun, eşitsiz ve belirsiz bir süreç olması muhtemeldir. Ekonomik daralmada işyeri kapatma uygulamaları kadar, artan virüs kapma vakaları karşısında bireyler arasında gönüllü (aslında "fiziksel," ama her ne hikmetse "sosyal" diye anılan) mesafe koymaların da önemli bir payı vardır. Dolayısıyla, işyerlerinin yeniden açılması kısmi bir iyileşme sağlasa da, sağlık riski ortadan kalkıncaya kadar iktisadi faaliyetlerin normale dönmesi beklenmemelidir.

Yukarda söylenenler ışığında dünya ekonomisinin ortalama büyüme hızının 2020'de %-4,4 olarak gerçekleştiği tahmin edilmektedir. 2020 yılının üçüncü çeyreğinde başlamış olan toparlanmanın 2021'de de devam edeceği ve 2020'deki daralmanın aksine 2021'de dünya ekonomisinin yüzde 5 dolayında büyüyeceği projeksiyonu yapılmaktadır.

Başlıca ülke grupları itibariyle 2018-2021 dönemi için gerçekleşen ve tahmin edilen ekonomik büyüme oranları Tablo 1'de gösterilmiştir.

Tablo 1'den de görüleceği üzere, dünya ekonomisinin bir önceki yıla kıyasla büyüme hızının kayda değer oranda düşerek 2020'de ortalama yüzde -4,4 oranında daraldığı tahmin edilmektedir. Gelişmiş ülkelerde reel büyüme oranının tahminen yüzde -5,8, ABD'de -4,3, (tek para kullanan AB üyesi ülkelerden oluşan) Euro Bölgesinde -8,3, Çin'de 1,9, Rusya'da -4,1, gelişmekte olan ülkelerde -3,3, Çin ve Hindistan'ın dâhil olduğu yükselen Asya ülkelerinde -1,7, Orta Doğu ve Orta Asya'da ise -4,1 olduğu hesaplanmaktadır.

Tablo 1. Dünya Ekonomisi, Yıllık Reel Ekonomik Büyüme Oranları (2018-2021, %)

Ülke Grubu	2018	2019	2020 (t)	2021(p)
Dünya	3,5	2,8	-4,4	5,2
Gelişmiş Ülkeler	2,2	1,7	-5,8	3,9
ABD	3,0	2,2	-4,3	3,1
Euro Bölgesi	1,8	1,3	-8,3	5,2
Çin	6,7	6,1	1,9	8,2
Rusya	2,5	1,3	-4,1	2,8
Gelişmekte Olan ve Yükselen Ekonomiler	4,5	3,7	-3,3	6,0
Yükselen Asya (Çin ve Hindistan dâhil 30 ülke)	6,3	5,5	-1,7	8,0
Orta Doğu ve Orta Asya	2,1	1,4	-4,1	3,0

(t) tahmin, (p) projeksiyon. Kaynak: IMF World Economic Outlook, October 2020. https://www.imf.org/en/Publications/WEO/Issues/2020/09/30/world-economic-outlook-october-2020

Koronavirüs salgınının dünya ekonomisi üzerindeki olumsuz etkisi Tablo 1'de çok açık bir şekilde görülmektedir. Dünya ekonomisi II. Dünya Savaşından sonra ilk defa, 2008-09 küresel ekonomik krizinden sonra daralmıştı; ikinci daralma korona pandemisinin etkisiyle 2020'de olmuştur. Küresel gerilimler bağlamında beklenmedik yeni olumsuzluklar olmaması ve aşının olumlu sonuçlar vermesi halinde, reel ekonomik büyümenin 2021'de yeniden pozitif oranlara çıkacağı tahmin edilmektedir.

Pandemi sürecinde alınan tedbirler çerçevesinde hükümetler ve merkez bankaları piyasalara yoğun müdahalelerde bulunmuş, pek çok ülkede merkez bankaları faiz indirimine gitmiş, enflasyondan arındırıldığında reel faiz oranları birçok ülkede sıfırın altına düşmüştür. Dünyada nominal ve reel faiz oranlarının en düşük seviyelerde olduğu bir dönem yaşanmaktadır.

Tablo 2 küresel düzeyde nominal faiz oranları, enflasyon oranları, reel faiz oranları ve en son faiz değişikliğine hangi tarihte gidildiğini göstermektedir. (Bu arada, dünyada faiz oranlarının gerek nominal, gerekse reel olarak tarihi dip seviyelerini gördüğü bir dönemde, -faizlerin yeterince düşürülmediği gerekçesiyle birkaç defa merkez bankası başkanı değiştirilen bir ülke olarak- Türkiye'de Merkez Bankası'nın yılın sonlarında – önce 450, sonra 200 baz puan olmak üzere- iki kez faiz artırımına gitmek zorunda kalması manidar bir durumdur.)

2021 yılında dünya ekonomisinin seyrini etkileyecek en önemli etmen, koronavirüs aşısı konusundaki gelişmedir. Aşılamalardan etkili sonuçlar alınması hem beklentileri olumluya çevirecek, hem de pek çok ülkede büyük oranda devam eden kısıtlama ve yasaklar kaldırılacak, kapanmaya zorlanmış işyerleri yeniden faaliyete başlayacak, iktisadi hayat yeniden normale dönebilecektir. Aksine aşıların başarısı konusunda alınacak olumsuz haberler beklentileri kötümserleştirecek, 2020'de görülen olumsuz gelişmeler büyük ölçüde 2021'de de devam edecektir.

Tablo 2: Küresel Düzeyde Faiz ve Enflasyon Oranları (2020)

Ülke	Oran türü	MB faizi (nom., %)	Enflasyon (%)	Reel faiz (%)	Son değişiklik	Son değ. tar.(ay/yıl)
İsviçre	hedef	-0,75	-0,7	-0,1	düşür	Ocak/2015
Danimarka	mevduat	-0,60	0,5	-1,1	yükselt	Mart/2020
Euro Bölgesi	mevduat	-0,50	-0,3	-0,2	düşür	Eylül/2019
Japonya	politika	-0,10	-0,9	0,8	düşür	Ocak/2016
İsveç	repo	0,00	0,2	-0,2	yükselt	Aralık/2019
Norveç	mevduat	0,00	0,7	-0,7	düşür	Mayıs/2020
İngiltere	banka	0,10	0,3	-0,2	düşür	Mart/2020
Polonya	repo	0,10	3,0	-2,9	düşür	Mayıs/2020
Avustralya	nakit	0,10	0,7	-0,6	düşür	Kasım/2020
ABD	Fed	0,13	1,2	-1,1	düşür	Mart/2020
Yeni Zelanda	nakit	0,25	1,4	-1,2	düşür	Mart/2020
Kanada	gecelik	0,25	1,0	-0,8	düşür	Mart/2020
Peru	politika	0,25	2,1	-1,9	düşür	Nisan/2020
Çek Cumhuriyeti	repo	0,25	2,7	-2,5	düşür	Mayıs/2020
Şili	baz	0,50	2,7	-2,2	düşür	Mart/2020
Tayland	politika	0,50	-0,4	0,9	düşür	Mayıs/2020
G. Kore	repo	0,50	0,6	-0,1	düşür	Mayıs/2020
Hong Kong	baz	0,86	-0,2	1,1	düşür	Mart/2020
S. Arabistan	ters repo	1,00	5,8	-4,8	düşür	Mart/2020
Tayvan	iskonto	1,13	-0,1	1,0	düşür	Mart/2020
Malezya	politika	1,75	-1,7	3,5	düşür	Temmuz/20
Kolombiya	repo	1,75	1,5	0,3	düşür	Eylül/2020
Brezilya	hedef	2,00	4,3	-2,3	düşür	Ağustos/20
Filipinler	Kilit politika	2,00	3,3	-1,3	düşür	Kasım/2020
G. Afrika	repo	3,50	3,2	0,3	düşür	Temmuz/20
Endonezya	repo	3,75	1,6	2,2	düşür	Kasım/2020
Çin	baş kredi	3,85	-0,5	4,4	düşür	Nisan/2020
Hindistan	repo	4,00	6,9	-2,9	düşür	Mayıs/2020
Rusya	Kilit politika	4,25	4,4	-0,1	düşür	Temmuz/20
Meksika	gecelik	4,25	3,3	0,9	düşür	Eylül/2020
Türkiye	repo	17,00	14,0	3,0	yükselt	Aralık/2020

Kaynak: Compound Newsletter, CharlieBilello, 27 Aralık 2020; https://twitter.com/charliebilello/status/1343238352531808256.

2021'de tüm dünyayı yakından ilgilendiren bir gelişme de, olaylı geçen ABD başkanlık seçimlerini kazanmış olan Biden'ın liderliğindeki yeni yönetimin uluslararası barış, istikrar ve uluslararası ticaret konusunda izleyeceği politikalar olacaktır. Barışçı, bütünleşmeci, küreselleşmeci ve serbest ticaretçi politikalar dünya ekonomisinde canlanmaya yol açacaktır. Aksine Trump yönetiminin son yıllarda yaptığı gibi anti-küreselleşmeci, korumacı, ticaret savaşlarından medet uman tehditkâr politikalar dünya barışını tehlikeye düşürecek, istikrarı bozacak, dünya ekonomisini olumsuz etkileyecektir.

2021'de dünya ekonomisinin seyrini etkileyecek üçüncü potansiyel gelişme, Suriye krizi bağlantılı gerilimler ile doğu Akdeniz'de enerji kaynaklarının paylaşımı üzerinden yürüyen gerilimin tırmanıp tırmanmayacağıdır. Türkiye'nin gerek Ortadoğu'daki komşularıyla, gerekse AB ile ilişkileri bu süreçte belirleyici bir öneme sahiptir. Gerilimi tırmandıran hamleler ekonomileri olumsuz, diplomasiye ve barışa odaklı politikalar ise ekonomileri olumlu etkileyecektir.

3. 2020 Yılında Türkiye Ekonomisindeki Gelişmeler

2020 yılı Türkiye ekonomisi açısından da maalesef parlak bir yıl olmamıştır. Gerek dünyadaki ve gerekse yurt içindeki gelişmelere bağlı olarak, Türkiye ekonomisi son yıllarda yaşadığı çalkantılı serüveni 2020 yılında da sürdürmüştür. Ortadoğu ve Suriye krizi kaynaklı jeopolitik risklerin Türkiye ekonomisi üzerinde olumsuz etkileri henüz ortadan kalkmış değildir. Makro ekonomik göstergelerin hemen hemen tamamı 2020'de bozulmaya devam etmiştir. Bu olumsuz tabloda kuşkusuz Covid-19 pandemisinin önemli bir etkisi vardır. Ancak, Türkiye ekonomisinde yaşanan olumsuz gelişmelerin tümüyle korona salgınına izafe edilmesi doğru değildir. Esasen Türkiye ekonomisinde makro ekonomik göstergelerin bozulma süreci son 7-8 yıldır devam etmektedir.

Türkiye ekonomisine 2020 yılında damga vuran gelişmelerin döviz kurlarında yaşanan ciddi artışlar (TL'nin yabancı paralar karşısında ciddi oranlarda değer kaybetmesi), büyümenin durması, enflasyonun yükselmesi, Hazine ve Maliye Bakanı ile Merkez Bankası Başkanının değişmesi, faizlerin yeniden artırılmak zorunda kalınması ve cari açığın yeniden yükselişe geçmesi olarak özetlenmesi mümkündür.

2015-2020 döneminde Türkiye'de makroekonomik göstergelerin seyri Tablo 3'te verilmiştir.

2015 yılından bu yana Türkiye ekonomisinin performansına bakıldığında, dalgalı bir seyir izleyen büyüme hızının son iki yılda iyice yavaşlayıp durma noktasına geldiği, makroekonomik göstergelerin de genel olarak kötüleştiği görülmektedir. Toplam GSYH ve kişi başına gelir rakamları 2013 yılında ulaştığı (sırasıyla 951 milyar dolar ve 12 480 dolarlık) zirveden sonra, izleyen yıllarda sürekli gerilemiştir. Enflasyon 2016 yılında yüzde 8,5 iken izleyen yıllarda yükselmeye devam etmiş, 2017 yılından itibaren yeniden çift haneli rakamlarda seyretmeye başlamıştır. İşsizlik oranı da 2015 yılından beri yine çift haneli rakamlar seviyesinde olup Türkiye için "doğal işsizlik oranı"nın çok üzerindedir.

İç tasarrufların yetersizliği, enerji açığı ve ithal girdilere bağımlılık gibi sebeplerle Türkiye ekonomisinin müzmin sorunlarından biri olan cari işlemler açığı, 2019 yılında ekonomik büyümenin yavaşlamasına bağlı olarak, ithalatın azalması sayesinde ortadan kalkmış, hatta cüzi de olsa cari fazla verilmişti. 2020 yılında tablo yeniden geleneksel yüksek cari açık manzarasına dönmüş görünmektedir. Kamu maliyesinde son yıllarda mali disiplinden zaten uzaklaşılmıştı; 2020 yılında korona salgınıyla mücadele çerçevesinde kamu harcamalarının artırılması bu sürece iyice tuz biber ekmiştir. Buna rekor seviyelerde başvurulan parasal genişleme de eklenince enflasyonu program hedeflerine doğru düşürmenin imkânı kalmamıştır.

Dış dünya ile gerilimli ilişkiler, hukuk devletiyle ilgili yaşanan sıkıntıların üstüne bir de pandemiyle mücadele bağlamında kamu harcamalarındaki artış ve yüksek oranlı parasal genişleme de eklenince döviz piyasalarında ciddi dalgalanmalar yaşanmıştır. Artan para arzı kısmen mal-hizmet, ikinci el araba ve gayrimenkul alımlarına yönelirken, kısmen de dövize yönelmiş, döviz kurlarında kayda değer artışlar olmuştur. Türkiye parası yabancı paralar karşısında en fazla değer kaybeden ülkelerden biri olmuştur.

Tablo 3. Temel Makroekonomik Göstergeler İtibariyle Türkiye Ekonomisi (2015-2020)[3]

GÖSTERGE	2015	2016	2017	2018	2019	2020
GSYH (milyar TL)	2 338	2 609	3 105	3 758	4 320	5 048
GSYH (milyar $)	855	861	859	797	761	717
Kişi başına gelir ($)	11 019	10 883	10 597	9 632	9 151	8 599
Büyüme hızı (%)	6,1	3,2	7,4	2,6	0,9	1,8
Enflasyon (TÜFE, %)	8,81	8,53	11,92	20,30	11,84	14,6
İşsizlik oranı (%)	10,3	10,9	10,9	12,3	13,1	12,9
İthalat (milyar $)	207	199	228	220	200	209
İhracat (milyar $)	144	143	169	179	182	160,5
İhracatın ithalatı karşılama oranı(%)	70	72	74	81	91	76,8
Dış ticaret dengesi (milyar $)	-63	-56	-59	-41	-17	-48,5
Cari işlemler dengesi (milyar $)	-32,1	-33,1	-40,6	-20,7	8,7	-36,7
Cari açık / GSYH (%)	-3,7	-3,8	-4,7	-2,6	1,1	-5,1
Bütçe açığı / GSYH (%)	-1,0	-1,1	-1,5	-1,9	-2,9	-3,5
Toplam dış borç stoku (milyar $)	399	408	453	446	437	450,1
İç borç stoku (milyar TL)	440	469	536	667	846	1.100
Toplam dış borç / GSYH (%)	46,0	46,9	52,8	55,5	57,1	62,8
Faiz dışı fazla / GSYH (%)	1,3	0,7	0,3	2,3	-0,6	-0,1
Doğrudan yabancı sermaye girişi (net, milyar$)	19,2	14,0	11,5	13,1	8,4	7,8
Dolar kuru (TL/$)	2,72	3,01	3,64	5,29	5,95	7,42
BIST100 endeksi	706	771	1166	888	1185	1479
Döviz rezervleri (milyar $)	96	92	84	93	106	128

Kaynak: TÜİK, TCMB, Hazine ve Maliye Bakanlığı, Cumhurbaşkanlığı Strateji ve Bütçe Başkanlığı, IMF.

---

[3] Orijinal değerlendirmede tahmini olan bazı rakamlar, bu çalışma sırasında güncellenmiştir.

Nihayet dolar kurunun 8,60, Euro kurunun 10 TL'yi geçmesi üzerine Hazine ve Maliye Bakanı ile Merkez Bankası Başkanını değiştirerek ekonomide yeni bir sayfa açılmaya çalışılmıştır. Yeni Merkez Bankası yönetiminin ilk icraatlarından birinin art arda iki defa faiz oranlarını artırmak olması, ekonomik ve siyasi koşulları iyileştirmeden siyasi talimatla faizlerin düşürülemeyeceği gerçeğini bir kez daha ortaya koymuştur.

2020 yılında en önemli üç makro gösterge olarak ekonomik büyüme, enflasyon ve işsizlik oranı konusundaki gelişmeler aşağıda biraz daha detaylı olarak değerlendirilmiştir.

a. Büyüme, Enflasyon, İşsizlik

Bir ekonominin performansıyla ilgili en önemli üç gösterge hiç kuşkusuz büyüme, enflasyon ve işsizliktir. İktisatçılar "enflasyon+işsizlik-büyüme=memnuniyetsizlik endeksi" formülüyle bir endeks bile üretmişlerdir. Tahmin edilebileceği gibi, memnuniyetsizlik endeksinin olabildiğince düşük olması tercih edilir bir durumdur. Buna göre büyüme ne kadar yüksek olursa, işsizlik ve enflasyon ise ne kadar düşük olursa o kadar iyidir.

Reel ekonomik büyüme, bir ekonominin önceki dönemlere kıyasla daha fazla mal ve hizmet üretebilmesi demektir. Zenginleşmenin, refahı arttırmanın, daha iyi şartlarda yaşamanın ve caydırıcı bir güce sahip olabilmenin ön şartı olması nedeniyle, reel ekonomik büyüme kuşkusuz en önemli makroekonomik göstergedir. Ekonomi hızlı büyüdüğü oranda işsizlik azaltılabilir, ülke zenginleşebilir, yoksulluk azaltılabilir, dışarıya borçlanma ihtiyacı azaltılabilir; ülkenin dış dünyadaki ağırlığı, prestiji ve caydırıcı gücü arttırılabilir. Aksine, büyümeyen bir ekonomi istihdam yaratamaz, işsizliği ve yoksulluğu azaltamaz, refahı arttıramaz. Enflasyonun düşük olması fiyat istikrarının, dolayısıyla o ekonomide öngörülebilirliğin, yerli paranın alımgücünün varlığına işarettir. İşsizliğin düşük olması da o ekonominin istihdam yaratabildiğinin, çalışma çağındaki nüfusun kendi karnını doyurabildiğinin ve milli gelire katkı yaptığının göstergesidir.

Sözü edilen üç temel gösterge içinde enflasyon oranı en hızlı hesaplanabilenidir. Buna karşılık ekonomik büyüme ve işsizlik rakamları uzayan anket, tahmin ve hesaplama işleri yüzünden tipik olarak birkaç aylık gecikmeyle açıklanır. Nitekim bu satırların kaleme alındığı Ocak 2021 ortaları itibariyle 2020 yılının tamamına ilişkin enflasyon rakamları açıklanmış, büyüme ve işsizlik rakamları ise henüz açıklanmamıştı.

Buna göre 2020'de (tüketici fiyatları bazında) yıllık enflasyon %14.6 olarak gerçekleşmiştir. 2020'nin ilk çeyreğinde %4,5 büyüyen ekonomi, pandeminin olumsuz sonuçlarının en keskin şekilde görüldüğü ikinci çeyrekte %-9,9 oranında daralmıştır. Üçüncü çeyrekte toparlanma başlamış, büyüme hızı %6,7 olmuştur. Dördüncü çeyrekte de toparlanma yavaşlayarak da olsa devam etmiş (%5,8), ikinci çeyrekteki daralmanın etkisi telafi edilebilmiştir. Yıl ortasında yapılan tahminler ekonominin yıl sonunda %4 civarında bir daralma yaşayacağı idi, ancak dördüncü çeyrekte de toparlanmanın sürmesi sonucunda yılın tamamı itibariyle büyüme %1,8 oranında gerçekleşmiştir. Dünya ekonomisindeki toparlanma, korona aşısının beklentileri olumluya çevirmesi, ekonomi yönetiminin değişmesi ve Türkiye'nin dış ilişkilerinde normalleşme beklentilerine bağlı olarak 2021'de ekonomik büyümenin biraz yükselerek %5 civarında olması beklenmektedir.

Enflasyon, fiyatlar genel seviyesinin etkili ve sürekli artması, kısaca hayat pahalılığı demektir. Ne yazık ki enflasyon Türkiye'nin müzmin sorunlarından biri olmayı sürdürmektedir. Enflasyonun esas itibariyle iki sebebi vardır: 1) Aşırı talep, yani arzın talebi karşılayamaması, 2) Maliyet artışları. Hızına göre enflasyonun ise *ılımlı, kronik* (yüksek) ve *hiper* olmak üzere üç türü vardır. Türkiye son yarım asırda sürekli *kronik* yani yüksek enflasyon sorunu yaşayan bir ülkedir. Geçen yılki değerlendirmede de vurgulandığı gibi, 1970'li yılların başından itibaren yaklaşık 35 yıllık bir kronik enflasyon döneminden sonra, Ak Parti iktidarının ilk yıllarında kamuda mali disiplinin ve istikrarın sağlanması sayesinde 2000'li yılların ortalarından itibaren tek haneli rakamlara düşürülmüş olan enflasyon, maalesef son yıllarda siyasi ve ekonomik çalkantılar ve mali disiplinden sapılması nedeniyle tekrar artış eğilimine girmiş ve 2017'den itibaren yeniden çift haneli rakamlara yükselmiştir. 2017'deki %11,9'luk enflasyon 2018'de neredeyse ikiye katlanmış, 2018 sonunda %20,3 olmuştur. 2019'da biraz gerileyerek %11,84 olmuş, 2020'de ise mali disiplinden iyice uzaklaşılması ve aşırı parasal genişlemeye bağlı olarak yeniden yükselişe geçmiş ve %14,6 olarak gerçekleşmiştir. Tablo 2'den de görüldüğü üzere Türkiye enflasyon ve faiz oranlarında gerek gelişmiş, gerekse gelişmekte olan ülkeler arasında açık ara lider durumdadır.

Bir ekonominin performansını ölçerken bakılan üç önemli makro ekonomik göstergeden biri de yukarda değinildiği gibi, işsizliktir. Beklentilerin iyi yönetilebildiği, kaynakların verimli kullanılabildiği ve öngörülebilirliğin artırılabildiği bir ekonomi büyür; büyüyen bir ekonomi istihdam yaratır; istihdam yaratan bir ekonomide işsizlik oranı düşer. Türkiye gibi gelişmekte olan bir ülkede teknolojik değişim vs. gibi *yapısal nedenler*den ve işgücü piyasasındaki *doğal hareketlilik*ten kaynaklanan *doğal işsizlik oranı*nın yüzde 5-6 civarında olduğu kabul edilir. Oysa Türkiye'de son yıllarda işsizlik oranı bu rakamın iki katından daha yüksektir. İşsizliğin iradi, gayri-iradi, açık, gizli, friksiyonel (geçici), yapısal, mevsimsel vb. çok çeşitli türleri vardır. Ülkeyi yönetenlerin doğru politikalarla, ekonomik canlanmayı ve büyümeyi teşvik eden politikalar sayesinde azaltabilecekleri işsizlik türü *konjonktürel* işsizliktir. İç ve dış gelişmeler, yaşanan gerilimler, belirsizlik ve risklerin yüksekliği gibi nedenlerle ekonomik büyüme sıfıra yakın olunca, işsizlik de azalmamaktadır. Nitekim 2015 yılından beri çift haneli rakamlarda seyreden işsizlik oranı, 2020 sonu itibariyle %12,9 olarak gerçekleşmiştir. Bu rakam doğal işsizlik oranının bir hayli üzerindedir. Pandemi nedeniyle işten çıkarmaların yasaklandığı da düşünülünce ilan edilen resmi oranın bastırılmış bir oran olduğu, gerçek işsizlik rakamının bunun epeyce üzerinde olduğu tahmin edilebilir.[4]

Türkiye'de işsizliğin doğal oranın bir hayli üzerinde olmasının başlıca iki sebebinden söz edilebilir. Bunlardan biri genç nüfusun yüksekliği nedeniyle her yıl yüzbinlerce gencin işgücü havuzuna katılmasıdır. İşsizliğin daha önemli bir sebebi ise, siyasi ve ekonomik istikrarsızlık yüzünden Türkiye'de yerli ve yabancı yatırımların düşük düzeyde kalması ve ekonominin hızlı büyüyememesidir. Ekonomik büyüme için yatırım şarttır. Bunun için yatırım ortamının iyileştirilmesi, yerli ve yabancı yatırımcının önünü görebilmesi gerekir. Bu ise risk ve belirsizliğin azaltılmasına, öngörülebilirliğin artırılmasına bağlıdır. İster yerli, ister yabancı olsun, yatırımcılar ve sermaye sahiplerinin bir ülkede yatırım yapmak için aradığı esas itibariyle beş şart vardır: 1) Siyasi istikrar, 2) Ekonomik istikrar, 3) Kâr fırsatı, 4) Bürokratik formalitelerin azlığı, 5) Sağlam hukuki zemin, yani hukuk devleti. Türkiye maalesef dış politika alanında gücüyle orantılı olmayan risk alma iştahı ve büyük küresel güçlerle aşırı gerilimli ilişkileri yüzünden öngörülebilirliğin düşük ve riskin yüksek olduğu bir profil çizmekte, bu da yatırımlara ve işsizliğe olumsuz olarak yansımaktadır.

---

[4]   Mahfi eğilmez, işsiz olup çalışmaya hazır olanlar ve mevsimlik çalışanlardan son 4 hafta içinde iş arama kanallarına başvurmamış olanları ve zamana bağlı eksik istihdamı da hem işsiz hem de işgücü sayısına ekleyerek hesaplanan "geniş işsizlik oranı"nı aynı dönem itibariyle %26,9 olarak vermektedir (Ekim 2019: %20,0). https://www.mahfiegilmez.com/2021/01/ makroekonomik-denge-bozulmaya-devam.html#more (19.01.2021)

b. Kamu maliyesi

Gerek enflasyonla mücadele, gerekse faizlerin aşağı çekilebilmesi bakımından anahtar önemde bir faktör, mali disiplindir. Mali disiplin, kamunun ayağını yorganına göre uzatması, kaynağı olmayan harcamalardan, aşırı bütçe açıklarından ve karşılıksız para basmaktan kaçınması demektir. Bu yapılmadığı zaman kamu finansman açığı vermekte, borçlanma gereği artmaktadır. Kamu finansman açıklarının karşılıksız para basılarak finanse edilmesinin kaçınılmaz sonucu enflasyon ve döviz kurlarında yükselme, borçlanarak finansmanının yan etkileri ise içerde faizleri yükseltip yatırımları caydırmak, dışarda ise dış politikada manevra kabiliyetini kaybetmektir. 2020 yılında kamu maliyesinde yaşanan gelişmeler 2019 ile karşılaştırmalı olarak Tablo 4'te verilmiştir. Tablodaki veriler 2020'de mali disiplinden uzaklaşıldığını açık bir şekilde göstermektedir. Yeni Hazine ve Maliye Bakanının fiyat istikrarı, finansal istikrar ve mali disiplinin yeniden sağlanacağına dönük vaatlerinin sözde kalmaması Türkiye'nin yakın gelecekteki ekonomik performansı açısından kritik önem taşımaktadır.

Tablo 4: Merkezi Yönetim Bütçe Gerçekleşmeleri (2019-2020)

(Milyon TL)	2019			2020			Değişim
	Yıllık gerçekleşme	Ocak-Kasım		Bütçe	Ocak-Kasım		(Ocak-Kasım)
		Gerç.	%		Gerç.	%	(%)
Bütçe giderleri	1.000.027	895.418	89,5	1.095.461	1.063.987	97,1	18,8
Faiz hariç giderler	900.087	799.643	88,8	956.521	934.914	97,7	16,9
Faiz giderleri	99.940	95.775	95,8	138.940	129.073	92,9	34,8
Bütçe gelirleri	875.280	802.479	91,7	956.588	931.934	97,4	16,1
Vergi gelirleri	673.860	613.242	91,0	784.602	754.593	96,2	23,0
Bütçe dengesi	-124.847	-92.938	74,5	-138.873	-132.053	95,1	-42,1
Faiz dışı denge	-24.808	2.836	-11,4	67	-2.980	-4.477,8	-205,0

Kaynak: Cumhurbaşkanlığı Strateji ve Bütçe Başkanlığı.

4. Sonuç

2020 yılı gerek dünya ve gerekse Türkiye ekonomisi açısından hiç de parlak bir yıl olmamıştır. Koronavirüs pandemisi 2020 yılında dünyadaki ekonomik-siyasi bütün gelişmelere damgasını vurmuştur. II. Dünya Savaşı'ndan sonra ikinci, 200-2009 küresel ekonomik krizinden sonra ilk kez dünya ekonomisi Covid-19 salgını yüzünden daralmıştır. Salgının etkilerini hafifletebilmek amacıyla bütün dünyada hükümetler piyasalara yoğun müdahalelerde bulunmuşlar, kamu harcamalarını artırmışlar, faizleri rekor seviyelerde aşağı çekmişlerdir. Yoğun çabalardan sonra yılın son günlerinde ilk geliştirilen koronavirüs aşıları piyasaya sürülmüş, sağlık çalışanlarından başlamak üzere aşılama faaliyetleri başlamıştır. Aşının virüse karşı etkili olması beklentilerin olumluya dönmesi ve 2021'de dünya ekonomisinde bir toparlanma görülmesi konusunda kilit rol oynayacaktır.

Gerek korona bağlantılı tüm dünyada yaşanan sıkıntılar ve gerekse kendi bölgesinde ve ülke içinde yaşadığı terör, çatışma, siyasi gerilim, dış dünya ve piyasalarla kavgalı olma durumu vb. nedenlerle Türkiye son yıllarda ciddi sıkıntılar ve savrulmalar yaşamaktadır. Ülkeyi yönetenlere göre son yıllarda yaşadığımız savrulmalar ve buna bağlı olarak makroekonomik göstergelerde meydana gelen bozulmalar tamamen dış kaynaklıdır. Türkiye'nin yükselişinden rahatsız olan *dış mihraklar* Türkiye üzerinde sinsi oyunlar oynamaktadırlar. Kısaca sorun bizde değil, bizi "kıskanan" dış düşmanlardadır.

Buna karşılık muhalefete ve iktidara eleştirel bakan çevrelere göre sorun tamamen ülkenin kötü yönetilmesinden kaynaklanmaktadır. Bölgesel ve küresel güç dengelerini hesaba katmadan girişilen hamleler; ülkenin ekonomik, siyasi ve askeri gücünün çok üzerinde risk alınması ve büyük uluslararası aktörlerin tümüne birden meydan okuyan söylemler Türkiye'yi yalnızlaştırmış, kırılgan hale getirmiştir. Türkiye son yıllarda yapısal ekonomik, siyasi ve hukuki reformları ihmal etmiş, AB ile ilişkileri bozmuş, iş başındaki yönetim reformcu ve değişimci kimliğinden iyice uzaklaşmış, bireysel hak ve özgürlüklerin alanını güvenlikçi bir söylem üzerinden giderek daraltmıştır. Makro dengelerin bozulması bu manzara karşısında hiç de sürpriz değildir.

İdeolojik-siyasi fanatizm ve önyargılara teslim olmadan, komplo teorilerinin cazibesine kanmadan, mümkün olduğunca orta yolcu bir değerlendirme yapmak gerekirse, bütün suçu dış mihraklara ve sinsi oyunlara yüklemek gerçekçi değildir. Tersinden bu defa bütün suçu ülkeyi yönetenlerin beceriksizliği ve basiretsizliğine yüklemek de başka bir aşırılıktır. Büyük güçlerin, Türkiye'nin uluslararası sahnede bağımsız ve güçlü bir bölgesel aktör olarak yükselmesinden rahatsız olması, hegemonya ve iktidarın doğasından kaynaklanan gayet anlaşılabilir bir durumdur. Uluslararası ilişkilerde temel belirleyici dinamiğin milli menfaatler olduğu, her devletin kendi menfaatini kollayan bir dış politika izlediği de herkesin bildiği bir gerçektir. O halde dış politikada bir hamle yapmadan potansiyel riskler ve muhtemel karşı hamlelerin iyi hesap edilmesi gerekir. Türkiye'de yönetim anlayışının son 18 yıl boyunca nasıl ciddi şekilde değiştiği dikkatli bir bakışla kolayca tespit edilebilir. Başlardaki barışçı, serbest ticaretçi, dışa açılmacı, komşular ve dünya ile iyi geçinmeye odaklı politikalar zamanla yerini içe kapanmacı, korumacı, başına buyruk, koyu milliyetçi, meydan okuyucu ve çatışmacı politikalara terk etmiştir. Ülkenin ille de bu şekilde yönetilmek zorunda olmadığının en açık kanıtı, 2020 yılının sonları ve 2021 başlarında yeni Hazine ve Maliye Bakanı ve en üst düzey siyasi otoritenin ekonomi, siyaset ve hukuk alanında yeni bir reform sürecinin başlatılacağı, farklı toplumsal kesimlerle istişareler yapılacağı ve AB ile ilişkilerin yeniden güçlendirilmek istendiğine dair söylemleridir.

15 Temmuz 2016 hain darbe girişiminden sonra yaşanan travmanın etkisiyle hukuk-adalet alanında yaşanan ciddi sıkıntılar ve yaratılan mağduriyetler, güvenlik kaygısıyla özgürlüklerin daraltılması, AB ile müzakerelerin bir kenara bırakılması, reformların askıya alınması, kutuplaştırıcı söylemler, iç siyasetin sürekli gerilmesi, tüm dünyaya meydan okuyan, yerli ve yabancı yatırımcıyı ürküten keskin söylemler, kamu mali disiplininden uzaklaşma, kuvvetler ayrılığının giderek ortadan kalkması ve devlet kurumlarının verimli çalışmasını zorlaştıran keyfiliklere kapı aralanması, liyakatten giderek uzaklaşma vb. gibi içerden kaynaklı sorunlar maalesef Türkiye'nin uluslararası karnesini bir hayli zayıflatmıştır. Eldeki son veriler çerçevesinde 2019 itibariyle Türkiye dünyada küreselleşme bakımından 203 ülke arasında 58., ekonomik özgürlükler bakımından 180 ülke arasında 68., rekabet gücü bakımından 141 ülke arasında 61., beşeri gelişme bakımından 189 ülke arasında 54., kırılganlık bakımından 178 ülke arasında 59., iş yapma kolaylığı bakımından 190 ülke arasında 43., siyasi haklar ve sivil özgürlükler bakımından 209 ülke arasında 154., ve nihayet yolsuzluk algısı (şeffaflık) bakımından 180 ülke arasında 91. sırada bulunmaktadır. Bu karne 2023 hedefleriyle hiç de uyumlu olmayan bir karnedir, süratle iyileştirilmesinde yarar vardır.

Kuşkusuz Türkiye'de ulaşım, iletişim, sağlık ve eğitim alanlarında son yıllarda yapılan kayda değer altyapı yatırımları takdire değerdir. Bu alanlarda Türkiye dış dünya ile büyük ölçüde yarışabilir durumdadır. Ancak eğitimde kalite, teknoloji üretme, zeki beyinleri ülkede tutma, demokratik hak ve özgürlükler, hukuk devleti, kurumsallaşma, kuvvetler ayrılığı, kamusal görevlere atamalarda ehliyet-liyakat, keyfilikleri önleme, özgürlüklerin önünü açma ve çeşitlilikleri kucaklama gibi alanlarda ciddi sorunlar yaşadığımız da aşikârdır. İç siyaset ve dış ilişkilerde normalleşme, gerilimin düşürülmesi, yapıcı ve kucaklayıcı bir siyaset dilinin geliştirilmesi, yatırım ortamının iyileştirilmesi, belirsizliğin azaltılıp öngörülebilirliğin arttırılması Türkiye için hayati önem taşıyan konulardır. Bu çerçevede siyasi otoritenin son zamanlarda dillendirdiği ekonomik, siyasi ve hukuki reformlar yapma vaadinin gecikmeksizin hayata geçirilmesi elzemdir.

8. SONUÇ YERİNE:
DAHA İYİ BİR TÜRKİYE İÇİN ÖNERİLER

Bu çalışmada son yirmi yıllık dönemde Türkiye ve dünyadaki başlıca ekonomik ve siyasi gelişmeler ile Türkiye ekonomisinin performansı değerlendirilmiştir. Öncelikle 2000-2020 döneminde Türkiye'nin makro ekonomik göstergelerinin seyri incelenmiş; iniş ve çıkışların nedenleri üzerinde durulmuştur. Daha sonra söz konusu yirmi yıllık dönemin bazı yılları daha ayrıntılı bir değerlendirmeye tabi tutulmuştur. Ulaşılan başlıca sonuçlar ve bunların ışığında daha iyi bir Türkiye için neler yapılması ve neler yapılmaması gerektiğine ilişkin öneriler aşağıda sıralanmıştır.

- 2002-2013 dönemi Türkiye için bir *başarı hikâyesi*dir. Bu dönemde bütün makro göstergeler iyileşmiş, en başta GSYH ve kişi başına gelir katlanarak artmıştır. AB ve dış dünya ile iyi ilişkiler kurulması, AB üyelik perspektifinin gerektirdiği ödevler kapsamında ekonomik, siyasi ve hukuki reformların süratle yapılması ve AB ile tam üyelik müzakerelerinin başlamasının da kazandırdığı ivmeyle makro göstergeler hızla iyileşmiştir. Türkiye bu dönemde dünya ülkeleri ve yabancı yatırımcılar açısından güvenilir bir ülke haline geldiği için, yıllık ihracatın yanı sıra doğrudan yabancı sermaye yatırımları da katlanarak artmış, TL yabancı paralar karşısında değer kazanmış, enflasyon otuz beş yıldan sonra tek haneli rakamlara düşmüştür. Bu dönem gerçekten de Türkiye için örnek bir başarı hikâyesidir.

- *Başarının sırrı*: Türkiye'nin 2002-2013 dönemindeki başarısının sırrı siyasi ve ekonomik istikrar, mali disiplin, barış ve işbirliği odaklı dış politika, devleti milletle, ülkeyi komşularıyla barıştırma girişimi, sorunlara siyasi çözüm arayışı, reformcu, değişimci, serbest piyasacı ve özgürlükçü yaklaşım olarak özetlenebilir. Dış dünya ile kavga etmeyen, komşularıyla barışan, içerde de tarihsel kamburlarını sırtından atmaya dönük reformcu hamleler Türkiye'yi içerde ve dışarda parmakla gösterilen bir ülke haline getirmiştir.

- 2014-2021 dönemi ise aksine büyük ölçüde bir *başarısızlık hikâyesi*dir. Bu dönemde bütün makro ekonomik göstergeler kötüleşmiş, kişi başına gelir 2013'teki 12 500 $'lık zirve noktasından, 2020 sonunda 2006'daki seviyesine düşmüştür. Öteki göstergelerde de buna paralel kötüleşmeler görülmüş, enflasyon 2017'den beri yeniden çift haneli rakamlara tırmanmıştır. 2021 yılı sonunda TÜFE'ye göre enflasyon %21,3 ile dünyada en yüksek oranlardan biri olup, gerçek enflasyon rakamının ÜFE'nin işaret ettiği %50'ler seviyesinde olduğu yorumları yapılmaktadır.

- *Başarısızlığın sırrı*: Türkiye'nin 2013 sonrası dönemde gösterdiği kötü performans ve makro göstergelerin bozulmasından açıkça görülen başarısızlığının sırrı ise; bölgesel ve küresel risklerin Türkiye'yi olumsuz etkilemesi, Suriye merkezli krizin iyi yönetilememesi, ülkenin gücüyle orantılı olmayan risklerin alınması, militarist ve çatışmacı dış politika, dışlayıcı ve tehditkâr söylemler, dünya ile kavga, mali disiplinden sapma; yönetim anlayışında giderek içe kapanmacı, güvenlikçi ve korumacı bir yaklaşımın benimsenmesi, buna uygun yasakçı politikalar, yerli ve yabancı yatırımcıyı ürküten, piyasaya güveni sarsan, öngörülebilirliği azaltan keyfi uygulamalar olarak özetlenebilir.

• *Daha iyi bir Türkiye için öneriler*: çare esasen başarının ve başarısızlığın sebeplerinde mündemiçtir. Bu durumda daha iyi bir Türkiye ortaya koyabilmek için yapılması gereken temel şey, sebeplere sarılmak; yani başarı sebeplerini ihya etmek, başarısızlık sebeplerini ise terk etmek ya da ortadan kaldırmaktır. O halde yapılması ve yapılmaması gerekenleri maddeler halinde şu şekilde özetlemek mümkündür:

• **Yapılmaması gerekenler:**

  o Liyakatten sapma, adam kayırmacılık, bölgecilik, hemşehricilik, "kötü olsun bizim mahalleden olsun"culuk,

  o Her türlü keyfilik, yasalar ve kurallar bir kenara bırakılarak sergilenen "ben yaptım oldu" yaklaşımı,

  o Parmak sallayan, ayar vermeye kalkan tehditkâr söylemler, "hümerme" yahut efelenme siyaseti,

  o Komşu ülkelerde rejim devirmeye veya değiştirmeye kalkışan çatışmacı politikalar,

  o Ülkenin ekonomik, siyasi, askeri ve teknolojik gücüyle orantısız risk almak,

  o Bütün dünyaya meydan okuyan, dost azaltıp düşman çoğaltan militarist-çatışmacı dış politika,

  o Safları sıklaştırmak için içerde ve dışarıda gerilime oynamak, dış mihraklar odaklı hamaset ve komplo teorilerine sarılmak,

- o Eleştiriye tahammülsüzlük, eleştirenleri dinlemeden, eleştiriler üzerinde düşünmeden eleştiri sahiplerini hain, terörist ya da işbirlikçi ilan etmek,

- o İstihdam ve atamalarda ehliyet ve liyakate, tecrübe ve yetkinliğe değil, sadakate bakmak,

- o Mali disiplinden sapmak, sık sık yönetim değiştirerek Merkez Bankası ve öteki kurumların işlerini düzgün yapmasına fırsat vermemek,

- o Her türlü dışlayıcı, ötekileştirici, ayrımcı tutum, dil ve söylem,

- o Yasakçı ve güvenlikçi bir yaklaşımla bireysel hak ve özgürlüklerin alanını daraltmak.

- **Yapılması gerekenler:**

  - o Siyasi istikrarın sağlanması,

  - o Ekonomik istikrarın sağlanması,

  - o Hukuk devletinin tesisi, tarafsız ve bağımsız yargı, hukukun üstünlüğünün temini, sağlam bir hukuki zeminin oluşturulması,

  - o Belirsizliğin ve risklerin azaltılması,

  - o Öngörülebilirliğin, tahmin edilebilirliğin artırılması, sağlıklı hesap-kitap, kâr-zarar ve fayda-maliyet hesaplarının yapılabildiği bir ortamın yaratılması,

  - o Siyasi gerilimin düşürülmesi, iç barışın tesisi,

  - o Her türlü keyfiliklere son verilmesi,

  - o İstihdam ve atamalarda ehliyet ve liyakatin esas alınması, her türlü adam kayırmacılığa son verilmesi,

  - o Mali disiplinin yeniden sağlanması, MB bağımsızlığına saygılı davranılması, o Kişiler üzerinden değil, kurumlar üzerinden yürüyen bir sistemin yerleştirilmesi, kanun hakimiyeti,

o Barış ve işbirliğine odaklı dış politika, dış ilişkilerin yeniden barışçı ve dostane bir temele oturtulması,

o Ülkenin ekonomik, siyasi, askeri ve teknolojik gücüyle orantısız risk alma ve militarist-çatışmacı yaklaşımlardan kaçınılması,

o AB üyelik sürecinin canlandırılması, tam üyelik sürecinin gerektirdiği reformların yapılması,

o Dışa açılmacı, özgürlükçü, serbest piyasacı, serbest ticaretçi, değişimci ve reformcu politikalara dönüş,

o Bireysel hak ve özgürlüklerin garanti altına alınması,

o Tehditkâr ve keskin söylemlerin terk edilmesi, kucaklayıcı ve yapıcı söylemler geliştirilmesi,

o Yerli ve yabancı yatırımcıya güven verilmesi.

Ek 1: Yeni Ekonomik Model

(Cumhurbaşkanı Ekonomi Danışmanı C. Ertem tarafından
15 Aralık 2021 tarihinde yapılan sunum)

- Yüksek faiz, düşük kura dayalı ekonomik model bir yandan yüksek faiz maliyetleri nedeniyle yatırım ortamını zayıflatırken, diğer yandan ihracatta rekabet gücümüzü azaltmaktadır.

- Bu durum düşük büyüme ve düşük istihdama yol açmakta olup, aynı zamanda düşük kur nedeniyle ithalat ihracattan daha hızlı artmaktadır. Sonuç olarak, ülke ekonomisi yüksek cari açık vermekte, bunu finanse etmek için özellikle sıcak paraya bağımlı olunmakta ve ülke dış borcu giderek artmaktadır.

- Söz konusu ekonomik model dışa bağımlılık nedeniyle sık sık ekonomik ataklara zemin hazırlamakta olup sürdürülebilir değildir

Geçmişte Uygulanan Ekonomik Model

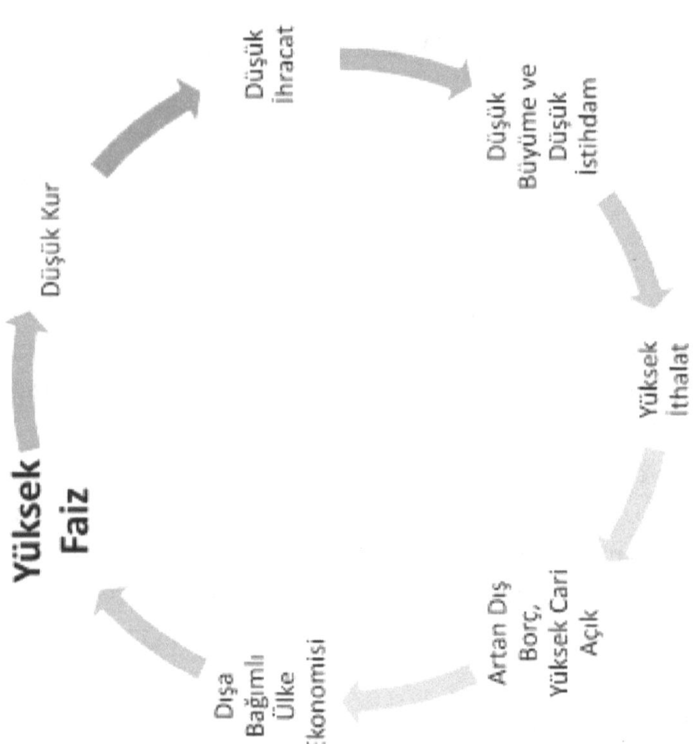

Geçmişte Uygulanan IMF Programının Sonuçları

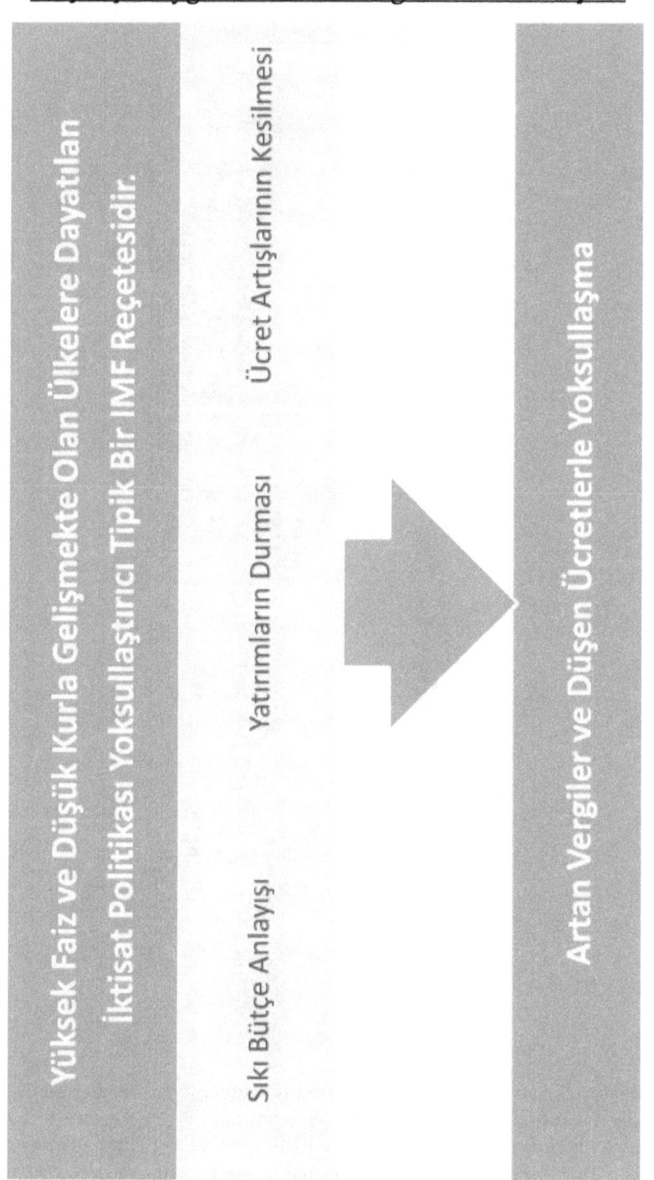

Dışa Açık ve Dalgalı Kur Rejimi Uygulayan Bir Ülkede Döviz Arz ve Talebi

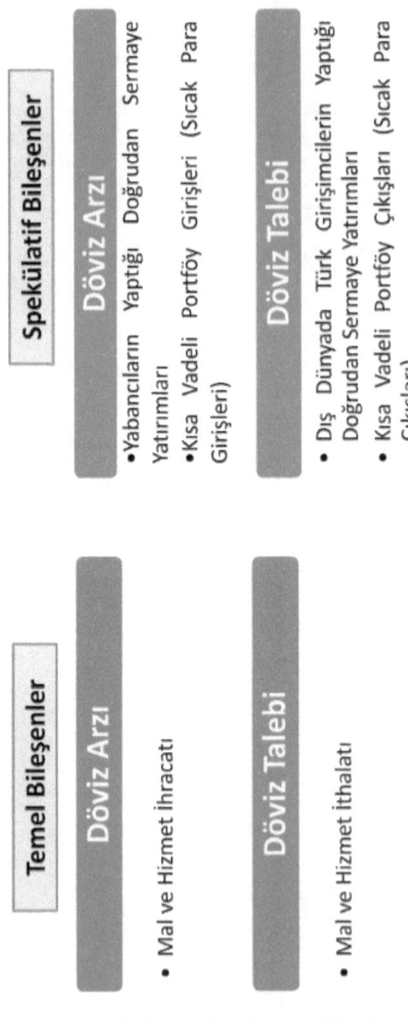

- Bir yandan ihracatı artırıp ithalatı azaltarak temel döviz arz talebini dengelerken diğer yandan doğrudan sermaye yatırımlarını özendirip portföy yani sıcak para girişlerini azaltarak kurda ve dış finansmanda istikrarı sağlayacağız.
- Böylece dış finansal şoklara karşı korunaklı, kırılgan olmayan bir ülke haline geleceğiz.

Yaşanan Ekonomik Ataklar

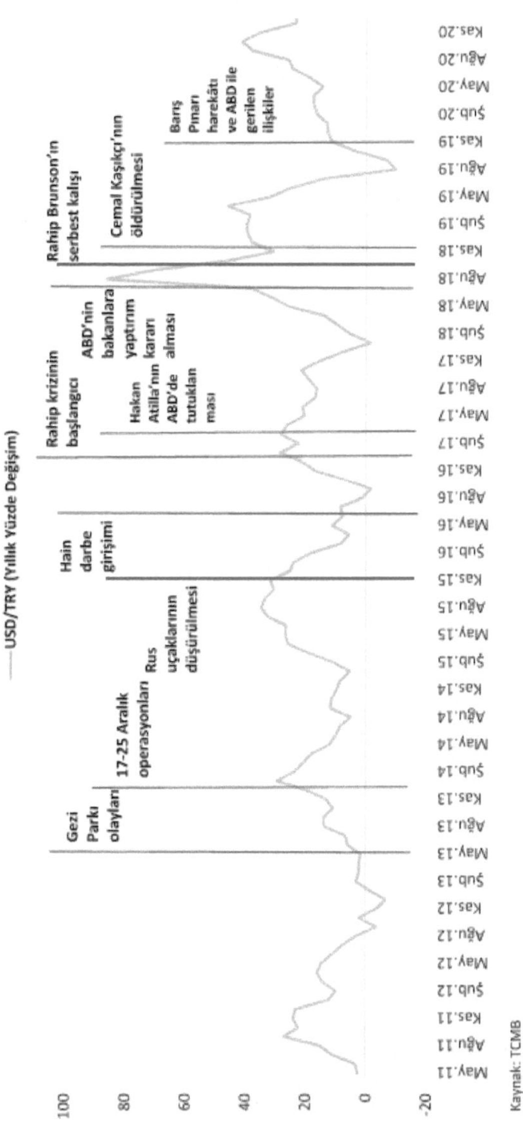

- Dışa bağımlı bir ekonomik yapı jeopolitik gelişmelerde ekonominin ülkemize karşı bir silah olarak kullanılmasına neden olmaktadır.

Cari İşlemler Dengesinin Gelişimi

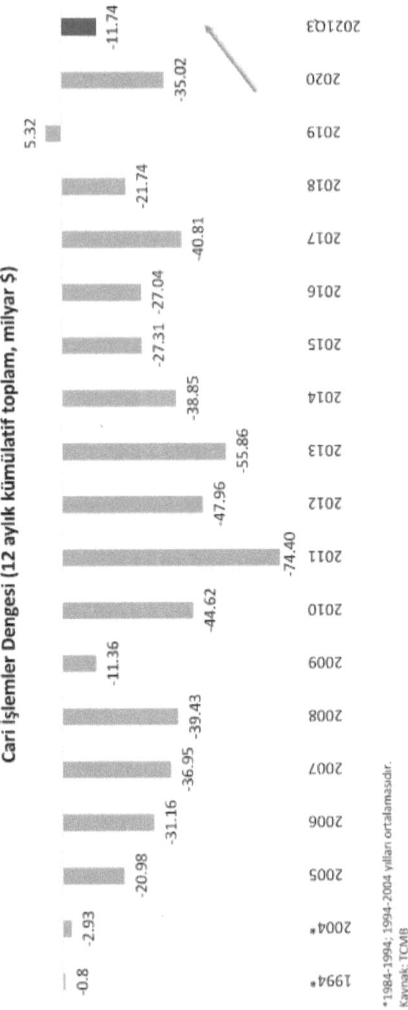

- Türkiye ekonomisinin kronik sorunlarından biri yüksek cari açıktır. Düşük kur-yüksek faiz politikasının uygulandığı dönemlerde cari açığın arttığı görülmektedir. Bu durum ise döviz talebini artırmakta ve devamında döviz kurunu yükseltmektedir. Son yıllarda ülke ekonomisi geçmiş yıllara göre oldukça büyümüş olmasına rağmen, kurdaki artışla birlikte cari açığın azaldığı görülmektedir.

Cari Açığın Finansman Kompozisyonu

- Cari açığın finansmanında uzun yıllar büyük rol oynayan portföy yatırımlarının (sıcak paranın) yüksek seviyelerde oluşu TL üzerinde baskı yaratan unsurların başında gelmiştir.
- Yeni model ile birlikte azalan cari açık finansman üzerindeki yükü azaltacağından, bu durumda hem net döviz açığı kapanmış hem de yabancıların hisse senedi ve borç senetleri piyasasında yarattığı kırılganlık azalmış olacaktır.

Dış Borç Gelişimi

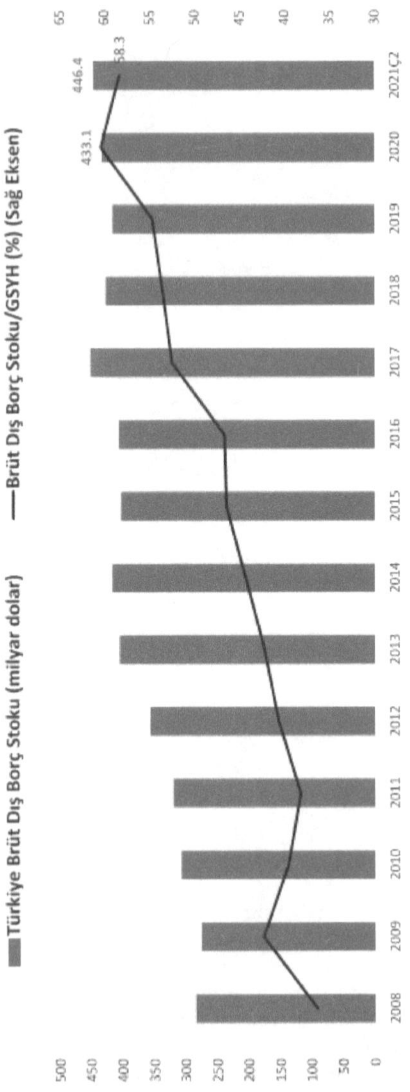

- Cari açık dış borca bağımlı bir ekonomi yaratmaktadır.

Ülkelerin Politika Faiz Oranları

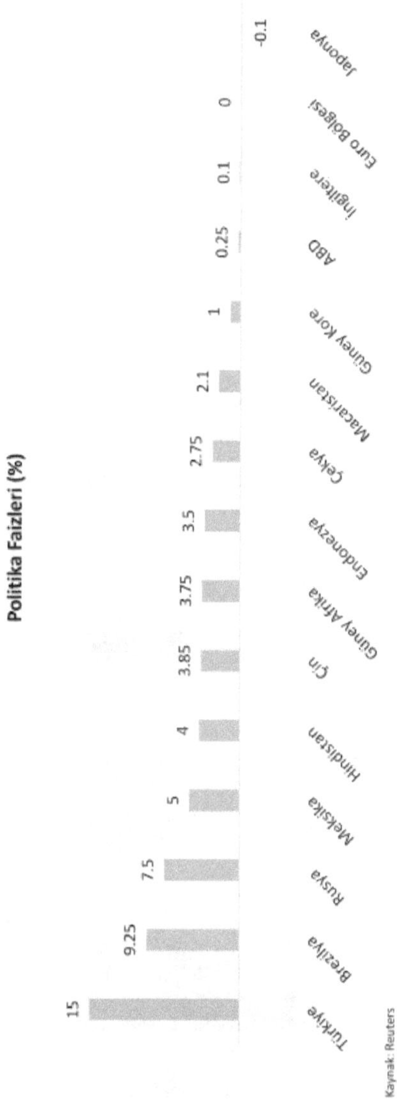

- Türkiye'deki faiz oranları gelişmiş ve gelişmekte olan ülkeler faiz oranları ortalamasının oldukça üzerindedir.

Dünyada Enflasyon ve Politika Faizi Görünümü

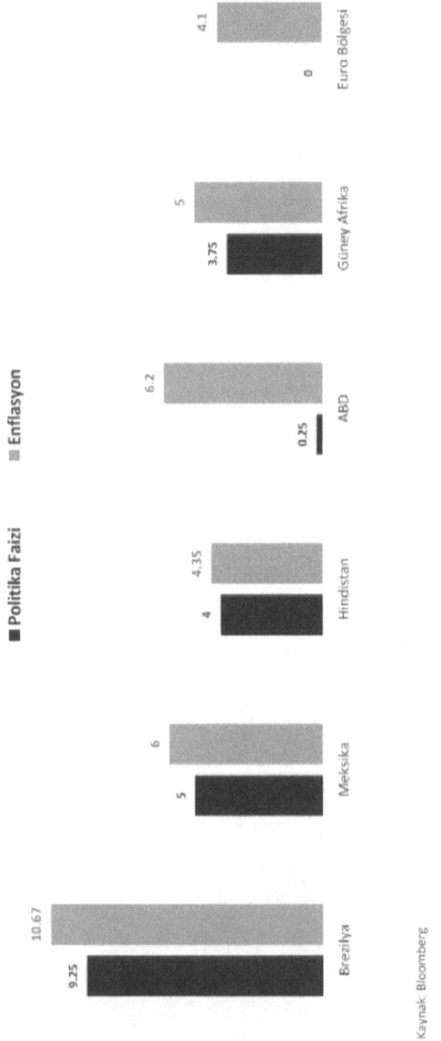

- Politika faizi enflasyonun altında belirlenebilir mi?
- Evet, belirlenebilir. Çünkü talep enflasyonunu azaltmak için faizlerin arttırılması gerekirken, küresel salgının sebep olduğu arz enflasyonunu azaltmak için faizlerin düşürülmesi gerekmektedir.

Merkez Bankası Rezervleri

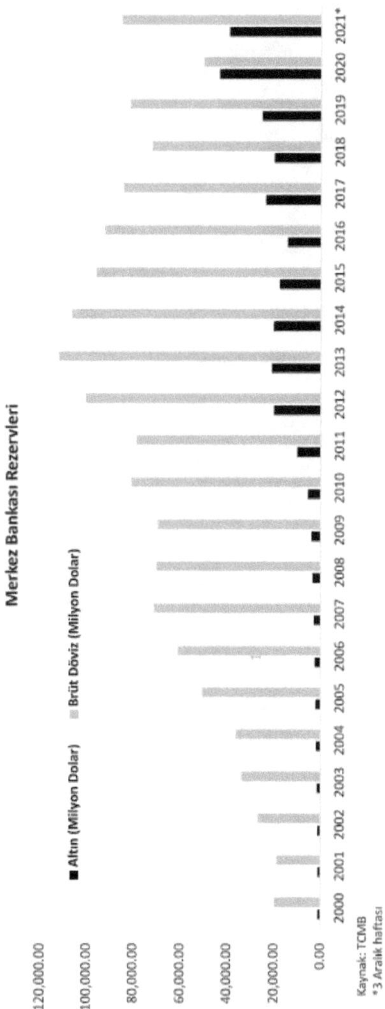

- 3 Aralık 2021 itibariyle altın dâhil TCMB toplam brüt rezervi 124 milyar dolar seviyesindedir.
- İhracattaki artış, merkez bankasının kullanılabilir rezervlerinin de artmasını sağlayacaktır.

Yeni Ekonomik Model

Yeni ekonomik modelde düşük faiz ortamı ile yatırımların desteklenmesi, büyüme ve istihdamın sürdürülebilir hale getirilmesi, rekabetçi kur avantajı ve yatırımların artmasıyla ihracatın artırılması ithalatın düşürülmesi ve nihayetinde cari açığın cari fazlaya Yevrilerek dış borca bağımlılığın ortadan kaldırılması amaçlanmaktadır.

ABD'de teşvik paketinde anlaşma sağlandı

ABD Senatosu Çoğunluk Lideri Cumhuriyetçi Mitch McConnell, destek paketi ile üzerinde anlaşma sağlandığını açıkladı

Biden'dan 1 trilyon dolarlık imza

ABD Başkanı Biden 1 trilyon dolarlık altyapı paketini imzaladı. Yeni altyapı yatırımlarına 550 milyar dolarlık kaynağın ayrıldığı paket, Biden'ın imzasıyla yürürlüğe girmiş oldu.

Lagarde: Mali teşvik paketinin hemen uygulanması gerekiyor

AMB Başkanı Christine Lagarde, mali teşvik paketinin gecikmeden uygulanması gerektiğini belirtti.

AB liderleri kurtarma paketi konusunda anlaşmaya vardı

AMB'den Kovid-19 ikinci dalgası dolayısıyla daha fazla teşvik sinyali

Japonya'dan yeni mali teşvik paket

Japonya 73,6 trilyon yen tutarın bir mali teşvik paketi açıkladı.

Japonya'dan 691 milyar dolarlık teşvik paketi

Japonya'da piyasaların beklediği teşvik paketine ilişkin detaylar belli oldu.

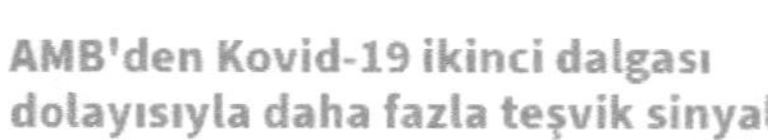

İngiltere'de ek mali teşvik paketi

İngiltere Maliye Bakanı Rishi Sunak, parlamentodaki bütçe görüşmelerinde yaptığı sunumda, 2021 ve 2022 için 65 milyar sterlin değerinde ek bir mali teşvik paketinin daha olacağını söyledi

Dünyada Enflasyon: 2020-2021

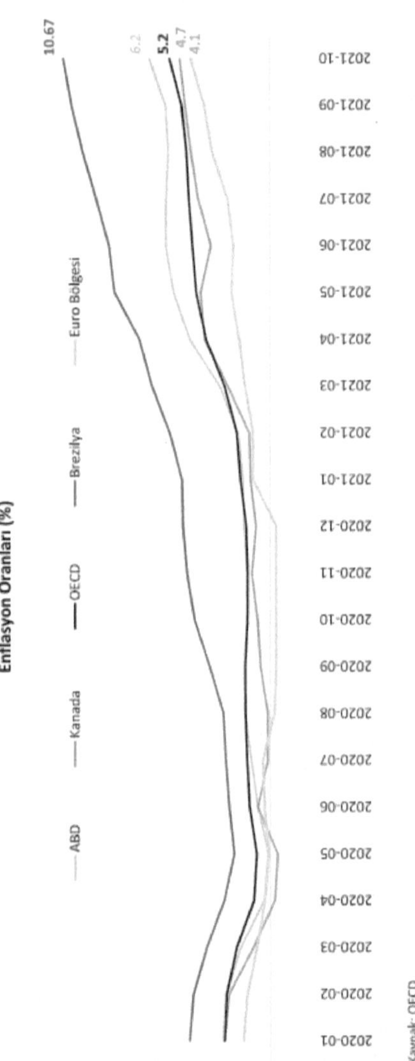

- Küresel salgın sonucu tedarik zincirlerinde aksama yaşanmaktadır. Bu durum küresel çapta emtia, enerji ve navlun fiyatlarının fahiş oranlarda işlem görmesine neden olmuştur.
- Sonuç olarak, enflasyon yalnızca ülkemizde değil, küresel çapta ortaya çıkan dönemsel bir sorundur.

Bankacılık Sektörü Rakamları (26 Kasım 2021)

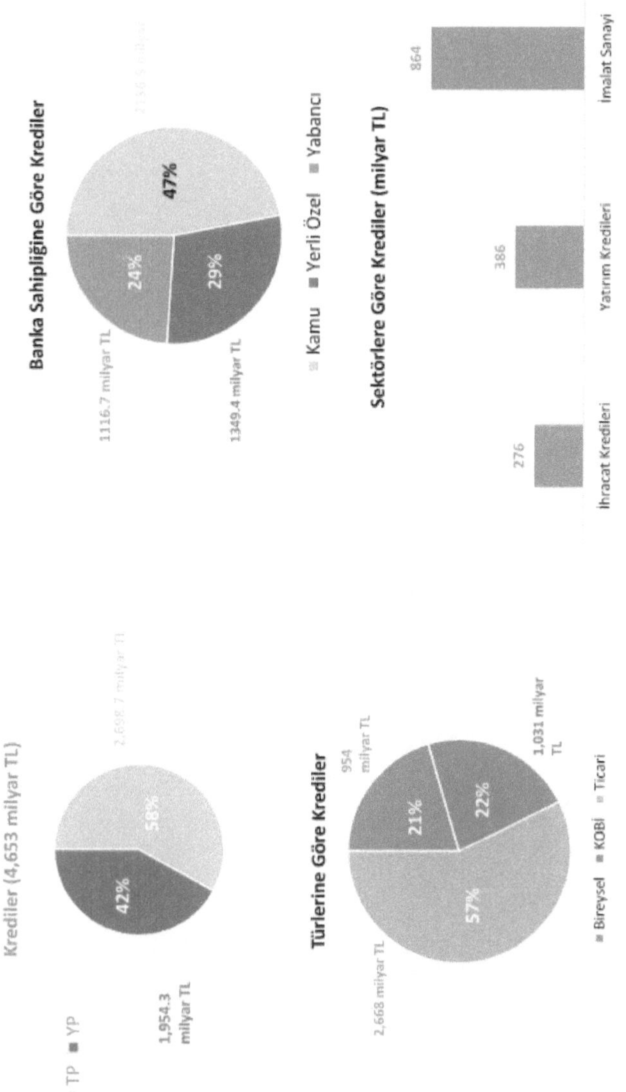

<u>Bankacılık Sektörü Rakamları (26 Kasım 2021)</u>

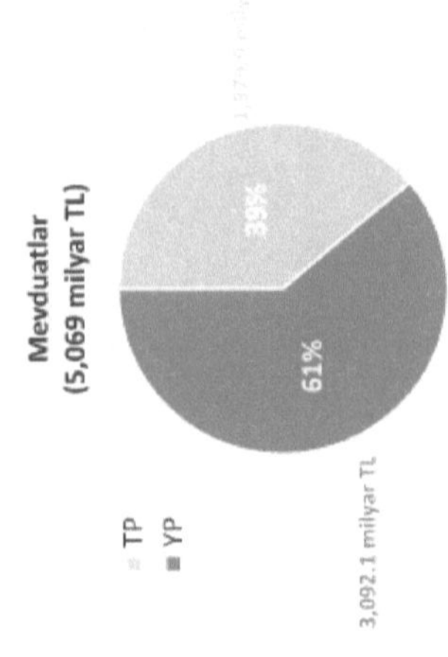

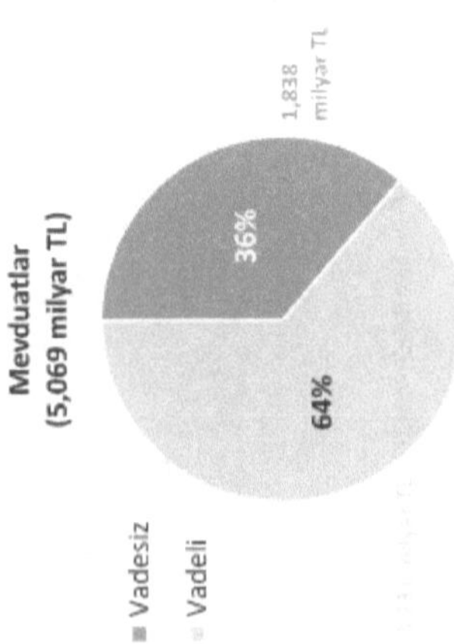

Özkaynaklar : **664 milyar TL**

Sermaye Yeterliliği Standart Rasyosu: **%17.31**

Takibe Dönüşüm Oranı : **%3.5**

Kredilerin Gelişimi (2011-2021)

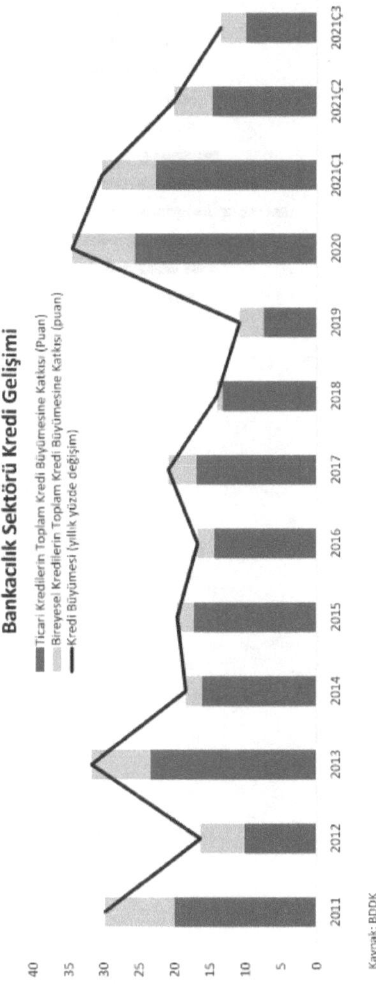

- Sektörde kredi büyümesi ticari krediler ağırlıklı gerçekleşmektedir.
- Bankacılık sektöründe verilen krediler ağırlıklı olarak üretimi ve ihracatı artıracak, büyümeye katkı sağlayacak sektörlere verilmektedir.
- Konut kredilerinin konutun değerinin belirli bir oranına kadar kullandırılması, kredi taksit miktarlarının kullanan kişinin maaşıyla orantılı olması, bazı sektörlerde kredi kartı taksit sayılarının sınırlandırılması gibi yöntemlerle bireysel kredi kullanımları kontrol altında tutulmaktadır.

Bankacılık Sektörü Takibe Dönüşüm Oranı

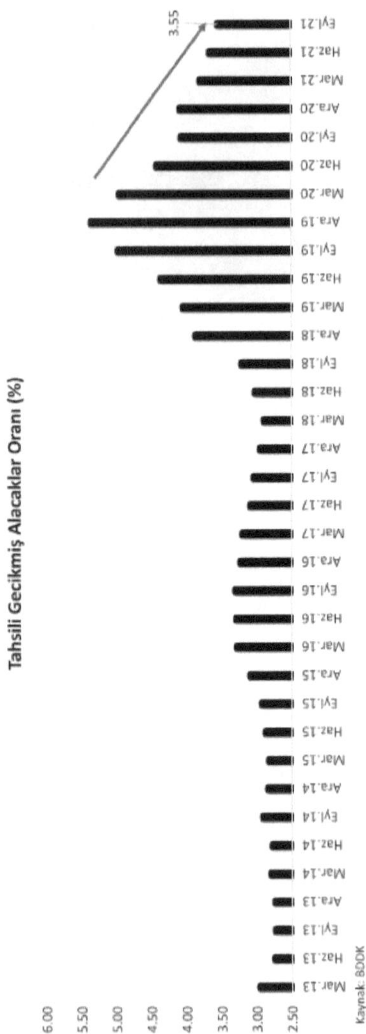

- Düşük faiz politikası sonucunda TL'ye yapılan manipülatif ataklar ekonomimize ciddi zararlar veremez.
- Bankacılık sektörünün sermaye yeterlilik oranı yasal ve hedef oranın oldukça üzerindedir.
- Kredilerin geri dönüşünde hiçbir sıkıntı yoktur.

Sermaye Yeterliliği Standart Rasyosu Gelişmeleri: 2011-2021

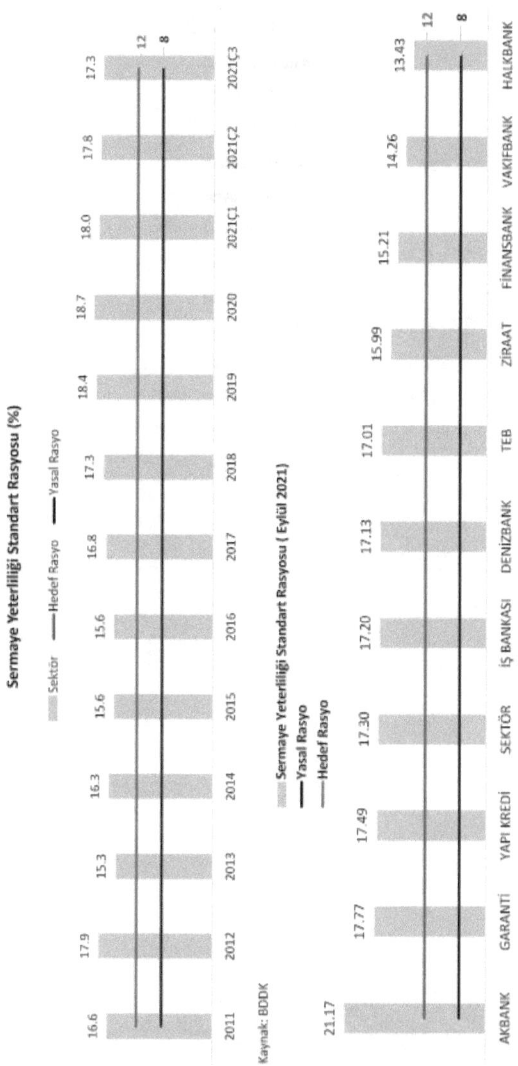

- Sermaye yeterliliği standart rasyosu uluslararası yasal sınır olan %8'in oldukça üzerinde seyrediyor.
- %5'lik bir büyüme oranı yakalanması için yaklaşık %15 kredi büyümesi gerekmektedir. Böyle bir durumda bile sermaye yeterliliği standart rasyosu yasal sınırın üstünde kalmaktadır.

Türkiye Ekonomisi 2020 Yılı ve 2021 Yılı Üçüncü Çeyrek Büyümesi

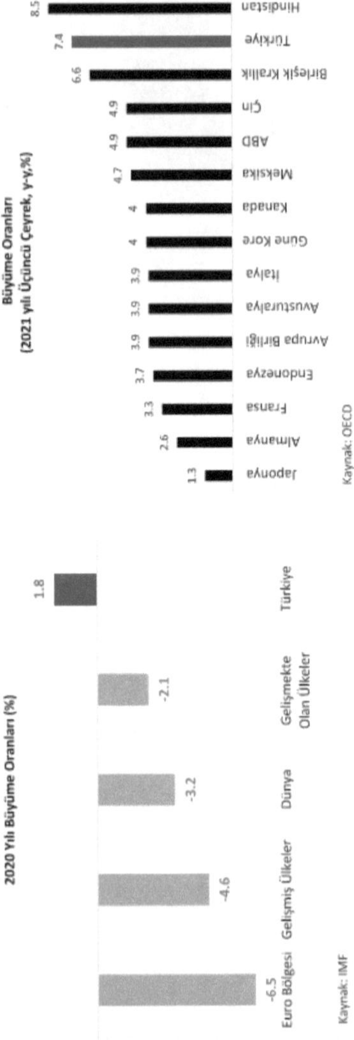

- 2019 yılında Çin'de başlayan Kovid-19 salgınının etkisiyle 2020 yılında ekonomilerde sert daralma yaşansa da Türkiye ekonomisi %1,8 büyüme kaydetti.
- Türkiye ekonomisi 2021 yılı üçüncü çeyrekte ise OECD ülkeleri arasında en fazla büyüyen ikinci ülke oldu.

Sanayi Üretimi: 2013-2021

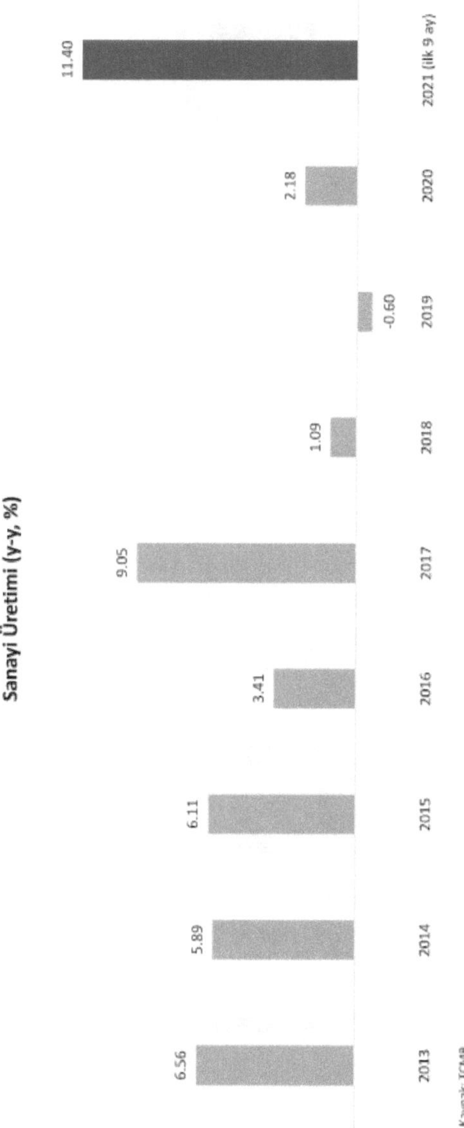

- Türkiye ekonomisi büyümeye devam ediyor. Sanayi üretimi tarihi yüksek seviyelerde.

Net İhracatın Büyümeye Katkısı

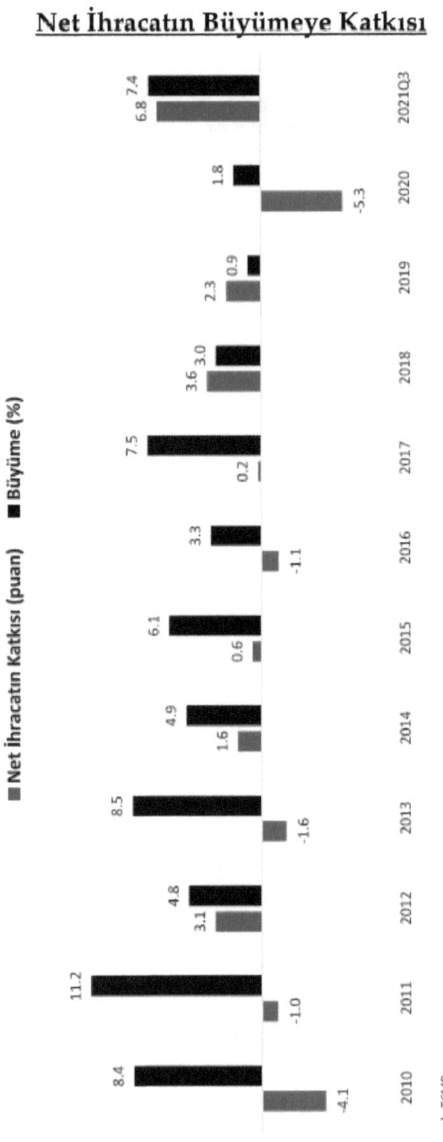

- Rekabetçi kurla birlikte net ihracatın büyümeye katkısının belirginleştiği görülmektedir.

İhracatın İthalatı Karşılama Oranı: 2013-2021

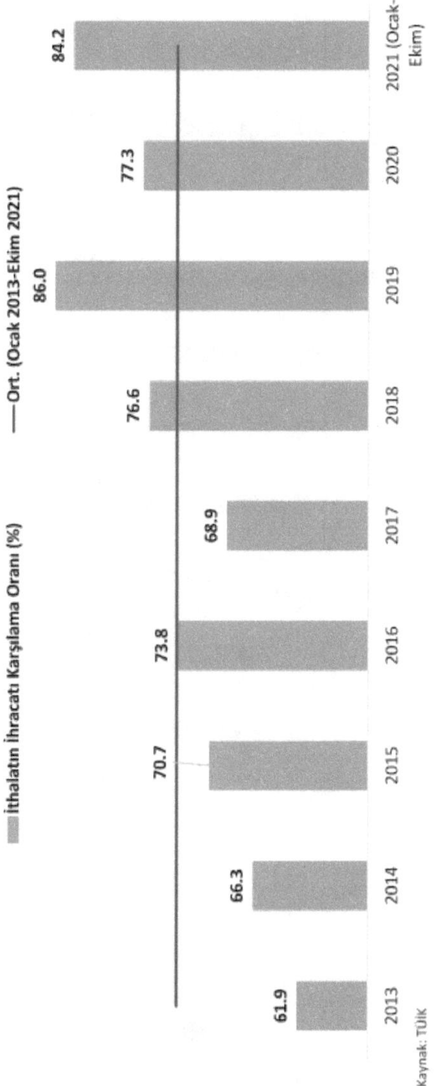

- Rekabetçi kurun etkisiyle artan ihracat ve görece dengelenen ithalat, ihracatın ithalatı karşılama oranını artırmaktadır.

Açılan-Kapanan Firma Adedi

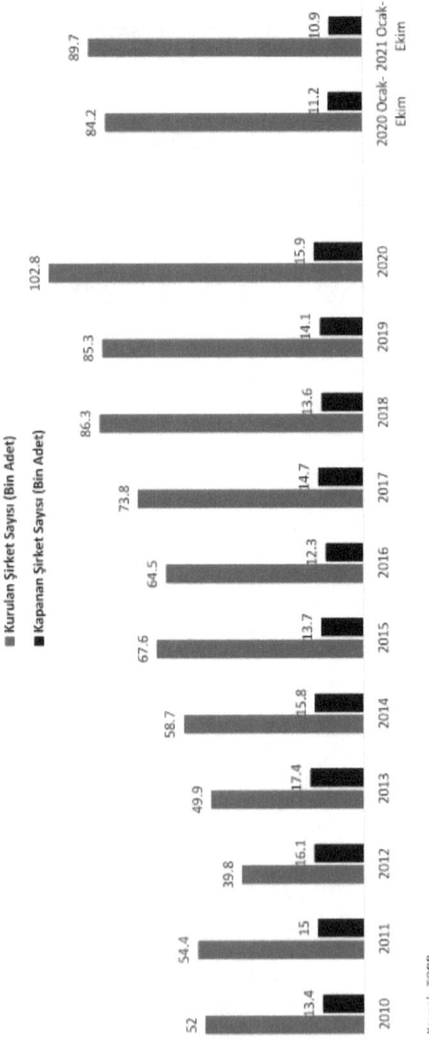

- Son kur yükselişinde reel sektörde türbülans yaşansa da, ekonomimiz gücünü koruyor.
- Yeni kurulan şirket sayısı geçen yıla göre artarken, kapanan şirket sayısı azalıyor.

Karşılıksız Çek Oranları

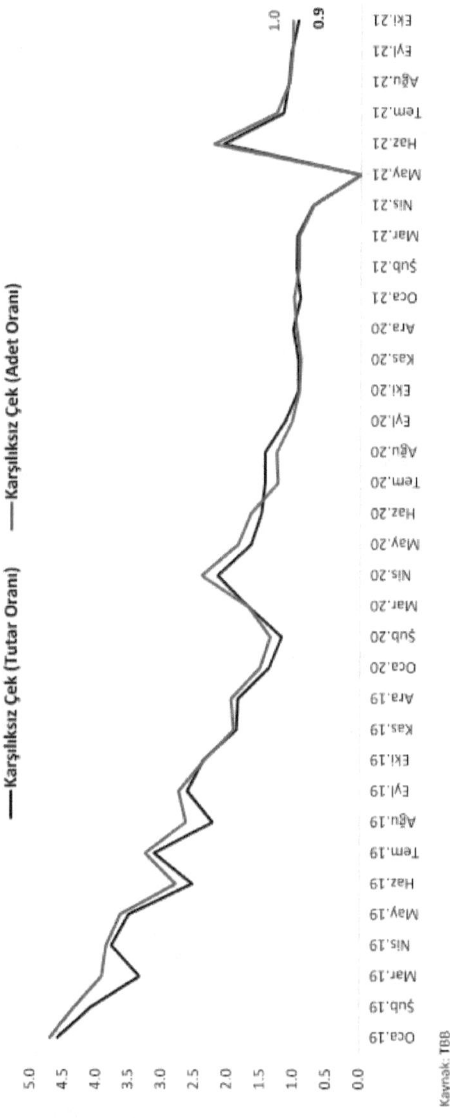

• Son dönemde özellikle karşılıksız çek oranları tarihi dip seviyesinde seyretmektedir.

Seyahat Gelirleri

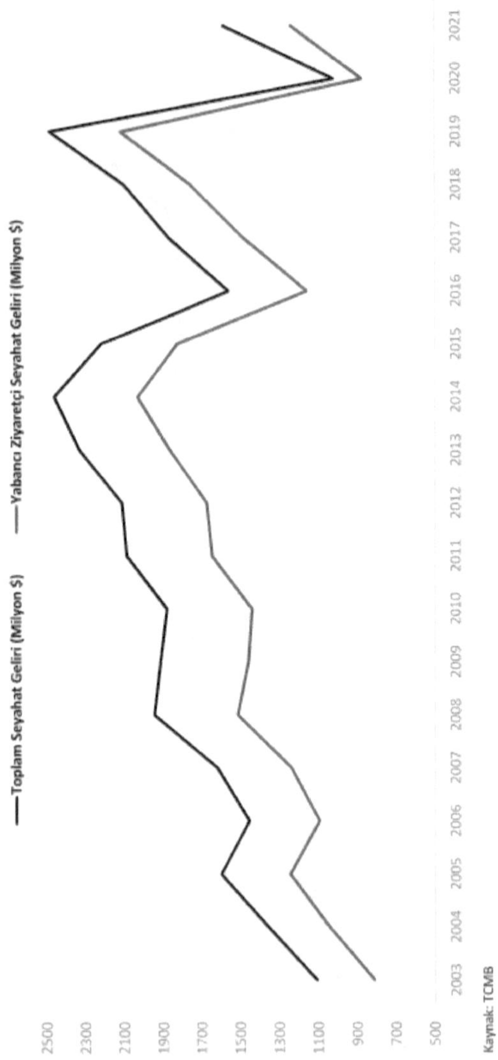

- Kovid-19 pandemi krizi ile birlikte dip seviyelere inen seyahat geliri ekonomilerin yeniden açılması ile birlikte yükselişe geçmiştir. Önümüzdeki dönemde rekabetçi kurun etkisiyle ülkemizde turizm gelirinin artışı devam edecektir.

İstihdama Katılım Artarken İşsizlik Geriliyor

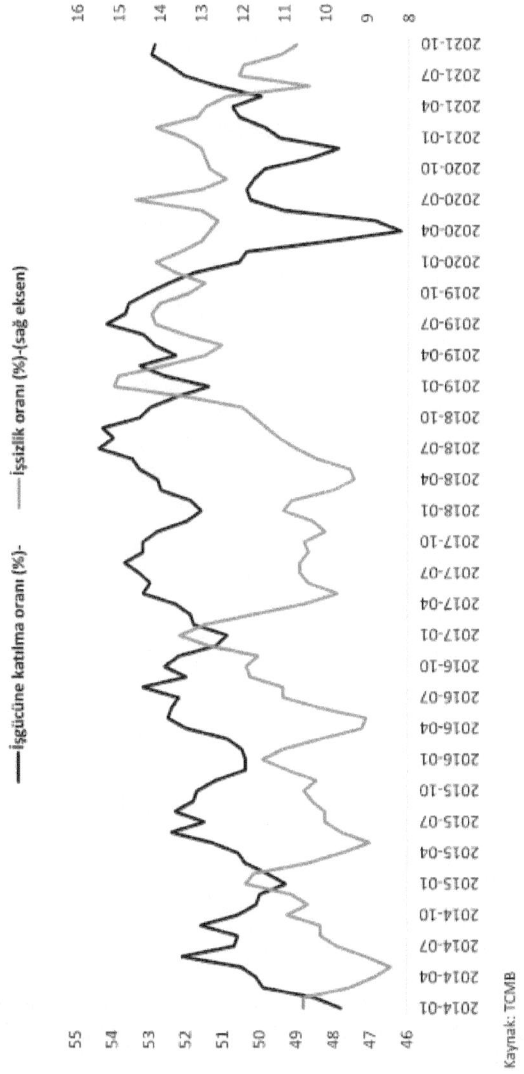

- İstihdam artarken işsizlikte genel olarak iyileşme devam etmektedir.

Merkezi Yönetim Bütçe Dengesi: 2011-2021

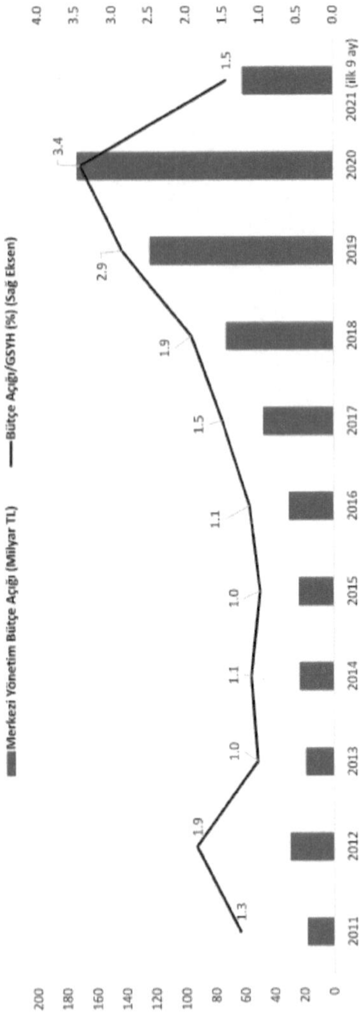

- Sağlanan mali disiplin sayesinde kamu bütçesi sürdürülebilir açık vermektedir.
- Bütçe dengesi/GSYH oranı 2020 yılına kadar Maastricht kriteri olan %3'ün altında seyretmiştir.
- 2020 yılında söz konusu oran Kovid-19 salgınından etkilenen ekonomiye kamu desteğinin artması sonucu %3'ün üzerine çıkmış olsa da, diğer ülkelere kıyasla hâlâ düşük gerçekleşmektedir.

Merkezi Yönetim Bütçe Dengesi/GSYH (%)

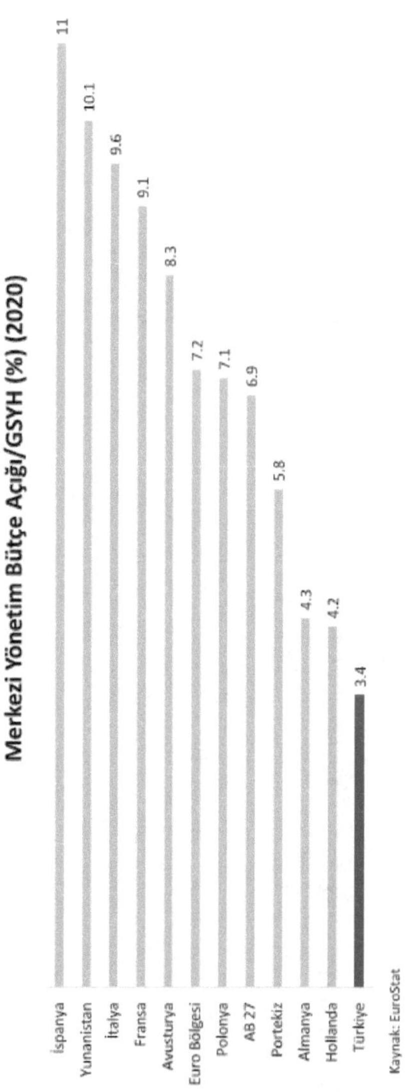

- Dünyada bütçe açığının GSYH'ya oranı ortalaması yüzde 10'lara gitmektedir. Türkiye'de ise yüzde 3'ler seviyesindedir.
- Dolaylı vergilerin azaldığı, doğrudan vergilerin arttığı çağdaş bir bütçe anlayışına geçmeyi hedefliyoruz.

Yapacaklarımız

*Net döviz girişine, küresel rekabete dayalı bir dış ticaret rejimi

*Düşük faizle yatırımları önceleyen, ihracatın ithalatı karşılama oranının çok üzerinde olduğu, cari fazla veren, küresel rekabette ve teknoloji ihracında öncü yeni bir büyüme modeli.

*Toplam faktör verimliliğini esas alan, nitelikli işgücü ile hakkaniyetli bir ücret politikasına önem veren, refah düzeyi giderek artan bir üretim ve teknoloji üssü olmaya öncelik vermek.

Yapmayacaklarımız

*Dış borca, sıcak paraya dayalı bir dış ticaret rejimi

*Yüksek faizin sonucu olan yüksek borç, sıcak para ve ithalata dayalı büyüme modeli.

Reformlarımız

✓ Sağlıklı işleyen, mali derinliği ve çeşitliliği esas alan bir finansal yapı
✓ Banka sistemimizin sermaye ve aktif kalitesini yukarı çekmek
✓ Reel sektörü banka sistemi dışında da finanse edecek çağdaş finansal yapıları hızla oluşturmak
✓ Tarımda kendine yeterli, tarladan sofraya arz zincirini ve fiyatlamasını en sağlıklı şekilde sağlayarak gıda enflasyonunu gündemden kaldırmak

9 786257 606318